李化成 主编
第一辑

王晨辉 执行主编

Medicine and Civilization

华东师范大学出版社
上海

目　　录

发刊词 ………………………………………………………… 李化成　1

笔　　谈

医学社会史视野下关于黑死病研究的一点思考 ……… 赵文君　沈亚妲　4
近代早期英国消费与健康关系的多重矛盾 ………………… 李新宽　12
黑死病对中世纪英国农业经济的影响 ……………………… 马泽民　21
近代早期英国的健康教育 …………………………………… 聂　文　29

专题研究

中世纪西欧对麻风病的双重态度 ………………… 谷　操　闵凡祥　45
试论19世纪英国医学教育的转型 …………………………… 王广坤　69
从奥斯卡·王尔德事件看19世纪英国同性恋者的社会
　　处境 ……………………………………………………… 王海玉　92
1793年费城黄热病期间的种族歧视与非裔美国人群体
　　身份的形成 ……………………………………………… 张　琪　109
真实与虚化:论1894年香港鼠疫期间中英报刊报道之
　　歧异 ……………………………………………………… 张　茜　123
"三原两并重":关于藏医当前发展的若干思考
　　——基于青藏高原Y藏医院的医学人类学调查 ……… 马得汶　140

理论与方法

亨利·西格里斯的医学社会史思想探析 ·················· 郝树豪 155
医学人类学研究的经验与感悟
　　——王建新教授访谈录 ·················· 王建新　李如东 171

书　评

我们对自己的身体具有所有权吗？
　　——评《手的失窃案：肉体的法制史》·················· 高建红 187
一部跨学科的"科学化"著作
　　——《体罚的历史》评介 ·················· 郭　超 195
麦克尼尔对医学史写作的超越
　　——评《瘟疫与人》·················· 程子妍 203

文献选译

星占四书·第一书 ·················· ［埃及］托勒密（高阳　译）213
放血入门书 ·················· ［意］米兰的兰弗朗克（刘娟　译）238

学术活动纪要

"人类历史上的传染病与社会"系列讲座纪要 ·················· 249
ABSTRACTS ·················· 259
征稿启事 ·················· 263
关于引文注释的规定 ·················· 265

发刊词

李化成

当这本新生的集刊终于编成并即将问世时,新冠肺炎疫情已经在全球蔓延了一年有余,并依然威胁着无数人的生命健康。无论来自哪一国家与族群,不管属于何种年龄段与性别,也不分具有什么身份与职业,人们都恐惧、焦虑、伤痛,又积极地面对、抗争、反思。有些国家、地区和个人做得更成功,有些则不尽如人意;这一切因疾病而起,又远非疾病本身所能决定。人们不仅要考虑暂时的脱险,还要致力于长久的安全;而要做到这一点,就必须不分国家、族群与个人地团结起来。究其原因,在于我们都是人类文明的一份子,也正在且必须不断地携手为这种文明的延续和发展奉献力量。

文明是什么? 抛开数不尽的定义不论,她至少包括时间与空间两个维度。从时间上来讲,她是过去、现在与未来的交融,是自古以来人类努力生存、生活和更多追求的结晶,是各种知识、智慧与精神的传承。从空间上来讲,她既属于人类曾经居住的地方,也属于伴随着人类的活动而形成的国家、地区与交流网络,还属于人类未来要开拓的海、陆、空的每一片疆域。这疆域既属于人类,也属于每一种生物和非生物。作为极具主动性与开拓性的生物,人类在这种文明中发挥着至关重要的作用。而这种作用的发挥又必须有一个前提,那就是生存下来。马克思和恩格斯指出,"人们为了能够'创造历史',必须能够生活。但是为了生活,首先就需要衣、食、住以及其他东西。因此第一个历史活动就是生产满足这些需要的资料,即生产物质生活本身"①。而医学又是这些物质生活生产的保障;因为若要展开这些生产,就必须借助医学的力量,维持生命并尽可能地保持健康。

---

① 《马克思恩格斯选集》(第一卷),北京:人民出版社,1972 年,第 32 页。

稍具体一点说,医学研究生命的诞生,采取措施保障母婴的健康,还可以辅助生殖;医学提出各种养生学的建议,让生命更健康、更富有活力和长寿;医学还在即将或已经失去健康时施以救治,让人恢复健康或维系最好的身体状态。不仅如此,正如当代医学社会史的奠基人亨利·西格里斯所指出的那样,医学还有社会性的作用,让人更好地"因宜适变",实现自身的价值。[1] 这一切,无疑对人类文明的当下和未来意义重大。医学的发展不仅保障了文明的进步,而且其自身就是文明进步的一部分。一方面,从上述马克思主义的观点引申可得,正因为人类充满了对自身生命和健康更好前景的追求,他们才孜孜不倦地不断推动着文明的进步。另一方面,诸多的研究已经表明,在这个全时空、多维度的文明中,人类的生命和健康本就是自然、社会与文化共同塑造的产物;医学的进步也不只表现为疾患救治专门知识和技艺的提高,还体现在了众多相关的经济、政治和文化等因素的协同发展上。事实上,只有实现了这种多因素的协同发展,医学专门知识和技艺的提高才得以实现。正因为此,西格里斯等人认为,"医学还是社会科学"。并且,包括他们在内,越来越多的学者通过研究表明,这种社会性还有着深刻而不断变化的文化意义,故而医学也是一种人文科学。

本刊的创立,目的就在于倡导这样一种医学的人文、社会科学研究,考察医学文明的发展,探索医学对文明的影响,提炼这两者之间的互动内涵。我们希望在这个稚嫩的平台上,看到富有时代气息、充满社会关切的研究,看到多领域跨学科的研究,在医学与社会之间,社会与人文之间,人文与数字之间,数字与人工智能之间开疆拓土,砥砺前行。我们更希望,如存在主义哲学家所主张的那样,本刊文章传播的不仅仅是医学与文明相关的知识本身,更是智慧与良善,以及面对疾病及更多困难时的勇气与希望。[2]

〔李化成,陕西师范大学历史文化学院教授、博士生导师,陕西师范大学医学与文明研究院院长,西安 710119〕

---

[1] Henry E. Sigerist, "The Social History of Medicine," Edited by Felix Marti-Ibanez, *Henry E. Sigerist on the History of Medicine*, New York: M. D. Publications, Inc., 1960, p.26.

[2] 参见[美]戈登·马里诺:《存在主义救了我》,王喆、柯露洁译,北京:北京联合出版有限公司,2019年,"引言",第11—13页。

笔　谈

西欧历史上的疾病、健康与社会

编者按：在公共卫生高度发达的今天，疫病的袭击仍然使人类猝不及防，给人们的身体健康和生命安全造成重大损失。进入21世纪以来，尽管世界许多地区的人们一般比以前任何一代人都更健康，但也比生活在过去的人们更担心自己的健康。2019新型冠状病毒肺炎疫情的暴发，进一步加剧了人们的这种担心。当前国内医学社会史研究方兴未艾，更要求国内学人重视学术研究背后的社会推动力，以及学术本身对社会的主动关怀，直面当前疫情为医学社会史研究提供的机遇和挑战。

疾病暴发的最直接后果，就是造成了严重的健康问题；而健康问题的产生，则不仅仅是疾病的因素，还与饮食、住房、家庭环境、自然环境等因素密切相关。因此，无论是研究当下还是历史上的疾病和健康问题，都需要学者们综合考虑多方面的因素。为此，本期《医学与文明》邀请四位学者围绕"疾病、健康与社会"从不同的角度对西欧历史上的疾病、健康问题展开讨论。

医学社会史视野下关于黑死病研究的一点思考

赵文君　沈亚姮

随着全球化的迅猛发展,预防传染病和生态保护日益受到重视,人们逐渐意识到,没有生态平衡,社会发展将不可持续。长期以来,在中世纪史研究领域,学者们对于黑死病的关注集中于传染性疾病研究及其在中世纪社会产生的巨大影响,而对医疗与社会的关系、疾病与社会的关系、医生的医疗实践等问题关注较少。在研究策略上,中世纪医学史主要是以对医学文本本身的研究为主,很少关注文本产生的历史情境与社会影响。

一、医学社会史研究要注重环境

20世纪中叶以来,医学社会史研究在西方史学界日益受到关注。"作为一门关乎人类生老病死的交叉学科,医学社会史的发展本身就是社会发展的一种体现"①,代表着一种新史学的实践和革命。正如有学者指出,"新史学希望建造一种置身于社会实践中的、无所不包的人的科学,某些伟大的生物学家希望把生物学的历史改造成一种研究工具,并把他们的研究扩大到包括历史学、地理学、人类学、社会学、人口学在内的人类生态的范围,这两种努力的汇合预示着广阔的前景。新史学在这里起着决定性的作用"。②

在对于重创欧洲社会的黑死病的分析中,随着国内外学界对黑死病研究的深入,人们开始不断走出传统的史学领地,运用新的理论方法进行跨学

---

① 李化成:《医学社会史的名实与研究取向》,《历史研究》2014年第6期,第31页。
② 勒高夫:《新史学》,蔡少卿主编:《再现过去:社会史的理论视野》,杭州:浙江人民出版社,1988年,第114页。

科探索。新人口论者就合理地看到了人地关系及其环境压力,但遗憾的是,他们未能就此展开,进而反思以"人为万物的尺度"为世界观的社会转型问题。这种改变直至威廉·麦克尼尔(William H. McNeill)才开始,他认为,在世界历史进程中,人类与自然的关系可能更为根本,不可忽视,其中就包括人与病菌的关系。"人们容易忘记人类只是居住在生物圈的一小部分,其中绝大部分仍然在我们的支配之外。海洋流和大气流改变了气候并且塑造了我们的世界,而置我们的意愿于不顾。我们甚至不能控制自身成为其一部分的整个生态系统。"①

因此,我们这里所强调的环境既包括社会文化环境,也包括自然生态环境,随着时间的变化,这两种环境都对人类的历史进程起着十分重要的作用。学界对社会文化环境已有了较多的研究成果,而自然环境虽然具有重要地位,却往往被忽视了。"环境伦理学之父"罗尔斯顿(Holmes Rolston III)强调:"整个自然界就是那样——森林和土壤、阳光和雨水、河流和山峰、循环的四季、野生花草和野生动物——所有这些从来就支撑着其他的一切。人类傲慢地认为'人是一切事物的尺度',可是这些自然事物在人类之前就已经存在了,这个可贵的世界,这个人类能够评价的世界,不是没有价值的;正相反,是它产生了价值,在我们能想象到的事物中,没有什么能比它更接近终极存在。"②

黑死病于6世纪、7世纪和8世纪曾在欧洲多次出现,到了1347年,欧洲已把远在几百年前的瘟疫完全忘记,但这次灾难却以两倍、三倍的凶猛,突然向欧洲扑来。人们当时把它看成是一场新的灾难。教皇克莱芒(Clement)六世著名的外科医生居伊·德·肖利亚克(Guy de Chauliac)在阿维尼翁声称,以往从未有过这样的传染病。他写道,"早先的瘟疫只在一个地区内传染,这次瘟疫却使所有人在劫难逃,某些患者原来尚可救治,如今却无一人能有生路"。③ 为什么黑死病会如此猖獗?至今,人们对黑死病复杂的

---

① 菲利普·费尔南德兹-阿迈斯托:《世界:一部历史》(上册),叶建军等译,钱乘旦审读,北京:北京大学出版社,2010年,第514页。
② 霍尔姆斯·罗尔斯顿:《哲学走向荒野》,刘耳、叶平译,长春:吉林人民出版社,2000年,第8页。
③ 费尔南·布罗代尔:《法兰西的特性——人与物》(上),顾良、张泽乾译,北京:商务印书馆,1997年,第135页。

病原学原因还没有一个可信的解释。实际上,环境因素特别是由于人口增长过快、过度开发引发的自然生态恶化可能是一个重要方面。

11世纪后,随着欧洲人口的增长,人们开始耕种更多的土地以弥补粮食的不足,这就致使村民既要把原来放牧的土地用作耕地,同时还要在森林沼泽进行拓荒。家畜由于无地圈养被杀掉四分之一到三分之一,家畜的数目严重减少,也导致了肥料的减少,粮食产量再度大幅降低。人口增长所带来的生存压力一般是通过开垦荒地实现的。从法国全境来看,毁林开荒十分普遍:"这些不毛之地荒无人烟,长满了灌木丛和野草。莫里尼修道院的编年史为我们描绘的正是农民们用犁锄与荆棘、茅草以及漫山遍野和根深蒂固的各种杂草作殊死搏斗的场景",只有为数不多的森林,如索洛涅地区可以说尚未触及。而在所有其他地区或几乎所有地区,像蓬蒂厄或维默,即使森林并未消失,面积也相应缩小,在巴黎南部的比耶夫尔、伊弗利内、拉伊、克卢伊、洛日等地,大片丛林遭到垦荒者的不停砍伐。例如,在克卢伊茂密的森林中,从吕埃到塞夫尔河谷,沿着截断山谷的被称作克里宗谷地的中央走廊,圣德尼修道院院长苏热安置了60户居民,这便是沃克雷松村的发源地。在多菲内地区,在河谷得到开发后,鉴于当地已无林可伐,垦荒者便又一次向"阿尔卑斯山的森林发起了进攻"。"一切都由不可抗拒的需要所决定:增加耕地,以便养活日益增长的人口。总体来看,耕地的扩展可能使至少半数的森林面积消失;依据一项十分粗略的计算,公元1000年时2600公顷的林地,如今只剩下1300公顷。"① 13世纪中叶后,欧洲生态环境的变化是显著的,"海水正在侵袭佛兰德斯沿岸,冰区正在扩大,适合山毛榉树生长的高地日益减少,柳树增多、小麦减产是不争的事实"②。到了14世纪初,欧洲社会人们的生活因为生态环境变化、自然灾害等原因而被饥荒笼罩。当时欧洲各地的编年史家对从1310年开始的洪涝灾害做了一些记述:"大雨从4月开始,一直持续到夏天结束。大风和阴霾的天气让万物成长的季节变得异常湿冷。刚播种就下起了大雨——大部分种子就这样被雨水冲走了——雨一下就是整个夏季,淹没了低洼的农田。当农民准备收割贫

---

① 费尔南·布罗代尔:《法兰西的特性——人与物》(上),第118页。
② 罗伯特·福西耶主编:《剑桥插图中世纪史(1250~1520年)》,李桂芝等译,济南:山东画报出版社,2009年,第31页。

乏的庄稼时,又下起了雨。洪水冲垮了桥梁,也毁了粮食,农民一无所获。"①

二、黑死病的研究方法:回归"历史情境"

如何复原黑死病的真实图景？在此我们提出两个问题:第一,如何认识与理解当时人们面对疾病与死亡的态度和做法？第二,历史是否可以假设？

14世纪初,教士让·德·维内特(Jean de Venette)根据自己的梦境做出了如下预言:"在我主1315年,将发生巨大的饥荒……教会将被动摇,圣彼得的道路将被诅咒,尘世间也将生灵涂炭,血流成河。"②教士梦里的世界最终成为现实,应该如何解释？勒高夫认为,"在当时这种日常生活水平上,吃不饱和吃不好的身体易于出现精神上的恍惚——梦、幻觉、幻视。恶魔、天使、圣徒、圣母玛利亚以及上帝本人都能显现"③。这就是饥饿和营养不良的结果吗？大家都喜欢把13世纪罗杰·培根修士的那个预言理解为科学预言,却将这种无法解释的预言视为幻觉。

除了极少数的历史学家如威廉·麦克尼尔外,大多数历史学家都认为历史不可以假设就是公理。正如哲学家迈克尔·奥克肖特所说:"谁也不会要求史学家思考那些假如情况变化就可能发生的事情。"④可是,美国历史学家威廉·麦克尼尔在《瘟疫与人》这部开创性巨著中公开声明,自己在历史认识上的一个明显特征就是假设先行。⑤ 他认为瘟疫是人类历史中的一项基本参数及决定因子,并写道:"我的许多建议和推论结果依然是尝试

---

① 丹尼斯·谢尔曼、乔伊斯·索尔兹伯里:《全球视野下的西方文明史:从古代城邦到现代都市》(第二版)中册,陈恒、洪庆明、钱克锦等译校,上海:上海三联书店,2011年,第391页。
② 丹尼斯·谢尔曼、乔伊斯·索尔兹伯里:《全球视野下的西方文明史:从古代城邦到现代都市》(第二版)中册,第389页。
③ 雅克·勒高夫:《中世纪文明(400—1500年)》,徐家玲译,上海:格致出版社,2011年,第261页。
④ 尼尔·弗格森:《未曾发生的历史》,丁进译,南京:江苏人民出版社,2001年,"序言",第9页。
⑤ 黄红霞:《论威廉·H.麦克尼尔科学化世界历史观的形成——从〈瘟疫与人〉中的生物学角度》,《武汉大学学报(人文科学版)》2013年第4期,第126页。

性的。要证实和修正我书中所述,还需要专家们对许多不同语言的晦涩的古代文献作仔细研读。此类学术性著作要求验证一个论点,驳斥某个对象。我在本书所做的推理与猜测应该达到了这一要求。与此同时,本书吸引普通读者们关注那些人类历史传统观念中的许多重要空白。"①在《瘟疫与人》的第四章,麦克尼尔主要想说明欧洲鼠疫大流行的问题。但对于欧洲鼠疫杆菌来自何方,麦克尼尔建立了自己的假设框架。他说道:"没有人确切地知道亚欧大草原穴居的啮齿动物是什么时候变成了鼠疫携带者的。"②麦克尼尔要说明 1200 年到 1500 年间的欧洲鼠疫大流行,但接下来的论述,他却运用了 1921—1924 年间国际传染病研究小组的证据。该证据是基于亚欧大草原上的啮齿动物都有可能携带了鼠疫杆菌这一科学调研成果。这时,麦克尼尔提出他的假设:"我认为,非常有可能的是,蒙古人跨越之前足以造成孤立隔离的距离而进行的活动,第一次将鼠疫杆菌带给了亚欧大草原的啮齿动物。"③为了进一步证明这个假说,麦克尼尔再次使用了 19 世纪的医学证据。这份证据采用了 1894 年国际流行病研究小组在香港的研究。由香港通过航海路线向外传输的鼠疫在之后的 10 年传遍全球,并造成了印度 600 万人的丧生。香港的鼠疫随后也传播给了北美、南美等世界各地的啮齿类动物。阿萨·勃里格斯(Asa Briggs)批评麦克尼尔的结论证据不足,其解释是完全推测性的,根本没有证据支持这一结论。④

  在科技日新月异的今天,上个世纪末的基因科学革命使我们第一次确信人类拥有一个共同的祖先——非洲是全世界现代人的发源地。那么今天,伴随着量子力学的突破,多学科融合的世界史研究为中国的世界史研究工作者们提供了一个千载难逢的机遇:利用后发优势,缩短与一流水平的差距。自然科学总是自诩最客观、最不能容忍主观意识,现在量子力学发展到这个地步,居然发现人类的主观意识是客观物质世界的基础了。"薛定谔的猫"会使大家认识到,意识是一种量子力学现象,是量子力学的基础。物质世界和意识不可分开,意识促成了物质世界从不确定到确定的转移。量子力学现象

---

① William H. McNeill, *Plagues and Peoples*, New York: Doubleday Press Group, 1998, p. 23.
② William H. McNeill, *Plagues and Peoples*, p. 163.
③ William H. McNeill, *Plagues and Peoples*, pp. 163—164.
④ Asa Briggs, "People, Plagues and History," *The Hastings Center Report*, vol. 7, no. 3 (Jun. 1977), pp. 11—12.

的一个主要状态,就是刚才说的量子纠缠。如果人的意识不光存在于大脑之中,也通过纠缠而存在于宇宙某处,那么在人死亡的时候,意识就可能离开你的身体,完全进入到宇宙中。所以他们认为有些人的濒死体验,实际上是大脑中的量子信息所致。① 因此,以量子力学为代表的科学发展为我们今后认识黑死病时期以往难以解释的种种现象提供了新的指南。

三、黑死病研究新视角:"自下而上"的跨学科研究

医学社会史作为一个跨学科研究领域,其内涵兼具医学领域的救世色彩和历史学的社会影响。学科交叉研究时,采用"自下而上"的视角,在将各自优势发挥出来的同时,可以发掘事件的复杂性和多面性,特别是对中世纪黑死病的研究,从下层普通病患的角度出发,能够更直观感受当时的医患关系以及社会由内而外的变化。

所谓"下"可以理解为社会底层的人和物,也就是年鉴学派代表人布罗代尔提出的"三大经济层次"中最基本的一层,即"在市场的下面,还横亘着一个不透明的、由于缺少历史资料很难观察的层次;这是每个人到处都能遇到的,最起码、最基本的活动。……我姑且称之为物质生活或物质文明"②。这其中的物质文明就是人类日常生活的结构,循规蹈矩的生活细节看似琐碎而普通,但这种越是贴近最底层的点滴越能真切地感受到当时的气息,也更加能还原当时的历史情境。历史真相和物质生活是密不可分的,"历史事件是一次性的,或自以为是独一无二的;杂事则反复发生,经多次反复而取得一般性,甚至变成结构"。③ 因此,布罗代尔所指的物质生活在历史发展中处于最"下"层,但却是不可忽视的,"传统的历史学对它向来不屑一顾。然而,就是这些平凡琐细的小事,经过无数次的反复而形成为一整套的

---

① 朱清时:《量子卫星上天对每个人的生存意义:量子意识》,参见 http://mt.sohu.com/20160824/n465776147.shtml。

② 【法】费尔南·布罗代尔:《15 至 18 世纪的物质文明、经济和资本主义》第一卷《日常生活的结构:可能和不可能》,顾良、施康强译,北京:生活·读书·新知三联书店,1992 年,第 20 页。

③ 【法】费尔南·布罗代尔:《15 至 18 世纪的物质文明、经济和资本主义》第一卷《日常生活的结构:可能和不可能》,第 27 页。

惯例。……历史学家有必要将它们纳入不折不扣的历史范围,从而深刻地把握和理解生活的全部真实面貌"。①

20世纪以来,中世纪晚期黑死病大暴发的起因与社会影响、社会医疗机制和医学知识都曾是学界主要的研究对象,而疫情期间的人与社会组织特别是普通人的实际状况显然被忽视了。医生与医院、医生与患者,尤其是当时的贫民患者,他们的无助不仅体现在病痛的折磨上,还有经济的困窘、知识的空白以及社会地位的低下。值得注意的是,罗伊·波特(Roy Porter)在《剑桥医学史》序言中率先提出从"患者的角度"拓宽研究视角,他说:"从20世纪60年代以来……对西方医学的批评声音也日渐增强,并以某种方式谴责西方医学体系太技术化取向、太非人格化、太体制化……谴责它考虑更多的是医学职业的发展而不是病人的利益。"②国内有学者尝试对医患关系进行探讨,指出"在黑死病期间,既有医生弃病人于不顾,也有医生继续坚守自己的职责。只看到医生贪婪和贪生怕死的一面显然有失片面,但我们也不能因此认为医生在黑死病中所扮演的角色都是正面的"③。从中世纪晚期医生与患者的关系入手,关注患者的实际情况和心理程度,"发掘患者的主动意识和语言表达方式,使一度视为被动弱势角色的患者形象得到重新审视,也使历史上的医患关系研究形成面向双方的互动考察"④,反映了对弱者的关注,而弱者的生活状态和实际治疗过程是社会发展的另一面镜子,对于黑死病研究具有重要意义。实际上,史学进步的根基就是求真,检验我们历史学研究进步的标准,主要不在于我们提出了哪些概念和问题,而要看我们能够在多大程度上还原历史的本来面目,其中就包括弱者的历史。

总之,就目前国内学界情况看,我认为医学社会史的研究应重视以下三个方面。第一,从收集文献资料和专业语言入手,充分吸收借鉴西方学者已有的研究成果,分门别类建立档案文献数据库,进行专题和个案研究。黑死病是理解和把握西方社会转型的一个重要视角,是医学社会史研究的重要

---

① 王伟:《布罗代尔史学研究》,复旦大学,博士学位论文,2012年,第103—104页。
② 罗伊·波特等:《剑桥医学史》,张大庆译,长春:吉林人民出版社,2000年,第4—5页。
③ 高建红:《12—16世纪西欧的医生——一项医疗社会史的研究》,复旦大学,博士学位论文,2011年,第66页。
④ 陈勇:《西方医疗社会史的由来与前沿问题刍议》,《经济社会史评论》2015年第3期,第9页。

切入点。第二,研究中心从人与社会回到人与自然。人与自然之间的关系至今仍是人文社会科学关注的焦点,是关乎世界观和方法论的根本问题。以往我们过于偏重社会变迁中的人及其活动,对自然与人的特殊性关注不够。20世纪70年代以来,国内外学者开始认识到自然与人对理解和把握世界历史进程的重要性。第三,从研究文献到回归"历史情境",从史学与医学的跨学科交叉到多学科融合体验,研究视角从上层社会回到对弱者的关注,"医学不再仅仅是科学视野中的静止客体,而是不断变化的社会符号。历史学家要研究的,往往就是这种变化的过程和意义。所以,'建构'成为一种潮流"①。如何复原黑死病的真实图景?文献史料、博物馆的图像很重要但也会有欺骗性,理性假设可以帮助发现和理解文献图像背后鲜活的人与自然,这对回归"历史情境"具有决定性意义。正如赵立行在《西方学者视野中的黑死病》一文中所说,"对黑死病的研究并不是历史学家的专利,生命科学、生态学和动物学领域学者的介入,不但为黑死病的研究增添了无限的活力,也为黑死病研究提供了许多新的视角和提出了许多新的问题"②。实际上,只有突破史学与医学的交叉领地,与环境伦理学、演化心理学及文化人类学等密切相关的新兴交叉学科进行融合体验,才能建构当代中国医学社会史的新篇章。

〔赵文君,天津师范大学欧洲文明研究院副教授,天津300387;沈亚妲,天津师范大学欧洲文明研究院、历史文化学院2020级世界史硕士研究生,天津300387〕

---

① 李化成:《医学社会史的名实与研究取向》,《历史研究》2014年第6期,第29页。
② 赵立行:《西方学者视野中的黑死病》,《历史研究》2005年第6期,第184页。

近代早期英国消费与健康关系的多重矛盾

李新宽

从17世纪中后期开始,英国开始步入消费社会。① 在当时人的社会观念和社会生活实践中,消费与人们的健康之间就形成了复杂的关系,当时有著作指出:"Consumption 可能是一个巨大的陷阱,横亘在生命之途上,我们没有充分意识到,我们共有的利益应一致同意填平它,或者把它圈围起来,掉以轻心的父母们总是指引他们的儿女们直接掉了进去。"②这里的"Consumption"是一个双关语,既指消费,又指肺病,道出了消费与健康之间隐秘内在、纠缠不清的关系。

这种关系在多重层面上都体现出矛盾性。一方面,英国人开始享受高水平的生活,甚至出现了奢侈消费下移的现象,"就饮食的社会变迁来说,存在着一个类似的消费选择扩大。在城乡社会精英中间,能够享受的食物的多样性和质量是最显著的,但是即使是'穷人'随着物品实际成本的下降也从中获益"。③ 英国人初享放纵口腹之欲带来的喜悦,走出了长期以来因饥荒等原因导致的营养不良,认为消费带来了健康和长寿。另一方面,当时的许多评论家却希望消费市场崩溃,将之视为上帝的真正祝福,认为消费的扩张给当时的社会、道德和经济秩序带来了巨大的混乱。往好里说,它代表着享乐主义的奢侈挥霍,威胁着大部分人的健康和财富。往坏里说,它对国

---

① 参见李新宽:《17世纪末至18世纪中叶英国消费社会的出现》,《世界历史》2011年第5期。
② John Brewer and Roy Porter, *Consumption and the World of Goods*, London and New York: Routledge, 1994, p.58.
③ Paul Slack, *The Invention of Improvement: Information and Material Progress in Seventeenth-Century England*, Oxford: Oxford University Press, 2015, p.157.

家的道德团结是一个根本威胁。① 消费与健康的矛盾性集中体现在以下三个方面：

首先，在近代早期刚刚步出匮乏状态之后，英国人的饮食消费与疾病构成了一对极为矛盾的关系：一方面，当时人相信饮食为生命之火添加了燃料，放纵自己的消费欲望；另一方面，当时一些人把奢侈消费比拟为疾病，予以谴责，同时认为过度的和奢侈的消费导致疾病，损害健康。

英国人在17世纪中后期走出饥荒，步入了消费社会。索姆·杰宁斯在18世纪中期记载了当时消费的盛况："随着我们大都会财富的增加，所有东西的消费也令人惊叹地增加了。事实上，王国内的每一个角落，所有等级和各种条件的人们的生活方式，同样令人惊叹地改变了。"② 虽然英国当时走向丰裕，但饥饿记忆还在主宰着英国人的观念，认为充足的饮食是一剂预防药，并具有治疗疾病的效果，因为"在饥饿、匮乏和饥荒徘徊在大地上的环境里，人们不需要说服就相信，丰盛的饮食筑起了抵御疾病、虚弱和死亡的堡垒"。③ 著名的塞缪尔·约翰逊博士就指出："不关心自己肚子的人，什么也不会关心。"④ 罗伊·波特认为，约翰逊的这番话可能是受到古谚语"肚子支撑着腿，而不是腿支撑着肚子"的启发。⑤ 一位朋友曾经告诉约翰·洛克，他的妻子为了健康，"开始暴饮暴食，因为她只有在吃东西的时候才会健康"⑥。威廉·斯托特也相信美味食物的治愈能力，他曾记录道："医生告诉我，发烧必须少吃肉类，少饮酒，但我垂涎美食。我的邻居约翰·布赖尔经常来拜访我，有一次，他高兴地告诉我必须享用一些美味的肉类，饮些酒，说他有上好的啤酒，送了一些过来，我饮用了一两杯，便相当振作，我的胃口增加了，很快就康复了。"⑦ 酒精类饮料消费在当时社会各个阶层都很普遍，当时人认为酒能带来快乐和健康，死于1741年的丽贝卡·弗里兰的墓碑上

---

① Lionel K. J. Glassey, ed., *The Reigns of Charles II and James VII & II*, London: Macmillan Press Ltd, 1997, p. 209.

② Roy Porter, *English Society in the Eighteenth Century*, London: Penguin Books Ltd, 1982, pp. 235—236.

③ John Brewer and Roy Porter, *Consumption and the World of Goods*, 1994, p. 59.

④ J. Boswell, *The Life of Samuel Johnson*, vol. 1, London, 1946, p. 241.

⑤ John Brewer and Roy Porter, *Consumption and the World of Goods*, p. 59.

⑥ John Brewer and Roy Porter, *Consumption and the World of Goods*, p. 60.

⑦ John Brewer and Roy Porter, *Consumption and the World of Goods*, p. 60.

刻着:"她享用上好的麦芽酒、潘趣酒和葡萄酒,活到了九十九。"①

当然,也有不少人把奢侈消费比拟为一种社会之疾,甚至认为消费是一些疾病的根源所在。约翰·丹尼斯主张通过新的禁奢法来立即禁止"厚颜无耻的奢侈",因为奢侈是"四处蔓延的传染病,是公共习俗的最大败坏者,是公共精神的最大灭绝者"②。乔治·切恩就认为,随着整个国家变得更奢侈、富有、挥霍,疾病就成倍增长。他认为:"由于我们的财富在增加,海路在扩展,我们掠夺了全球的每一个角落,将所有的物资储备积聚在一起,以供挥霍和奢侈,并且招致无节制(的生活)",最终"奢侈和放纵越过宁静、安全、舒适和富有,扎地生根,疾病突然涌现,成倍增长"。③ 他本人曾在18世纪早期流连于伦敦的咖啡馆和酒馆,与朋友胡吃海喝,最终这种奢侈阔绰的生活毁掉了他的健康,他变得"相当肥胖,呼吸困难,昏昏欲睡,无精打采"。④ 17世纪后期的一些医药作家也谴责奢侈消费,担忧奢侈消费传播萎缩病和神经紊乱,这种疾病被称作"肺病"。⑤ 因为"肺病在英国比在世界上其他地方更为流行,可能是由于大量食用动物性食物和烈性酒,普遍适用于久坐不动的职业,那里燃烧了大量的矿煤"⑥。按照威廉·赫伯登的总结,肺病的主要症状是"气短,嘶哑,缺乏食欲,筋疲力尽,胸痛,盗汗,呕血和其他东西,发热,继而颤抖,伴有脸色潮红,手脚滚烫,脉搏经常高于九十,双腿肿胀,妇女月经不畅"。⑦ 因此,这种肺部疾病又被当时人称为"白色瘟疫",根据伦敦死亡清单的登记,在18世纪早期,10人中有1人死于这种疾病。⑧

传统观念认为奢侈消费会损害身体健康,造成精神堕落、狂躁、懦弱,使男人变得女里女气。这一问题在18世纪也引起了广泛关注。巴本则从另一个角度阐述了这个问题:"精神需求是无限的,人天生就有渴望,当他精

---

① Roy Porter, *English Society in the Eighteenth Century*, London: Penguin Books Ltd, 1982, p. 235.
② John Dennis, *An Essay upon Public Spirit*, London, 1711, p. v.
③ George Cheyne, *The English Malady*, London, 1733, pp. 49, 174.
④ George Cheyne, *The English Malady*, p. 326.
⑤ Lionel K. J. Glassey, ed., *The Reigns of Charles II and James VII & II*, p. 210.
⑥ John Brewer and Roy Porter, *Consumption and the World of Goods*, p. 63.
⑦ John Brewer and Roy Porter, *Consumption and the World of Goods*, p. 66.
⑧ John Brewer and Roy Porter, *Consumption and the World of Goods*, p. 66.

神振奋的时候,他的感官就更为精致,更有能力获得快乐。当他的渴求增大,他的需求伴随着他的愿望一起增加,这些对稀有东西的愿望能够满足他的感官,装饰他的身体,促进生活的舒适、愉悦和奢华。"①曼德维尔对奢侈损害身心健康的指控进行了驳斥,认为"追求感官享乐者亦像任何人一样悉心在意自己的身体","洁净的亚麻布和法兰绒同样使人虚弱。锦缎墙围、精美油画或华丽墙板,并不比不加装饰的四壁更有益健康";西班牙和佛兰德尔的纨绔子弟,穿着精美的花边衬衫,头戴香粉假发,"却表现得理智而勇敢"。因此,"说到奢侈使一个民族孱弱和丧失活力,我现在对此的恐惧已经比以前大为减弱了"。② 罗伊·波特指出,当时"工作节奏和社交仪式围绕庆祝活动进行,庆祝活动象征性地与欢呼、宴乐和社区联系在一起,在给定的时间和地点来大吃大喝:丰收时节的流水席,之后的狂欢节,酒宴,守夜,绅士俱乐部,以及山姆·约翰逊最爱的'幸福宝座',酒馆的椅子。牛排成了英国人的民族象征,男子气概看起来系于三瓶不倒的男人"③。由此可见,当时人把吃牛肉、能喝酒看成了男性健康和男子气概的象征。

在近代早期,保持健康也是一项高度重视生活质量的事项,养生书籍和健康调节书籍都提供了如何达致健康长寿生活的建议,并且看起来涵盖了生活的大多数方面。④ 当时的健康建议类书籍从六大方面提供保持健康的建议:一是空气,二是饮食,三是睡眠和清醒,四是运动和休息,五是潴留和排泄,包括性活动,六是灵魂的情感或激情。⑤ 其中,饮食消费对健康和养生的重要性不言而喻。17世纪的罗伯特·伯顿认为,违背这六大建议,不仅会导致疾病,而且会导致吃得过量,酩酊大醉,贪得无厌的欲望,非凡无比的放荡。⑥ 塞缪尔·理查森也相信,醉酒是"所有恶行中最具破坏性的,自然就带来了哮喘、头晕、中风、痛风、疝气、浮肿、肺病、结石和各种疑难杂症"⑦。

---

① Nicholas Barbon, *A Discourse of Trade*, London, 1690, p. 15.
② 伯纳德·曼德维尔:《蜜蜂的寓言》,肖聿译,北京:中国社会科学出版社,2002年,第89—93页。
③ John Brewer and Roy Porter, *Consumption and the World of Goods*, p. 59.
④ Andrew Wear, *Knowledge and Practice in English Medicine,1550—1680*, Cambridge: Cambridge University Press, 2000, p. 156.
⑤ Andrew Wear, *Knowledge and Practice in English Medicine,1550—1680*, p. 156.
⑥ Andrew Wear, *Knowledge and Practice in English Medicine,1550—1680*, p. 156.
⑦ John Brewer and Roy Porter, *Consumption and the World of Goods*, p. 61.

其次,许多消费品特别是奢侈品最初是作为药品引入英国的,或者被认为有药用功效。但近代早期的英国人对饮食消费品的药用价值和调节健康的作用等方面的科学知识仍处于探索阶段,绝大多数英国人并不懂得如何利用饮食中的营养成分来促进健康和预防疾病。

咖啡、茶、巧克力等饮料和香料等消费品在引进到英国的时候,都曾被认为具有相当强的药用功效。1652 年,一个叫帕卡·罗西的亚美尼亚人开设了伦敦的第一家咖啡馆。他是以英国商人丹尼尔·爱德华仆人的身份为其经营咖啡馆的。为了给新开业的咖啡馆做宣传,罗西制作了很多传单,传单的标题是"饮用咖啡的好处",先对咖啡的起源、制作方法、相关的风俗做了简单的介绍,然后用大量篇幅介绍并强调了咖啡的药用价值,比如治疗眼睑发炎、头痛、咳嗽、水肿、痛风、坏血病、预防孕妇流产等。① 1674 年,咖啡店主保罗·格林伍德出版了一本诗集《咖啡馆的规则与秩序》,其中有一页广告来推广他的生意,题名为"简要介绍那种叫做咖啡、使人头脑清醒和有益健康的饮料的卓越优点,及其在预防和治疗发生于人体的大多数疾病方面无与伦比的效果"。②

茶叶也有治病的效能。汤姆·斯丹迪奇认为,"茶叶的另一大优点就是其天然的抗菌性能,即使沏茶的水没有煮沸,它也能大大降低水生疾病的流行。从 18 世纪 30 年代开始,伦敦的痢疾患病率开始下降。到 1796 年,有人说痢疾和其他由饮用水所引起的疾病'真是越来越少,在伦敦几乎没有人知道这些疾病了'。19 世纪初,医生和统计学家一致认为,饮茶的风靡很可能改善了不列颠民族的健康状况"。③

1652 年,沃兹沃思出版了他翻译的西班牙人科梅内罗写的关于巧克力性质和品质的小册子,他在前言中推荐人们饮用巧克力,列举了巧克力的诸多优点,比如能够引发性欲,治疗肺病,帮助消化,增加营养,"经常饮用,增肥,使人健壮、美丽、令人愉悦"。④ 尽管人们对巧克力饮料对健康的具体益

---

① Pasqua Rosee, *Vertue of the Coffee Drink*, London,1652;[美]汤姆·斯丹迪奇:《上帝之饮:六个瓶子的历史》,吴平等译,北京:中信出版集团,2017 年,第 114 页。
② Markman Ellis, *The Coffeehouse: A Cultural History*, London: Weidenfeld & Nicolson, 2004, p.60.
③ [美]汤姆·斯丹迪奇:《上帝之饮:六个瓶子的历史》,第 162 页。
④ Kate Loveman, "The Introduction of Chocolate into England: Retailer, Researchers, and Consumer,1640—1730," *Journal of Social History*, vol.47, 2013, p.30.

处看法不同,但一直到18世纪有益健康仍是公认的巧克力的主要特点。

根据杰克·特纳的研究,香料在中世纪和近代早期的欧洲,不仅仅是一种食物调味品,或者一种单纯的消费品种,它还具有多种药用功效,比如可以治疗冷病或湿病(或二者兼有),可以阻止瘟疫,甚至可以催情。① "黑死病的幸存者、埃申登的约翰(牛津默顿学院的研究员)声称,当牛津狭窄的街道为死尸壅塞的时候,他是靠用桂皮、芦荟、没药、藏红花、肉豆蔻皮和丁香研磨的粉度过来的"。② 英格兰牧师诗人约翰·迈克尔在1450年前后写了一篇《对巴黎牧师们的讽劝》,其中告诫说,加有香料的干药糖剂有着让人担忧的副作用,那就是"催人……淫欲"。香料的催情作用使得即使为治病而服用,也会导致人们去做"那种污秽之事"。③ 既然人们相信香料的催情作用,就有人将其作为催情药来服用,甚至专门制作出催情食谱,"让我们来做一种能够增强男人和女人的性能力的馅饼:取两个榅桲果,两到三个Burre根和一个土豆。把土豆去皮,将根刮净,放入一品脱白酒中,熬煮至软嫩,放入少量红枣椰子,熬软嫩后,把酒连同其余物一起用网过滤,放入八个蛋黄、三到四个公麻雀头,过滤到小量玫瑰水中,整体拌以食糖、桂皮、生姜、丁香和肉豆蔻皮,并掺入少量甜奶油……"④

尽管营养学是20世纪才发展起来的科学,"但健康和寿命依赖于调节饮食的消费这一信念是最古老和最普遍的医学原则之一"⑤。虽然近代早期英国人对一些饮食消费品的药用价值和调节健康的作用有所了解,但绝大多数英国人并不懂得如何利用饮食中的营养成分来促进健康和预防疾病,典型的例子是预防和治疗维他命缺乏症,如坏血病,拉尔夫·乔斯林晚年就深受坏血病和水肿的折磨,经历了10年的痛苦和各种治疗之后,在67岁时死亡,直接死因可能就是坏血病。⑥ 一直到18世纪,詹姆士·林德和其他一些营养科学的先驱才证明有可能通过改变饮食来预防和治疗一些特

---

① [澳]杰克·特纳:《香料传奇:一部由诱惑衍生的历史》,周子平译,北京:生活·读书·新知三联书店,2007年,第190—219页。
② [澳]杰克·特纳:《香料传奇:一部由诱惑衍生的历史》,第204页。
③ [澳]杰克·特纳:《香料传奇:一部由诱惑衍生的历史》,第226页。
④ [澳]杰克·特纳:《香料传奇:一部由诱惑衍生的历史》,第219页。
⑤ Lois N. Magner, *A History of Medicine*, London: Taylor &Francis, 2005, p.351.
⑥ Roy Porter, *Patients and Practitioners: Lay Perceptions of Medicine in Pre-Industrial Society*, Cambridge: Cambridge University Press, p.113.

定疾病,如坏血病。坏血病是最古老的疫病之一,在史料中经常可以看到它折磨着整个家庭、整个修道院或整支军队,古代作家常认为坏血病是传染性的,或者产生于饮食与空气的致命混合。在1746年和1747年的两次航行中,坏血病袭击了英国军舰索尔兹伯里号,詹姆士·林德通过饮食控制实验找到了治疗坏血病的方法。他把得了坏血病的船员进行了饮食分组,除了燕麦粥、羊肉汤、布丁、饼干、大麦、葡萄干、醋栗果和葡萄酒这些基本饮食外,其中两人每天给一夸脱苹果汁,两人每天给丹矾酸饮料,两人每天给定量的醋,两人每天给海水,两人每天给大蒜、芥末籽、秘鲁香膏、胶质没药、大麦水的混合物,再经过罗望子和塔塔粉的酸化处理,两人每天给2个橙子和1个柠檬。在6天之内,给橙子和柠檬的两人,一个已能值勤,另一个强壮得能充当护工。林德的实验证明了橙子和柠檬能够治愈坏血病。①

最后,从17世纪后半期开始,英国人住房消费掀起了一个新的热潮,房屋的设计与装修也越来越奢侈豪华,设施越来越齐全,越来越封闭暖和。另一方面,在享受舒适的时候也潜藏着健康风险。同时一些人认为,为了身体健康,房屋设计必须考虑有利于新鲜空气的流通。

中上层富有人家通过衣食住行等方面的消费享受更多舒适的时候,也可能给健康特别是儿童的健康带来潜在的危险,比如拉尔夫·乔斯林家是一个中等之家,他家的孩子除了受到各种疾病的侵扰之外,生活条件也成为威胁生命和健康的潜在危险。乔斯林家有6个壁炉,很可能每一个都烧明火,家里还用蜡烛照明,他家的孩子共有6次不是掉进火里,就是把自己的衣服点着了,所幸没有造成严重的伤害。②

前面已经提到,当时的养生书籍对保持健康的六大建议中,占首位的是空气。罗伯特·波义耳根据气象观察推断出,地方气候可能与流行病和空气的卫生有联系,同样他强化了这种想法:疾病可能是由地表下方无机微粒散发伴随着其他空气成分导致的。③ 杰克·特纳认为,"气味、气息在古代和中世纪医学思想中占有重要的地位,一直到19世纪也还是这样,由于无

---

① Lois N. Magner, *A History of Medicine*, London: Taylor &Francis,2005, pp. 352—354.
② Roy Porter, *Patients and Practitioners: Lay Perceptions of Medicine in Pre-Industrial Society*, p. 109.
③ Dorothy Porter, *Health, Civilization and the State: A History of Public Health from Ancient to Modern Times*, London and New York: Routledge,1999, p. 54.

法解释感染的媒介,不了解微生物和细菌的存在,医生们只得借助于四周所存在但看不见的空气来解释疾病的随时和可怕的暴发及莫名其妙的突然消失。查理大帝时期的一个牧师会会员提到由'空气的失衡'而引发的瘟疫。莎士比亚笔下的(冈特的)约翰说道:'吞食生命的瘟疫飘悬于空气中。'"①因此,嗅闻具有医疗作用的香料成为一种选择,另一种选择是保持空气流通以驱除瘴气。

当时人十分关注居住环境与健康的关系,认为房屋设计要有利于新鲜空气的流通,这样才有利于健康。威廉·巴肯就指出,优雅生活需要良好的空气流通:"奢侈催生了各种各样的方法来使房屋封闭和暖和,这对身心健康一点好处也没有,除非空气能够穿堂而过,否则没有一幢房屋是有益健康的。因此,房屋应该每天打开对开的窗户通风,让新鲜的空气流进每个房间。"②

乔治·切恩把避免空气中的瘴气和维护健康联系在一起,认为"空气被吸引和接收到我们的体质中,在我们生命的每一瞬间与我们的体液混合在一起,因此空气中任何不健康成分如果持续不断地进入,到时一定会对有机体产生致命影响,并且将会对每个人产生最严重的后果,因此当我们睡觉和清醒时,我们应该关注我们呼吸与生活于其中的是哪种空气,总是接收和生命原理关系最紧密的空气"③。因此,在设计房屋时,卧室应该放在二楼,这样有利于空气流通。乔治·切恩和威廉·巴肯等人普及了要想保持健康就需要新鲜空气、避免瘴气的观念,当时的英国人在本国和殖民地新建房屋时,首要考虑的因素是健康因素,而不是舒适,所以要考虑房屋的通风。④

总而言之,在近代早期的英国,虽然消费达到了前所未有的繁荣状况,但英国人对消费与健康关系的认识,一方面仍受到一些从古代中世纪流传而来的传统医学观念的影响,在疾病、治疗、预防、医药、健康、养生等各方面的知识没有摆脱传统医疗文化的制约,另一方面,新的"科学"医学知识开始出现,逐步渗透到人们的知识结构之中,并开始挑战人们对衣食住行消费

---

① [澳]杰克·特纳:《香料传奇:一部由诱惑衍生的历史》,第201页。
② William Buchan, *Domestic Medicine*, Edinburgh, 1769, pp. 84—85.
③ George Cheyne, *An Essay of Health and Long life*, London, 1724. pp. 6—7.
④ John E. Crowley, *The Invention of Comfort*, The Johns Hopkins University Press, 2000, p. 232.

与健康关系的传统认识,再加上当时社会仍未完全摆脱对消费和健康问题的道德审视,就形成了消费与健康在多个层面上的矛盾性。

〔李新宽,上海师范大学世界史系教授、博士生导师,上海200234〕

黑死病对中世纪英国农业经济的影响

马泽民

1348年仲夏,黑死病登陆英国,两年内迅速席卷整个英格兰。黑死病对英国经济尤其是农业经济的影响是深远的。一是它来势凶猛,无可抵挡,短时间内造成人口大量死亡,尤其是黑死病更偏爱婴幼儿和青壮年男子。① 二是黑死病会造成连锁反应,特别是牛羊瘟疫相伴而至,损害极大。三是黑死病反复发作,不断暴发,一直持续到16世纪初,造成低出生率、高死亡率,英国人口长期难以得到恢复。② 诚如罗杰斯所言,"没有任何瘟疫能有如此的破坏力,没有任何人的影响能如此非凡,根据一些估计,它消灭了一半的人口,理所当然地开创了一场经济革命"③。从长时段的角度看,黑死病对英国农业经济的影响可以分作三个阶段来审视:黑死病期间的混乱与衰败、第一次瘟疫之后的恢复和1375年以来持续百年的农业萧条与转型。

一、黑死病暴发期间的农业衰败

黑死病暴发对农业经济的影响,首先表现为人口大量死亡,人们根本无力顾及生产。编年史记载了当时的状况,"牛羊得不到任何的照料,牲畜到

---

① 李化成:《论黑死病对英国人口发展之影响》,《史学月刊》2006年第9期,第88页。
② John Hatcher, *Plague, Population and the English Economy, 1348—1530*, London: Macmillan Education Ltd., 1977, p.17.
③ J. E. T. Rogers, *History of Agriculture and Prices in England (1259—1400)*, vol.1, Oxford: Clarendon Press, 1866, p.8.

处践踏庄稼,游荡在草场上而没有人看管,也没有人去驱逐它们","由于仆役和劳工的缺乏,没有人指导如何去处理"。而随黑死病而至的牛羊瘟疫使牲畜遭到巨大的损失,亨莱·奈顿(Henry Knighton)的编年中记载了当时英国暴发牛羊瘟疫的惨状,庄稼地、道路旁、栅栏里到处可见牛羊的尸体,"在一块草场上,一次性就死掉了 5000 多头羊,没有人看管和处理,全部腐烂,没有任何鸟兽去触碰这些腐尸"。每个城市都因为人口死亡而导致大量房屋空置、废弃甚至倒塌。很多地方出现了维兰(villein)逃避役务的情况,德比郡(Derbyshire)的一个梅斯利(Methley)庄园,51 个维兰拒绝按照惯例收割 51.5 牛地(Bovate,八分之一犁地,为 10—20 英亩)的谷物而使领主遭受巨大的损失。① 由于瘟疫,大量佃农死亡,黑死病期间很多庄园法庭中找不到提交进入费(Entry Fee)的记载,其原因在于佃农死后,没有新来的,领主一时找不到承租者,因而出现土地抛荒的现象。

其次,工资大幅增长,远远超过谷物价格,加剧农业荒芜。在粮食收获的季节,没有人愿意在低于 8 便士、另提供饭食的情况下充当打谷的人;没有人愿意在低于 12 便士、另提供饭食的情况下充当割草的人。因此,在这个季节,许多谷物因为没人收割而腐烂在田里。过高的工资使谷物种植得不偿失,许多土地因而被荒弃。②

最后,农产品价格奇低,农产品市场萧条。高死亡率使需求迅速下降,这使得黑死病暴发之时,谷物价格大幅下降,小麦价格仅为 4.59 先令,黑麦、大麦和燕麦的价格也呈同样趋势,为 2.76、2.42、1.76 先令,比 1348 年分别下降 33%、49%、54% 和 45%。而编年记载中价格更低,威尔特郡(Wiltshire)在黑死病期间 1 夸脱小麦仅值 1 先令,大麦为 0.75 先令,蚕豆为 0.7 先令,燕麦为 0.5 先令。③ 由于害怕更大规模的瘟疫和死亡,人们将活着的牲口以极低的价格出售,在此时没有任何人去考虑财富或牲畜应有的价值。1348 年 9 月至 1350 年 9 月的价格比黑死病之前大灾

---

① B. W. Clapp, *Documents in English Economic History 1000—1760*, London: G. Bell & Sons Ltd., 1977, pp. 111—112.

② Emilie Amt, *Medieval England 1000—1500: A Reader*, Ontario: Broadview Press, 2001, p. 337.

③ Rosemary Horrox, trans. and ed., *The Black Death*, Manchester and New York: Manchester University Press, 1994, p. 73.

荒之后的价格要低很多,公牛价格和绵羊价格下降了近40%,犁地马的价格下降更多,达到45%,拉车马的价格下降幅度较小,接近20%。① 据当时的编年记载,1350年黑死病肆虐威尔特郡之时,其牲畜价格为:1头壮的公牛值40便士,1匹健壮的马过去值40先令,而现在只值6先令,好的母牛值18便士到2先令。1349年格罗切斯特郡(Grochester),原来的一匹马要卖到40先令,而在黑死病期间只卖到6先令8便士。但即使是这样低的价格,也很难有购买者光顾。②

二、黑死病过后的"小阳春"

黑死病所产生的综合效应很快显现。第一,农业荒芜导致农产品奇缺,农产品价格开始恢复性上涨。从1349年年末开始,谷物价格掉头向上,1350年的小麦价格是6.06先令,上涨32%,1351年的小麦价格达到1348年的2倍,这一上涨趋势一直持续到1375年。牲畜价格也是如此,1351—1375年的牲畜价格水平比1348—1350年上涨67.5%,主要挽畜公牛的均价达到15.5先令,仅比14世纪初期大灾荒的价格略低0.9先令。③ 较高的农产品价格调动了领主对自营地经营的积极性。霍姆斯通过对世俗大贵族地产的研究指出,虽然人口在黑死病期间大幅下降,但地产收入并没有与人口同比例下降,相比1340年代只有10%的降幅,其中主要的因素要归结于价格的恢复和上涨。④ 在伍斯特主教地产上的克里夫(Crieff)、汉普顿(Hanpton)等庄园,自营地面积比1299年都还要大。⑤ 伊利主教地产上的威兹比奇(Wishbech)庄园,不仅将自营地耕种面积从黑死病前的286英亩扩展到1352年的350英亩,而且增加了牲畜的饲养,1370年代年均出售牲

---

① D. L. Farmer, "Prices and Wages, 1348—1500," in Joan Thrisk, *The Agrarian History of England and Wales*, *1348—1500*, Cambridge: Cambridge University, 1991, pp. 508—509.

② Rosemary Horrox, *The Black Death*, p. 473.

③ D. L. Farmer, "Prices and Wages, 1348—1500," pp. 502—508.

④ G. Holmes, *Estates of the Higher Nobility in Fourteenth Century England*, Cambridge: Cambridge University press, 1956, p. 114.

⑤ Christopher Dyer, *Lords and Peasants in A Changing Society*: *The Estates of the Bishopric of Worcester*, *680—1540*, New York: Cambridge University Press, 1980, p. 123.

畜所得比1340年代高出16%。①

第二，人们的思想观念发生了巨大变化，从忠信于基督教的禁欲主义，转而开始追求世俗生活，"很多方面以财产作为标准，与危机前的情况有了很大的不同"②，人口下降，但人均的需求量却增加了，人们对食物的品质要求也更高了。这些因素集合在一起，农产品市场又逐渐活跃起来。劳动力不断补充，在黑死病暴发期间，人口迅速减少，妇女和小孩不得不下地扶犁赶车，而在此之前是闻所未闻；③劳动力减少，使工资迅速上升，特别是小工的工资经历了"幅度最大、最持久的增长"，政府不得不加以干预，1349年和1351年国王爱德华三世（Edward III）颁布了《劳工法令》（The Ordinance of Labourers）和《劳工法》（Statute of Labourers），试图将工资限制在1346年的水平，并设立劳工法官（Justice of Labourers）进行监督。④ 政府法令虽然不能完全遏制工资的上涨，但却使上涨的速度变缓，1350—1359年间小工的平均日工资比1340—1349年间增加41.6%，是有利于农业的恢复和发展的。⑤

第三，领主放宽了对土地进入的标准和地租水平，使得生产水平迅速发展。由于黑死病期间人口大量死亡，领主不得不采取更加优惠的出租条件以使劳动力留在庄园上。牛津郡的伍德伊顿庄园（Wood Eaton Abbey）在黑死病之后，仅有两名幸存者，他们要求与领主进行谈判，否则将离开庄园，领主同意了。瓦尔特·多勒是个维尔格特农，持有18英亩农地和2英亩草地，最终以13先令4便士的价格折算了之前的劳役。更多的领主则通过降低进入费或者免除一年、两年甚至三年的地租，以吸引承租者。⑥ 威特尼（Witney）庄园在1263—1348年1维尔格特的进入费是1英镑2先令11便士，而1350—1415年则为5先令1便士，下降了78%。唐顿庄园（Downton）的罗伯特黑死病前支付了8英镑的进入费而持有0.5维尔格特加上1个住

---

① David Stone, *Decision-Making in Medieval Agriculture*, Oxford: Oxford University Press, 2005, pp. 113—114.
② [英]克里斯托弗·戴尔:《转型时代:中世纪晚期英国的经济与社会》，莫玉梅译，徐浩校，北京:社会科学文献出版社，2010年，第33页。
③ Rosemary Horrox, *The Black Death*, p. 64.
④ B. W. Clapp, *Documents in English Economic History*, 1000—1760, pp. 472—474.
⑤ D. L. Farmer, "Crop Yields, Prices and Wages in Medieval England 1259—1793," *Studies in Medieval and Renaissance History*, vol. 6 (1983), pp. 132—137.
⑥ Emilie Amt, *Medieval England 1000—1500: A Reader*, pp. 340—341.

宅,黑死病之后新来的佃农为此只支付了53先令4便士,不到罗伯特支付的三分之一。①

正是价格的恢复性上涨,人们需求的增加,工资水平的适度提高以及领主作出的妥协,使得第一次黑死病之后,英国的农业经济获得了恢复和发展,空置的土地重新得到了耕种,领主的自营地还有所扩大,布里迪伯利教授(A. R. Bridbury)称这一时期的英国经济为"印第安小阳春"(Indian Summer),意指英国领主经济获得了短暂的恢复与发展。②

三、黑死病与农业的衰退和转型

瑟斯克指出,英国农业生产经营经历了四次转型变化:第一次是黑死病之后,第二次是1650—1750年,第三次是1789—1939年,第四次是1990年代以来。黑死病在英国农业转型中起了催化剂的作用,其原因就在于它反复发作,造成人口持续下降。据1377年人头税的交纳情况,估计全国认购为250万—300万,比1300年减少了40%—50%,而在15世纪中期达到低点,仅有225万—275万。③ 人口状况对农业经济影响深远。

第一,低物价与市场的衰退。从1375年至1475年,英国农产品开启了长达一百年下降与停滞的趋势,直到15世纪最后25年才开始回升,1441—1460年的谷物价格最低,小麦均价不足5.5先令/夸脱,大麦还不到3先令,燕麦不足2先令,牲畜价格下降幅度要小一些,但下降趋势不改。④ 价格下降是农产品市场衰退的一个表现,吉丁顿(Geddington)是王室一个地产,原来在这里设置的乡村市场和集市每年价值54先令8便士,1383年的资产册记录"在过去的某个时候已经停止交易",没有任何收入。⑤ 英国1300—

---

① J. Z. Titow, "Some Differences between Manors and their Effects on the Condition of the Peasant in the Thirteenth Century," *The Agricultural History Review*, vol.10 (1962), p.11.
② A. R. Bridbury, "The Black Death," *The Economic History Review*, vol.26, no.4 (1973), pp.584—585.
③ J. Hatcher, *Plague, Population and the English Economy 1348—1530*, 1977, pp.57—58, 69.
④ D. L. Farmer, "Prices and Wages, 1348—1500," pp.502—512.
⑤ Mark Bailey, *The English Manor 1200—1500*, Manchester: Manchester University Press, 2002, p.69.

1349年新建立的165个市场,到16世纪仅存13个;根据对1350年之前建立的1002个市场遗址的研究发现,到都铎王朝时期,仅剩下426个市场。① 低物价与市场的衰退逼迫生产者和经营者对农业生产进行调适和转型。

第二,生产经营的转型。黑死病之后,农业生产出现了多元化的趋势,小麦、经济作物种植和家禽饲养获得了较快发展,使得农民生活水平有了较大提高。以前只有上层社会才能享用的小麦面包走进寻常百姓家,在1380年代,普通民众已经全部或主要转为食用小麦面包。② 小麦需求较黑死病之前有所增加,这一点从小麦与其他谷物不断扩大的价格差也能看出来,1250—1375年小麦、大麦、燕麦的价格比为1∶0.71∶0.41,而1376—1500年,它们的价格比扩大为1∶0.61∶0.35。因而小麦的种植也得到鼓励,作为小麦的替代品黑麦以及麦斯琳(Maslin,黑麦和小麦的混合谷物)则随着小麦面包的普及而逐渐退出农作物生产。另外,油菜籽、茜草、亚麻和大麻也开始在英国传播和种植,虽然经济作物需要更多的劳动力,但其较高的价格也吸引了部分种植者。在生产方面最大的变化是许多谷物种植地区转向了牲畜饲养,尤其是养羊业独领风骚,这是因为:养羊的人工成本较低,管理200—300头羊,通常只需要1个人,而管理再小的自营地种植,至少需要3个全职的人员;羊毛有着广泛的市场。英国羊毛质量高,远销意大利,尤其是在佛兰德尔最为畅销,后来英国主张国内发展毛纺织业和织布业,尽管布匹价格下降,但羊毛需求却非常广泛。与此同时,人们还转向饲养更多的肉食动物。12世纪晚期,兔子引入到英国,成为餐桌上的佳肴,吃上兔子肉也是生活富足的一种表现,其价格是母鸡价格的4—5倍。黑死病之后,出现了空置荒芜的土地,许多领主将农地改为草地,饲养兔子。黑死病期间,在萨福克(Suffolk)的布雷兰克(Breckland),领主饲养了大量的兔子,在1300—1349年兔子的收入可以忽略不计,但到1350—1399年,兔子收入已经达到总收入的21%,1386年一度占到总收入的40%。其他如养鹿、养鸽子、养淡水鱼也都因为有足够的土地而获得发展。③

---

① Alan Everitt, "The Marketing of Agricultural Produce," in Joan Thrisk, *The Agrarian History of England and Wales, 1500—1640*, Cambridge: Cambridge University, 1967, pp. 468—475.

② C. Dyer, "Changes in Diet in the Late Middle Ages: The Case of Harvest Workers," *Agriculture History Review*, vol. 36, no. 1 (1988), pp. 29—30.

③ Joan Thirsk, *Alternative Agriculture: A History from the Black Death to the Present Day*, Oxford: Oxford University Press, 1997, pp. 14—20.

第三,自营地经营模式的转型。在需求旺盛、市场发达、价格高起的阶段,领主通常将自营地经营权掌握在自己手中,而在市场萧条、需求不足、价格低廉的时代,领主通常采取自营地出租的形式,以确保领主的最低收益。随着黑死病的暴发,特别是在 1370 年代中期之后,工资大幅度增长,而物价又呈下降趋势,通过增加劳动力,采取更加精细化的耕种就不划算了。领主对生产也逐渐失去了信心,于是走上了出租自营地的道路。1434—1439 年,兰开斯特公爵(Lancaster)在伯克郡(Berkshire)的三个庄园上,从养羊中得到的收入为 245 英镑,而买羊、工资和收获干草的开支据估计达到 252 英镑,竟然亏损 7 英镑。因此,公爵将羊群出租给当地的乡绅和农民。① 伍斯特(Wooster)主教地产上,1369—1373 年有 8 个庄园全部出租,1380 年代早期的瘟疫和后期持续下降的物价加速了这一进程,许多庄园都是在此之后出租的,到 15 世纪最初十年 22 个庄园就全部出租出去了。②

自营地出租并不完全是被动的事情,它最初只是领主经营策略的变化。从单个的出租案例看,许多自营地出租后,租金要高于直接经营的利润,伊利主教克莱斯特在德文郡(Devon)的庄园于 1420 年出租,每年的租金超过了 39 英镑,而在出租之前的 7 年时间,平均每年收入约为 33 英镑,每年多收入 6 英镑。③ 不仅如此,自营地出租还帮助领主度过了 15 世纪中期经济最萧条的阶段。因为有租金的保障,领主们过着相当奢侈的生活。托马斯·鲍策(Thomas Bourgchier)在就任伍斯特主教期间,1435—1436 年的日常开支达到 300 英镑,其中买酒就达 53 英镑,加上税收、修建、巡游等费用,每年的开支超过 500 英镑。④ 经历了 15 世纪中期的衰退之后,领主们坚信自营地出租是一件可以一劳永逸的事情,遂将土地大块或整块出租,而且租期很长。在 14 世纪上半叶,租期一般为 6 年左右,黑死病之后,出租年限也逐渐延长,增加到 15—20 年左右。15 世纪中期以后,出现了 60 年、80 年甚

---

① J. L. Bolton, *Medieval English Economy*, *1150—1500*, London: J. M Dent &Sons Ltd., 1980, pp. 228—229.

② C. Dyer, *Lords and Peasants in a Changing Society: The Estates of the Bishopric of Worcester*, *680—1540*, Cambridge: Cambridge University Press, 1980, pp. 62, 122.

③ David Stone, *Decision-Making in Medieval Agriculture*, pp. 159, 20.

④ C. Dyer, *Lords and Peasants in a Changing Society*, *The Estates of the Bishopric of Worcester*, *680—1540*, pp. 200—205.

至99年的租期,租期不再局限于一代人,而是跨越了好几代。在伍斯特主教区,约翰·沃德(John Ward),波尔顿主教区的大管家1426—1432年期间花费13英镑6先令8便士获得了对怀特斯通庄园(White Stone)长达80年的承租权,年租金20英镑;阿诺德(Arnold),一位征租人,1458年获得了对比伯里庄园(Bibury)的60年承租权,年租4英镑,1473年他又以年租金6英镑13先令4便士再承租60年。① 因而,领主们再也没有任何的努力去生产"大量的可供市场化的剩余产品"②,作为一个阶层失去了对社会生产的管理和控制,也就必然从社会中消失。

总之,英国中世纪晚期的经济衰败与转型是由多种因素造成的,而黑死病的作用不能忽略,原因就在于它直接作用于人,造成生产者和消费者的大量死亡,改变了土地和人口的比例,迫使生产者和经营者都要通过转型以适应新的形势,从而推动了英国农业经济的转型和发展。

〔作者马泽民,绵阳师范学院历史文化与旅游管理学院副教授,绵阳621000〕

---

① C. Dyer, *Lords and Peasants in A Changing Society*: *The Estates of the Bishopric of Worcester*, *680—1540*, p. 160.

② R. H. Britnell, "Production for the Market on a Small Fourteenth-Century Estate," *The Economic History Review*, vol. 19, no. 2 (1966), pp. 386—387.

近代早期英国的健康教育*

聂 文

2020年新型冠状病毒肺炎(COVID-19)在全球范围内的肆虐,给人类社会造成巨大的灾难。流行病的暴发,促使我们再度思考人类社会的健康问题。历史学界对流行病的探讨也从未停歇,以英国鼠疫为例,前辈学者对鼠疫在英国的肆虐、社会控制和最终消失进行了详细的论述。① 也有学者从疫情防控的视角出发,提出将知识、机制与社会不断更新与融合,从而建立长效的重大疫情防控体系。② 然而,在建立疫情防控长效机制的过程中,健康教育是不能被忽视的一环。1915年,伍连德博士提出,亟需从医学教育入手,向民众普及医学常识,构建防疫共识。③ 健康教育作为医学教育的重要内容,显得尤为重要。

英国在14世纪中叶至17世纪中叶饱受鼠疫的侵扰,当时的医生和医学作家为普及健康知识,撰写了大量的本土医学文献。④ 应当说,鼠疫在英国的消失与健康教育的长期作用下民众健康意识的不断提升息息相关。国内外学界围绕近代早期英国的健康教育进行过部分研究。然而,这些研究

---

* 本文系国家社科基金重大项目"英国经济社会史文献学专题研究"(17ZDA225)的中期成果。

① 李化成:《黑死病期间的英国社会初揭(1348—1350年)》,《中国社会科学》2007年第3期;邹翔:《鼠疫与伦敦城市公共卫生(1518—1667)》,北京:人民出版社,2015年;向荣:《集体行动与近代早期西欧鼠疫的消失》,《光明日报》2003年7月1日,B3版。

② 李化成:《14世纪西欧黑死病疫情防控中的知识、机制与社会》,《历史研究》2020年第2期。

③ 武连德:《论中国急宜谋进医学教育》,《中西医学报》1915年第9期。转引自焦润明:《庚戌鼠疫应对与中国近代防疫体系的初建》,《历史研究》2020年第2期。

④ 在Gale数据库中以health为检索词,可发现近代早期英国的856份本土医学文献。(检索时间:2020年6月6日下午3点56分)

主要围绕医书传播和饮食观念等问题展开,对于健康教育的内容和特点相对论述较少,且多聚焦于某一层面。① 本文拟在前人研究的基础之上,以近代早期英国的本土医学文献为核心史料,从时人对健康和疾病的认知、健康教育的主要内容和健康教育的主要特点出发,对近代早期英国的健康教育问题进行综合探究。

一、时人对健康和疾病的认知

论述健康教育,首先需要了解何为健康。世卫组织和《牛津医学词典》对健康的定义是,"身体和精神上的完满状态,良好的社会适应力,而不仅仅是没有疾病和衰弱的状态"②。相形之下,近代早期英国人对健康的理解更为实用。托马斯·伊利奥特爵士指出,"健康即身体达到这样的状态:既不遭受病痛,也不影响正常生活"③。托马斯·柯根对此表示赞同,他认为医学的主要功效在于保持健康和治疗疾病,前者比后者更为简单。④ 一方面,随着对疾病和身体认知的不断深入,时人对健康的理解也在不断发生改变,如乔治·切恩认为,"保持健康的秘诀在于,维持血液和其他体液处于适当的稀薄和畅通状态"⑤。另一方面,不同群体的健康标准存在差异,如

---

① 尹虹:《近代英国人对疾病和保健的认识——兼论书籍在传播医疗保健知识方面的作用》,《华南师范大学学报》(社会科学版)2013 年第 6 期;冯雅琼:《从食谱书看近代早期英国的饮食观念》,《经济社会史评论》2016 年第 3 期;Anne Charlton, "An Example of Health Education in the Early 17th Century: Naturall and Artificial Directions for Health by William Vaughan," *Health Education Research*, vol. 20, no. 6, 2005, pp. 656—664; Louise H. Curth, "Lessons from the Past: Preventive Medicine in Early Modern England," *Medical Humanities*, vol. 29, no. 1, 2003, pp. 16—20.

② WHO, "Constitution of the World Health Organization," *American Journal of Public Health and the Nation's Health*, vol. 36, no. 11, 1946, pp. 1315—1323; Elizabeth A. Martin, ed., *Concise Medical Dictionary*, Oxford and New York: Oxford University Press, 2010, p. 331.

③ Thomas Elyot, *The Castel of Helthe*, London: Thomas Bertheleti, 1539, sig. A1^r.

④ Thomas Cogan, *The Haven of Health*, London: Melch. Bradwood, 1612, sig. I2^{r-v}. 相同观点散见于同时代的本土医学文献。Richard Elkes, *Approved Medicines of Little Cost, to Preserve Health and Also to Cure Those that are Sick*, London: Robert Ibbitson, 1651, sig. A2^v; Everard Maynwaring, *Tutela Sanitatis Sive Vita Protracta*, London: Peter Lillicrap, 1663, sig. A4^r.

⑤ George Cheyne, *An Essay of Health and Long Life*, London: George Strahan, 1724, p. 220.

威廉·汤森认为对于老年人而言,"健康包括良好的消化功能和自由的血液循环"①。由此观之,近代早期的英国人将健康视作一种良好的身体状态,具体表现为身体各器官和功能的正常运作。此外,对疾病和身体的认知也不断塑造着当时的健康观念和健康教育。

近代早期的英国人将疾病和身体的衰弱,主要归咎于外在自然环境的不利和体内自然状态的失序。一方面,外在自然环境的不利会对人体健康产生不利,托马斯·莫尔顿认为,倘使人们吸入流行病期间受污染的空气,会严重腐坏体液,感染疾病。② 同时,不同职业人群也会因环境的改变易患不同疾病,以农业劳动者为例,外界环境中寒冷会引起炎性喉痛和风湿等疾病,炎热则会导致胸膜炎和肠胃炎等症状。③ 另一方面,体内自然状态的失序对健康的影响极大。恰如菲利普·莫尔所言,"对健康的保持和恢复有赖于对身体的认知"④。盖伦医学对人体的理解在近代早期英国的医学界占据主导地位,它的自然因素理论强调,人体由土、水、气、火四元素混合构成,其中各元素具有不同的特性,土冷而干,水冷而湿,气热而湿,火热而干,身体的冷热干湿情况可以透过肤色表现出来,它们与黑胆汁、黏液、血液和黄胆汁四种体液共同作用于人体。在人体中占主导地位的体液,决定着人们的气质,譬如体内黑胆汁占主导地位的人表现出抑郁质人格,固执而忧郁;同理,黏液质人格表现出愚笨懒惰的性格特点;多血质对应热情和果敢;胆汁质对应精力充沛。⑤ 由此,在盖伦医学看来,疾病的主要成因在于体内自然状态的失序,尤其是体液不调。此外,时人还认为,衰老和死亡源于体内自然热量和水分的流失,因此人们不仅需要抵御外在的寒冷,还需要保存体内的热量和水分。⑥

---

① William Townsend, *The Old Man's Guide to Health and Longer Life*, Dublin: James Hoey, 1760, p. 5.
② Thomas Moulton, *The Myrrour or Glass of Health*, London: Robert Wire, 1531, sig. B3$^{r\text{-}v}$.
③ William Falconer, *An Essay on the Preservation of the Heath of Persons Employed in Agriculture*, Bath: R. Cruttwell, 1789, pp. 5—8.
④ Philip Moore, *The Hope of Health*, London: John Kingston, 1565, fol. 2^r.
⑤ Thomas Elyot, *The Castel of Helthe*, sig. A1^r-B3^v; Philip Moore, *The Hope of Health*, fol. 4^v—13^r.
⑥ John Makluire, *The Buckler of Bodilie Health*, Edinburgh: John Wreittoun, 1630, pp. 1—2; Everard Maynwaring, *Tutela Sanitatis Sive Vita Protracta*, p. 20.

二、健康教育的主要内容

时人对健康和疾病的认知,是其开展健康教育的主要依据。健康在于远离病痛,正常生活,疾病产生于外在自然环境的不利和体内自然状态的失序。由此观之,在盖伦医学理论的基础之上,充分运用六种非自然因素理论(空气、饮食、运动、睡眠、排泄和情感)当中的积极作用,在避免外在自然环境对人体产生的不良影响的同时,保持体内自然状态的平衡,构成了近代早期英国本土医学文献当中健康教育的主体内容。

空气对人体的重要性不言而喻,"没有什么比纯净的空气对人体健康更为有益"①。时人发现,优质空气首要在于通畅,缺少空气或空气流通不畅会严重危害人们的生命安全,托马斯·加内特医生论证出"人体一旦离开空气,会在3至4分钟内死亡"②。在1782年的都柏林医院,7650名新生婴儿当中,有2944名在出生后两周内死亡,它们几乎都是死于惊厥,许多口吐白沫,拇指扣入掌内,下巴紧缩,脸色发青,呈现窒息死亡状态。通过观察死亡症状,人们判定起因在于分娩室空间狭小,难以为新生儿提供充足的新鲜空气。在为医院改造通风设备后,情况出现明显好转。③ 其次,不洁净的空气容易滋生疾病,"潮湿的空气和亚硝气会令人感染咳嗽和肺病"④。再次,纯净的空气对人体健康最为有利,没有任何味道的空气有益人体,在有可能感染疾病的地方,增加香味,可以驱散令人厌恶的气味。⑤ 最后,空气的质量受时间、位置和季节等多方面因素的影响,如日出前和日落后的空气质量不佳,人们应当尽量待在室内。⑥

---

① William Townsend, *The Old Man's Guide to Health and Longer Life*, p. 19; George Cheyne, *An Essay of Health and Long Life*, p. 6.
② Thomas Garnett, *A Lecture on the Preservation of Health*, Liverpool: J. M'creery, 1797, p. 9.
③ Thomas Garnett, *A Lecture on the Preservation of Health*, p. 43.
④ George Cheyne, *An Essay of Health and Long Life*, p. 7.
⑤ Thomas Muffett, *Healths Improvement*, London: Thomas Newcomb, 1655, p. 19.
⑥ Everard Maynwaring, *Tutela Sanitatis Sive Vita Protracta*, p. 21.

饮食和运动对人体健康同样重要，"无论对于老年人还是年轻人而言，适当的饮食和运动都是健康的最佳保障"①。同时代的医生和医学作家均认为，"节制而规律的饮食对于保持健康至关重要"②。甚至于"即使是体质较差的人，只要保持节制的饮食习惯，也能过上健康和长寿的生活；而即便是体质健壮者，倘若饮食无节制，也难以达到健康和长寿的目的"③。那么，何谓有节制的饮食？尼古拉斯·卡尔佩珀言道，"这涉及不同体质人群所能承受饮食量的问题，譬如学生的饮食量不应超过劳工，因他们的消化功能普遍偏弱，食用少量易于消化的肉制品为宜"④。伦纳德·莱休斯补充道，普通人每日饮食的摄取量至少需满足12至14盎司。⑤ 节制饮食可使人们远离疾病、抵御各种流行病，而不节制的饮食会给身体带来疾病，人们易患的黏膜炎、咳嗽、头痛、胃痛和发热等症状均是由过量饮食所导致的。⑥ 时人甚至认为，所有的疾病都是由饱食引起的。⑦ 在所有的食物当中，精心烘焙的纯麦面包居于首位。⑧ 营养概念的初步形成也塑造了当时以肉食为主的饮食观，饮食份量和内容因时令和身体状况有所不同。如早餐应以液态食物为主，午餐应食用煮肉等湿性食物，晚餐以烤肉为主。⑨ 在所有的饮品当中，水是人们最常饮用的，而酒精类饮品虽然可以充当治疗疾病的特效药，也能给人带来欢乐，

---

① William Townsend, *The Old Man's Guide to Health and Longer Life*, p. 4.
② Leonard Lessius, *Hygiasticon: or, The Right Course of Preserving Life and Health unto Extream Old Age*, London: R. Daniel and T. Buck, 1634, p. 9; Everard Maynwaring, *Tutela Sanitatis Sive Vita Protracta*, p. 22; Timothy Byfield, *Directions Tending to Health and Long Life*, London: T. Byfield, 1717, sig. A2ᵛ; George Cheyne, *Dr. Cheyne's Account of Himself and of His Writing*, London: J. Wilford, 1743, p. 32.
③ Nicholas Culpeper, *Health for the Rich and Poor, by Dyet without Physick*, London: Peter Cole, 1656, p. 23.
④ Nicholas Culpeper, *Health for the Rich and Poor, by Dyet without Physick*, p. 1.
⑤ Leonard Lessius, *Hygiasticon: or, The Right Course of Preserving Life and Health unto Extream Old Age*, p. 45.
⑥ Leonard Lessius, *Hygiasticon: or, The Right Course of Preserving Life and Health unto Extream Old Age*, p. 23.
⑦ Nicholas Culpeper, *Health for the Rich and Poor, by Dyet without Physick*, p. 14.
⑧ Edmund Gayton, *The Art of Lonevity, or, A Diaeteticall Instition*, London: Edmund Gayton, 1659, p. 12.
⑨ Thomas Muffett, *Healths Improvement*, p. 296.

还可以增进友谊,但它不可作为日常饮品长期使用,否则会成为各种疾病的祸根。① 此外,奶制品、咖啡和茶也成为时人的日常饮品。

同时代的英国人十分推崇运动。一方面,人们认识到缺乏运动对健康是有害的,"身体缺少运动是很难抵御疾病的……在慵懒的身体之下,精神也会遭到腐化,正如死水中难有生命(Cernis vt ignauum corrumpant otia corpus, vt capiunt vitium ni moveantur aque),懒惰会造成身体迟钝,使人迅速衰老"②。另一方面,时人也认识到运动对健康的益处颇多:其一,预防疾病,运动可以振奋精神,清醒大脑,缓解压力;③其二,增强体魄,运动可以使身体器官变得更加坚硬,足以承受各种体力劳动,适量运动可以使身体变得轻盈、敏捷和活泼;④其三,恢复健康,运动可以增加体内的热量,促进人体消化,祛除多余的体液。⑤ 不同的生活状态在时人眼中形成鲜明对比,托马斯·柯根嘲讽道,"绝大多数的农夫和手工艺人,要比贵族和饱学之士更为健康,也活得更久,因为后者的身体始终处于休息状态"⑥。当时的运动和休闲种类繁多,据约翰·斯托在《伦敦风情录》当中的记载,斗鸡、踢球、骑马、打水仗、跳舞、击剑、摔跤和投石是时人耳熟能详且乐在其中的运动和休闲项目。⑦ 有关运动的首要考量因素是时间,时人建议应当在肠胃没有消化负担的时间段进行,"夏季的最佳运动时间是太阳升起1小时后,此时的热量不会太高;春季则是在太阳升起1.5小时后,此时清晨的寒冷刚刚被驱散;正午的热量对人体伤害较大,因此秋天的早晨也适宜运动"⑧。其次是

---

① George Cheyne, *An Essay on Regimen*, London: C. Rivington, 1740, p. 80.

② S. H., *De Valetudine Conservanda, or the Preservation of Health*, London: Augustine Mathewes, 1624, p. 25.

③ Francis Fuller, *Medicina Gymnastica: or, a Treatise Concerning the Power of Exercise, with Respect to the Animal Oeconomy*, London: John Matthews, 1705, p. 1. 时至今日,运动有助于疾病预防的观念已然被科学家通过研究所证实。B. W. Stewart and p. Klehues, eds., *World Cancer Report*, Lyon: IARC Press, 2003.

④ John Makluire, *The Buckler of Bodilie Health*, p. 26; Timothy Byfield, *Directions Tending to Health and Long Life*, sig. B3ᵛ.

⑤ William Vaughan, *Naturall and Artificial Directions for Health*, London: Richard Bradocke, 1602, p. 28.

⑥ Thomas Cogan, *The Haven of Health*, p. 1.

⑦ John Stow, *A Survey of London*, London: John Wolfe, 1598, fol. 67—73.

⑧ William Vaughan, *Naturall and Artificial Directions for Health*, p. 29.

运动节奏,"要从温和的运动开始,适应后再逐步提升难度,即使是散步,也需谨慎而缓慢地展开,逐步加快步伐"①。

睡眠可以"把人从繁杂的思绪中解救出来,使疲劳的身体得以放松,受伤的心灵获得抚慰,它是自然的第二要因,生命的主要滋养者"②。在时人看来,睡眠对于维持人体健康是不可或缺的,适度睡眠可以使身体得到休养,平衡体液和脉搏,调节肝脏热量,平和思绪。反之,睡眠不当则会使大脑衰退,导致麻痹和健忘,使人饱受精神困扰。③ 罗伯特·伯顿坚信,"没有什么是比适度睡眠更好的事情了,也没有什么是比过度睡眠或缺少睡眠更糟糕的事情了。人们普遍认为,忧郁症患者不能失眠过多,忧郁症也被称为失眠的代价(somnus supra modum prodest),没有什么比失眠更能引发忧郁症"④。早睡早起是本土医学文献当中对时人的告诫。早睡可以让身体充满活力,晚睡和晚起则易使人迟钝,⑤夜晚活动和白天睡觉,对身体的伤害最大,也有违自然;⑥与此同时,不同种族和年龄的人都认同,清晨最有利于学习和处理思考性的工作。因为此时人的精神处于亢奋状态,头脑最为清醒,情感最为安定,饱腹后由消化带来的神经系统焦虑症状也不复存在。尤其是患有神经系统失调症的人,更应当坚持早睡早起,以便充分利用清晨的时间锻炼身体。⑦ 当然,早起虽然有助于健康,倘若在空气遭受污染的早晨,如瘟疫期间,最好在床上多躺会,或在房间里点火。⑧ 在睡姿方面,身体健康的人可以先采取右侧卧的方式,确保食物从嘴巴进入胃里,随后采取左侧卧姿势,有益于保护肝脏和促进食物消化;而消化功能不佳的人,可以采用俯卧的方式,或者在仰卧的同时将手掌置于胃部上方。⑨

---

① John Armstrong, *The Art of Preserving Health: A Poem*, London: A. Millar, 1744, p. 72.
② Thomas Garnett, *A Lecture on the Preservation of Health*, p. 26.
③ S. H., *De Valetudine Conservanda, or the Preservation of Health*, p. 27; William Vaughan, *Naturall and Artificial Directions for Health*, p. 25.
④ Robert Burton, *The Anatomy of Melancholy*, Oxford: John Lichfield and James Short, 1621, p. 118.
⑤ Everard Maynwaring, *Tutela Sanitatis Sive Vita Protracta*, p. 37.
⑥ George Cheyne, *An Essay of Health and Long Life*, p. 87.
⑦ George Cheyne, *An Essay of Health and Long Life*, pp. 85—86.
⑧ William Vaughan, *Naturall and Artificial Directions for Health*, p. 27.
⑨ S. H., *De Valetudine Conservanda, or the Preservation of Health*, p. 29.

排泄(Evacuation)是保持健康的有效方法,安布罗斯·巴累对排泄的定义为"排出体内有问题的体液,无论是质量上的,还是数量上的"①。时人认为,"上帝造人,使人体多处可以排泄体液……所以人的头部可以通过鼻子、耳朵、嘴巴等部位打喷嚏和分泌唾液等方式排泄;胸腔和肺部通过咳嗽的方式排出黏液;胃部可以呕吐;肠子通过释放排泄物达到清洁;膀胱会排出尿液;皮肤上的毛孔可以分泌很多汗液"②。其中,最主要的排泄方式是排便、排尿和排汗。③ 通过经验和观察可发现,食物从吃进嘴里,经过消化完全到排出体内,通常需要3天时间,倘若过着有节制的生活,每日排便1次较为规律,超过则属于排泄过量。④ 便秘是血液过热、消化过慢或者内脏虚弱的征兆,而患有头痛、胃部不适、情绪低落和疝气等症状,通常会排出稀疏的粪便。⑤ 时人还对不同尿液所显示的身体健康状况进行了详细区分。譬如,颜色澄亮如黄金并伴随有些许沉积物的是最为健康的尿液,约3夸特量呈明亮琥珀色的尿液,且漂浮有轻微的沉淀物,是消化功能良好的表现。⑥ 运动和洗浴有助于排汗,在运动过程中,通过大量呼吸和流汗的方式,身体可以得到很好的排泄;⑦约翰·哈林顿也建议人们,春季气候温暖潮湿,应该勤洗澡和流汗,帮助身体排泄。⑧ 尤其是在每年的春季和秋季进行适当排泄,将身体内的有毒体液排出,有助于保持健康和长寿。⑨ 此外,排泄在近代早期的英国还被视为治疗疾病的主要手段,当时医生们惯用的排泄手段包括杯吸、放血、发疱、泻下、灌肠、催吐和发汗。

时人相当重视情感的作用,认为"没有什么比愤怒、傲慢、嫉妒和贪婪等毫无节制的情感,更能损害人们的健康;也没有什么比平和、节制和谦卑

---

① Ambroise Paré, *The Workes of That Famous Chirurgion Ambrose Parey*, London: Thomas Cotes and R. Young, 1634, p. 37.
② Levinus Lemnius, *The Secret Miracles of Nature*, London: John Streater, 1658, p. 343.
③ George Cheyne, *An Essay of Health and Long Life*, p. 109.
④ George Cheyne, *An Essay of Health and Long Life*, p. 118.
⑤ George Cheyne, *An Essay of Health and Long Life*, pp. 139—140.
⑥ William Vaughan, *Naturall and Artificial Directions for Health*, p. 37; George Cheyne, *An Essay of Health and Long Life*, pp. 121—125.
⑦ S. H., *De Valetudine Conservanda, or the Preservation of Health*, p. 24.
⑧ John Harington, *The English Mans Doctor*, London: Augustine Mathewes, 1624, p. 34.
⑨ Leonard Lessius, *Hygiasticon: or, The Right Course of Preserving Life and Health unto Extream Old Age*, p. 93.

的情感更有益于保持和恢复人体健康"①。他们由此断言,"情感对健康和长寿的重要性远比人们意识到的大"②。托马斯·赖特还对情感的生理学机制加以阐述,认为情感会通过特殊的渠道作用于身体,当人们处于悲伤和痛苦之中时,体内会积聚更多忧郁的体液,处于愤怒之中,则会积聚更多的胆固醇。③ 一方面,在人类所有的情感当中,最为可怕的是愤怒。佩内尔认为,愤怒会导致身体干涸和有机体发炎。④ 另一方面,不同程度的情感会导致不同类型的疾病,"突发而强烈的情感容易导致急性病,有时甚至会诱发猝死;舒缓而持久的情感,譬如悲伤和失恋会导致慢性疾病"⑤。因此,适度的心情愉悦有益于人体健康和长寿,良言和音乐有助于保持心情愉悦。正如古语有云,"良言是治疗心病的医生"。⑥ 情感的慰藉对于治疗疾病具有良好的功效,威廉·法尔康纳医生也认为,"对待患者,需要给予其康复的希望,用美好的生活前景进行宽慰"⑦。同时,音乐具有健脑的功效,托马斯·柯根提出,"我会建议所有的学生,经常听些音乐,这样有助于他们驱散忧郁,更愉悦地学习"⑧。

此外,药物治疗也是健康教育当中不可或缺的内容。当时的药物以草药和化学药品为主。近代早期的英国人对草药及其功效相当熟悉,对茴香、金雀花、大黄、芥末和缬草等常见草药的药性更是了如指掌。《盖伦全集》当中记载药物 82 种,而近代早期英国的医生们已发掘出 369 种不同的草药。⑨ 譬如,蒂莫西·拜菲尔德曾重点推介名为布巴伯酊（Tincture of Rheubarb）的草药,这种温和性的药物,"具有疏肝利胆之功效"⑩。化学药

---

① James Graham, *The Guardian of Health, Long-life, and Happiness*, Newcastle upon Tyne: S. Hodgson, 1790, p. 12.
② George Cheyne, *An Essay of Health and Long Life*, p. 144.
③ Thomas Wright, *The Passions of the minde in generall*, London: Valentine Simmes, 1604, p. 45.
④ Thomas Paynell, *Regimen Sanitatis Salerni*, London: Thomas Creede, 1528, sig. A2^v.
⑤ George Cheyne, *An Essay of Health and Long Life*, p. 170.
⑥ Levinus Lemnius, *The Secret Miracles of Nature*, p. 65.
⑦ William Falconer, *An Essay on the Preservation of the Heath of Persons Employed in Agriculture*, p. 83.
⑧ Thomas Cogan, *The Haven of Health*, p. 21.
⑨ Nicholas Culpeper, *The English Physician*, London: Peter Cole, 1653.
⑩ Timothy Byfield, *Directions Tending to Health and Long Life*, sig. D3^r.

品也深受时人喜爱。法尔康纳对詹姆斯医生的发烧药粉（Dr. James's Fever Powder）进行过细致描述,该药粉属于含锑化合药物,对肠胃的刺激作用较小,可当作催吐剂或发汗剂进行使用。① 埃弗拉德·梅恩沃林也列举出近30种治疗不同疾病的化学药品,针对不同的性别、年龄和体质,服用剂量会有所不同。② 譬如,专门治疗浮肿和水肿瘤的水肿丸（The Hydropic Pills）,普通患者每次需要服用5片,而体质偏弱者建议服用4片,14岁以下患者服用3片即可。③ 除了向大众普及日常疾病的护理外,理查德·埃尔克斯在《廉价保健治病医学》当中还介绍了枪伤的治疗措施,"待先行止血后,把子弹取出,随即用松脂、4盎司白兰地、半盎司玫瑰油、少量藏红花混合制成的药膏涂抹伤口处,再用混入玫瑰油和接骨木油的车前草水和红玫瑰水清洗伤口,将威尼斯松脂油、3盎司白兰地、1盎司鸡蛋液、2盎司玫瑰油和半盎司乳香混合制成药膏,涂抹伤口至彻底愈合"④。

三、健康教育的主要特点

纵观近代早期英国健康教育的丰富内容,我们发现它呈现出区别于中世纪和同时代别国的诸多特点。首先,身体与灵魂的相互分离和统一。与中世纪时期将身体视为"承载灵魂的容器"的观念截然不同,在近代早期的健康教育当中,灵魂已然被从身体中抽离出来,身体不再依附于灵魂,而是处于同等地位,时人甚至认为,"健康与长寿更关乎身体,而非灵魂"⑤。然而,更普遍的观点是"身体和灵魂是相互联系的,且深受彼此影响,直至死亡将二者彻底分离"⑥。托马斯·柯根在提倡网球运动时指出,"人由两部分组成,即身体和灵魂,它们都需要得到锻炼,网球运动可以同时增强人们

---

① William Falconer, *An Essay on the Preservation of the Heath of Persons Employed in Agriculture*, p. 54.
② Everard Maynwaring, *Tutela Sanitatis Sive Vita Protracta*, pp. 80—116.
③ Everard Maynwaring, *Tutela Sanitatis Sive Vita Protracta*, pp. 93—94.
④ Richard Elkes, *Approved Medicines of Little Cost, to Preserve Health and Also to Cure Those that are Sick*, p. 42.
⑤ Timothy Byfield, *Directions Tending to Health and Long Life*, sig. A1^r.
⑥ Everard Maynwaring, *Tutela Sanitatis Sive Vita Protracta*, p. 51.

的身心健康"①。

其次,英国的特殊性在健康教育中得到充分体现。譬如,时人相信家乡的空气是最好的,"故乡最有利于人的成长,那里是他们的根"②。由此衍生出英国的空气和环境最适宜英国人的身体健康。尼古拉斯·卡尔佩珀医生认为,"药物对于患者而言,恰如饮食对于饥饿者同等重要,唯独本国可以为其居民出产适合他们的药物,其他地方是很难做到的"③。

再次,在健康教育的过程中坚持适度和因人因时而异原则。在时人看来,"适度是所有人的健康法则"④。任何过分的行为都会给身体带来不良后果,"过度的睡眠或睡眠不足,饮食过量或过少,过度休息或运动,过量排泄或长期阻塞,身体过热或过冷,都会导致死亡"⑤。以排泄为例,过量排泄会使得人体变干,损伤大脑和神经,进而导致视力模糊,身体虚弱,加速衰老,缩短寿命。⑥ 不同的人应当根据其体质特点采取不同的健康方法,恰如托马斯·墨菲特所言,"同样一双鞋子不会适合每个人的脚,儿童和年轻人的饮食内容不尽相同,每个人都应当了解最适合其体质的最佳饮食内容和方式"⑦。譬如,鹅肉不适宜体虚者食用,它会刺激体内产生多余的体液,诱发炎症;鹌鹑添加胡荽子食用,对忧郁质群体有益;丘鹬肉虽然易于消化,但是对胆汁质和忧郁质的人有害。⑧

最后,理性和经验成为判断标准。时人认为,"理性和经验使我们坚信,保持节制的饮食习惯,会让我们尽可能地远离疾病。"⑨卡尔佩珀指出,"那些渴望长寿,拥有健康的身体和活跃的大脑,同时想有所作为的人,首要的便是磨砺其筋骨,使他的食欲服从理性"⑩。安东尼·达菲在向公众推销健康饮品时,开头便言明"经过我和其他不同人群 20 余年的

---

① Thomas Cogan, *The Haven of Health*, p. 12.
② William Vaughan, *Naturall and Artificial Directions for Health*, p. 2.
③ Nicholas Culpeper, *School of physick*, London: N. Brook, 1659, p. 7.
④ William Townsend, *The Old Man's Guide to Health and Longer Life*, p. 11.
⑤ Everard Maynwaring, *Tutela Sanitatis Sive Vita Protracta*, pp. 12—13.
⑥ Everard Maynwaring, *Tutela Sanitatis Sive Vita Protracta*, p. 39.
⑦ Thomas Muffett, *Healths Improvement*, p. 4.
⑧ William Vaughan, *Naturall and Artificial Directions for Health*, pp. 16—17.
⑨ Leonard Lessius, *Hygiasticon: or, The Right Course of Preserving Life and Health unto Extream Old Age*, p. 99.
⑩ Nicholas Culpeper, *Health for the Rich and Poor, by Dyet without Physick*, p. 4.

亲身体验,特向诸君推荐此款有益于保持健康的绝佳饮品"①。此外,达菲在强调该药物具有治疗痛风、水肿、结石、消化不良、呼吸短促、坏血病和佝偻病等疾病和症状时,还列举了大量病人的真实案例进行论证。②克拉克夫人在给患者推介眼药时提到,"它能快速帮助失明人士康复,其疗效接受过部分王室成员和其他患者的检验,特别是安妮女王统治时期的著名画家瓦里奥,他因患有黑蒙,在众多名医束手无策的情况下,最终凭借此药恢复视力"③。

需要指出的是,盖伦的医学理论在近代早期不断遭到质疑和挑战,与此同时,受益于新科学的发展,人们对健康和身体的理解不断得到深入,经验观察和定量分析的方法得到使用和推广。片、滴、夸特、品脱、盎司、磅和德拉克马等计量单位的出现和广泛使用促使近代早期的医学向科学体系发展。然而,在维护时人健康方面,其理论框架依然继续发挥着主导性的作用。盖伦医学对健康教育的巨大影响,一方面反映出盖伦思想对近代早期英国医学的长远影响并未因新医学的冲击而消失殆尽,另一方面表明盖伦医学仍然具有良好的群众认可度,是英国民众普遍接受和支持的医学理论。盖伦医学所推崇的六种非自然因素也奠定了近代早期英国健康教育的基础。④

综上所述,在近代早期英国医生和医学作家的推动下,以本土医学文献的方式向时人普及健康教育,当中的许多内容都为后世所承继,而作者们的良苦用心也为历史所铭记。恰如休·史密森在《家庭医生手册》当中指出,其撰写的目的在于"帮助偏远地区居民,在缺乏必要医疗服务的情况下,可以展开自我诊疗救助活动"⑤。威廉·法尔康纳医生的话则道出了健康教育的初衷,"没有什么比保护无知和未受过教育的社会底层人,避免将

---

① Anthony Daffy, *Elixir Salutis, the Choice Drink of Health*, London: W. G., 1675, p. 1.
② Anthony Daffy, *Elixir Salutis, the Choice Drink of Health*, pp. 3—6.
③ Mrs. Clark, *For the Health and Benefit of the Female-sex*, London: S. N., 1720, p. 7.
④ Humphrey Brooke, *Ugieine or A Conservatory of Health*, London: R. W., 1650, pp. 21—22.
⑤ Hugh Smythson, *The Compleat Family Physician*, London: Harrison and Co., 1781, pp. v—vi.

他们的健康和金钱盲目交付给无情的骗子和利益熏心的无赖,更为仁慈的事情了"①。

〔聂文,复旦大学历史学系博士研究生,上海200433〕

---

① William Falconer, *An Essay on the Preservation of the Heath of Persons Employed in Agriculture*, p. 88.

中世纪西欧对麻风病的双重态度*

谷操　闵凡祥

摘　要：在中世纪西欧的历史上，麻风病是一个独特的存在。当时社会对于麻风病的态度是极端矛盾的：有人认为是上帝因罪而降下的惩罚，也有人认为是上帝的特殊恩惠。于是，在中世纪的西欧出现了这样的奇景：一方面，患麻风病的鲍德温在第一次十字军东征期间被加冕为耶路撒冷王国的国王，耶路撒冷的圣拉撒路骑士团通过医护麻风病人，来获取自身存在的合法性；另一方面，法国境内的麻风病人在1321年被指控和犹太人甚至是穆斯林勾结，投毒危害基督教世界，大量的麻风病人被法王菲利普五世处以极刑。中世纪西欧对麻风病的态度并非是简单的医学上的反应，而是医疗、宗教、社会态度甚至政治手段的综合体现。

关键词：中世纪　西欧　麻风病

1321年，法王菲利普五世在巡查法国南部时首次听到麻风病人阴谋投毒的传言。是年6月21日，法王签署命令，确认麻风病人参与投毒事件，并以"亵渎君主罪"（lèse‑majesté）罪名处决他们。此后，全国各地对麻风病人的恐惧迅速蔓延。在鲁昂，大量麻风病人不经审判被狂暴的群众擅自烧死，同样的暴乱在整个法国屡见不鲜。所幸，伤害并未持续太久。没过多久，国王不得不强令将流浪的麻风病人带入麻风病院，但这是为了防止他们受到暴怒群众的伤害，而非囚禁和驱逐他们。同年8月16日，菲利普放弃

---

* 本文系国家社会科学研究基金一般项目："欧美医疗社会文化史研究"（项目批准号：17BSS043）和国家社会科学研究基金重大项目"英国经济社会史文献学专题研究"（项目批准号：17ZDA225）子课题"英国疾病、医学与社会救助历史文献整理与研究"之阶段性成果。

了没收麻风病院财产的政策;8 月 24 日,他又赦免了所有在这场闹剧中被定罪的麻风病人。这表明,政府最终将"麻风病人投毒案"定性为一场骗局。① 菲利普对麻风病人摇摆不定的态度既体现了严苛的一面,也体现了宽容的一面。

在中世纪西欧,麻风病拥有奇怪的、相互矛盾的内涵。在麻风病人阴谋毒害世人的恐怖故事之外,也有大量圣徒甚至基督本身显圣为麻风病人,以及无数圣徒救济麻风病人的光辉典范。麻风病可能以罪、惩罚甚至是魔鬼的形式显现,但同时也可以象征美德和神圣。②"麻风病人在中世纪被歧视和隔离"一度是学术界的主流观点,但是最近的学者们则认为对于麻风病和麻风病人的这种消极印象是被重构了的,而非实际情况,也找出了大量的证据表明中世纪的麻风病人受到的是崇敬、同情和帮助。③ 从现有的原始文献来看,这两种观点都有相应的证据支撑,但是也都与另一些记录不相符。因此,如何看待中世纪对待麻风病的态度仍是一个值得探讨的问题。

中世纪盛期,西欧社会迅速发展,人口实现了大幅度增长,众多学校和大学开始在各地扎根成长,新的大教堂在城市中耸起,商业和制造业在亚平宁半岛复苏并逐渐扩散至整个西欧。但在这些繁荣的背后,麻风病也在西欧大肆流行。

---

① Timothy S. Miller and John W. Nesbitt, *Walking Corpses*: *Leprosy in Byzantium and the Medieval West*, Ithaca: Cornell University Press, 2014, pp. 96—97.

② Timothy S. Miller and John W. Nesbitt, *Walking Corpses*: *Leprosy in Byzantium and the Medieval West*, p. 106.

③ Elma Brenner, "Recent Perspectives on Leprosy in Medieval Western Europe," *History Compass*, vol. 8, no. 5(2010), pp. 388—406; Simon Roffey and Katie Tucker, "A Contextual Study of the Medieval Hospital of St. Mary Magdalen," *Medieval Archaeology*, no. 56(2012), pp. 203—233; Vivian Nutton, "Medicine in Medieval Western Europe, 1000—1500," in Lawrence I. Conrad, Michael Neve, Vivian Nutton, Roy Porter, and Andrew Wear, eds., *The Western Medical Tradition*: *800 B. C.—1800 A. D.*, Cambridge: Cambridge University Press, 1995, pp. 139—206; Françoise Bériac, *Histoire des lépreux au Moyen-Âge, une société d'exclus*, Paris: Imago, 1988; François-Olivier Touati, *Maladie et société au Moyen Âge*: *La lèpre, les lépreux et les léproseries dans la province ecclésiastique de Sens jusqu'au milieu du XIVe siècle*, Paris: De Boeck Supérieur, 1998; Carole Rawcliffe, *Leprosy in Medieval England*, Woodbridge: Boydell Press, 2006; Nicole Bériou et François-Olivier Touati, *Voluntate Dei leprosus*: *les lépreux entre conversion et exclusion aux XIIe et XIIIe siècles*, Spoleto: Centro italiano di studi sull'alto medioevo, 1991.

麻风病在中世纪西欧的历史上占有特殊地位。与其他流行病相比,它持续的时间要长得多,据说在整个12、13世纪的西欧都相当盛行。虽然这并不一定是事实。一方面,麻风病人在总人口中所占据的数量可能并不多①;另一方面,麻风病在中世纪西欧的现实生活中从未像其他瘟疫(如黑死病)那样导致人口数量的减少。虽然相较于黑死病来说麻风病的死亡率不高而且致死缓慢,难以对人口数量造成直接迅速的影响,但是在中世纪,麻风病人被剥夺了进行性行为的权利。因此,如果有大量的麻风病人存在,在长达两个世纪的时间内必然会出现人口增长放缓甚至是人口减少的现象。然而事实却并非如此。在麻风病盛行的时期——大致从11世纪到黑死病前夕——欧洲的人口一直处于增长的状态。从公元1000年到1340年,希腊和巴尔干地区的人口从500万增长到600万,意大利从500万增长到1000万,伊比利亚半岛从700万增长到900万,英国从200万增长到500万,德国和斯堪的纳维亚半岛从400万增长到1150万,法国和低地国家则从600万增长到惊人的1900万。②

但我们并不能因此否认麻风病的流行在中世纪西欧群众意识中的真实性。"将真实化约为社会领域,将思想拒之门外"是对真实的贫乏的看法③——麻风病对中世纪人的情感和思想的影响不仅存在,而且相当大。直到中世纪末期,麻风病的确诊依旧会给病人造成相当大的影响。这是因为,在中世纪,灾祸招致着更大的痛苦,疾病与健康的意义要比现今深刻得多。④ 在中世纪西欧,除了基督教的慈善活动之外,系统的社会保障制度并不存在。疾病带来的暂时性甚至是永久性的劳动能力丧失是一个重大问题,在面对麻风病的时候则更是如此。麻风病所带来的恐怖的外表和难以

---

① Bruno Tabuteau, "Combien de lépreux au Moyen Age? Essai d'étude quantitative appliquée à la lèpre. Les exemples de Rouen et de Bellencombre au XIIIe siècle," *Sources: Travaux historiques* no. 13. *Lèpre et société au Moyen Âge*, 1988, pp.19—23. 笔者以上诺曼底地区为例进行分析,认为麻风病人的数量最多只占到当地人口的百分之一。

② 马克垚:《西欧封建经济形态研究》,北京:中国大百科全书出版社,2009年,第387页。

③ 彼得·伯克:《法国史学革命:年鉴学派,1929—1989》,刘永华译,北京:北京大学出版社,2006年,第78页。

④ 约翰·赫伊津哈:《中世纪的衰落》,刘军等译,杭州:中国美术学院出版社,1997年,第1页。

忍受的肉体折磨，使得这一恐惧进一步加深了。

其次，借疾病之名，这种恐惧被移置到了其他事物上。疾病于是变成了形容词，说某事物像疾病一样，是指这事恶心或丑恶。在法语中，描绘被侵蚀的石头表面时，依然用"像患麻风病似的"（lépreuse）这个词。① 而异端也被用麻风病来形容。在蒙塔尤的审判中，一个农民对雅克·富尼埃说，异端一旦传入一个家，它就会像麻风一样扎根四代之久，或者永远存在下去。② 内心最深处所恐惧的各种东西（腐败、腐化、传染、反常、虚弱）全都与疾病划上了等号。疾病本身变成了隐喻，"从与真正的疾病的联系中脱离出来"③。而这些事物，反过来又成了提醒人们麻风病无处不在的标识。这种双向的强调使得麻风病的流行与其本身逐渐脱离了关系，它占据了各种各样与它相似的事物的解释权，而各种各样的事物又无处不在地提醒着它的存在。因此，即便麻风病在事实上不甚流行，在观念中也是无处不在的。

最后，虽然在13世纪末期以前，中世纪的社会并不知道医学意义上的传染理论，但是这并不代表着没有其他形式的传染观念。1179年的拉特兰会议有关麻风病人的相关条款也证明了传染观念存在：禁止走进狭窄小巷中，以至于你可能会碰到其他的人，使得他们从你身上得到你所患的疾病。④ 因此，正确的问题应该是：中世纪的传染观念是什么样的，与现在有何不同？

一位名为乔凡尼·达·圣吉米尼亚诺（Giovanni da San Gimignano）的多明我会修士在其论述传道的著作《案例大全》（Summa de Exemplis）中谈到，肉体和灵魂紧密结合在同一个系统当中，并非相互独立。而且，不仅他一人，许多神学家和布道者都大量运用这种观念。在哈维的血液循环理论之前，中世纪的学者们设想了其他种类的循环方式。精神从心脏而出，最终又通过皮肤上的微孔和感官的大门而回到内心当中，这个循环不是局限在某

---

① 桑塔格：《疾病的隐喻》，程巍译，上海：上海译文出版社，2003年，第53页。
② 埃马纽埃尔·勒华拉杜里：《蒙塔尤——1294—1324年奥克西坦尼的一个山村》，许明龙、马胜利译，北京：商务印书馆，2007年，第44页。
③ Marcia Gaudet, "Telling It Slant: Personal Narrative, Tall Tales, and the Reality of Leprosy," *Western Folklore*, vol. 49, no. 2(1990), pp. 191—207.
④ J. N. Hays, *The Burdens of Disease: Epidemics and Human Response in Western History*, New Brunswick: Rutgers University Press, 2009, p. 25.

一个人的身体当中。在中世纪的观念中，心灵所产生的精神扩展到个体的范围之外，而且进入到其他的个体之中。可见，在中世纪，传染发生的过程是将肉体和灵魂紧密结合在一起的。可渗透的、具有接受性的心灵有其积极的一面，可以将身体向灵性开放，也可以与神圣的力量交流。但其消极一面也显而易见，中世纪的心灵注定是混乱交错的，世界会强行进入其中。这样，虽然中世纪并无现代意义上的传染观念，但中世纪的人们不仅知道传染的概念，而且这一概念会像幽灵一样无处不在。① 这显然意味着，从某种程度上说，任何疾病甚至思想都有传染的可能性。从这个角度来看，中世纪的传染观念较之现代而言更为恐怖。任何一种被作为神秘之物加以对待并确实令人大感恐怖的疾病，即使在事实上不具有传染性，也会被认为在道德上具有传染性②。因此，感染麻风病不仅仅意味着肉体上的感染，更重要的是精神上的、道德上的感染。这种无孔不入的传染观念，加上麻风病与异端之间千丝万缕的联系，导致中世纪的人对麻风病传染的恐惧可能更甚于今。

大量留存的故事和图像使得麻风病在某种程度上成了中世纪西欧的专属疾病，福柯也声称麻风病随着中世纪的结束而逐渐消亡，③这足见麻风病在中世纪西欧的地位。除去医学，麻风病还在基督教神学、教会法令、世俗法律以及群众心态甚至政治斗争中占有一席之地。例如，中世纪最著名的谣言"君士坦丁的赠礼"，该文件表示由于教宗希尔维斯特（Sylvester, 314—335）治好了君士坦丁一世的麻风病，直接促成了君士坦丁皈依基督教，而教宗则被赠予罗马帝国西部土地的统领权。尽管该文件所述的事实有明显的错误，后来又被瓦拉从文法习惯的角度证实为伪造，但在中世纪相当长的时间内该文件是被认可的。伪造者选取麻风病及其治疗作为事件的起因，本身就说明了麻风病对当时社会的重要影响。

而且，麻风病对中世纪群众观念的影响在空间中体现了出来。大量的麻风病院在此期间建立起来。根据巴黎的马修（Matthieu Paris, 1197—1259）粗略估计，在13世纪50年代，整个欧洲有19000家麻风病院，单是法国就有2000家左右，英格兰则有超过100座，12世纪与13世纪的几乎每个

---

① Heather Webb, *The Medieval Heart*, New Haven: Yale University Press, 2010, pp.53—91.
② 桑塔格：《疾病的隐喻》，第7页。
③ 米歇尔·福柯：《古典时代疯狂史》，林志明译，北京：生活·读书·新知三联书店，2005年，第4—7页。

意大利城市的城墙之外都有一个麻风病院,就连位于西欧边缘的小国丹麦也有31所之多。① 在英格兰,1300年前建立的医院的一个显著特征就是其中的麻风病院的数量大约达到了医院总数量的25%。② 有些学者认为,最晚从12世纪开始,西欧所有的小镇几乎都有一所麻风病院,而大城市的城墙外则拥有更多。③ 麻风病的实际影响的另一个重要表现则是圣拉撒路骑士团(Order of St. Lazarus)。即使在十字军东征过后,一直到14世纪末,尤其在意大利南部地区,该骑士团依然可以通过其对麻风病人的医护行为而保证其自身的合法存在。④ 其在英格兰的400年历史当中,不断地塑造麻风病人的苦难形象,并以此从国王和教皇那里获得土地和特权。虽然麻风病在西欧衰退之后,圣拉撒路骑士团的继续扩张多少有些名不副实,但不管如何,该组织所获的巨额资助却是真实的,这也足见麻风病在中世纪欧洲社会观念中所占据的重要地位。在法国,中世纪的麻风病所留下的印迹更加容易分辨,大量的街道、村庄甚至整个地区的名字被直接冠以"麻风病"、"麻风病院"或是与之相关的名词,如"Saint-Lazare""Saint-Ladre"和"la Maladrerie"等。⑤

虽然麻风病人在中世纪可能包含的群体至今仍然难以确定,麻风病在中世纪是否真正流行也不得而知,但是麻风病作为一个文化符号而流行却是确定的,它是萦绕在中世纪人心头的重大事件。但是,留存的资料表明,这个大事件在中世纪并没有一个固定的内涵,而是有相互矛盾的双重内涵。

在中世纪的语境中,麻风病的一个消极内涵是"因罪而由上帝所降下的惩罚"。麻风病的内涵远远超过了一种简单的疾病,需要经过特殊的审查。在法国的奥弗涅(Auvergne),一种特殊的法庭成立,专门对麻风病人进行审查。从

---

① Stephen R. Ell, "Three times, Three Places, Three Authors, and One Perspective on Leprosy in Medieval and Early Modern Europe," *International Journal of Leprosy*, no. 57 (1989), pp. 825—833.

② Frank Bottomley, *Medieval Hospitals of Yorkshire*, Free on line, 2002, p. 33.

③ Catherine Peyroux, "The Leper's Kiss," Lester K. Little, Sharon A. Farmer, and Barbara H. Rosenwein, eds., *Monks & Nuns, Saints & Outcasts: Religion in Medieval Society: Essays in Honor of Lester K. Little*, Ithaca: Cornell University Press, 2000, p. 175.

④ Bruno Tabuteau, "Histoire et archéologie de la lèpre et des lépreux en Europe et en Méditerranée du Moyen Age aux Temps Modernes [2ᵉ table ronde du Groupe de Göttingen]," *Annales de Normandie*, vol. 49, no. 5 (1999), pp. 567—600.

⑤ Olivier Trotignon, "Hôtels-Dieu, léproseries et saints guérisseurs dans le Berry médiéval," *Histoire des Sciences Médicales*, vol. 15, no. 3 (2006), pp. 283—292.

法庭的名称就可以看出对麻风病人的偏见——"清洗法庭"(*La Purge*)。①

中世纪的一些文献中则记载了人如何因为犯罪而染上麻风病的一些事例的详细过程。根据《伟大人生》(*Magna Vita*)一书所载,死于1204年的莱切斯特伯爵罗伯特不义地获得了林肯郡的主教地产,因而染上麻风病。不仅如此,他的罪也延续到他儿子身上,致使其也患上了麻风病,被称为"麻风病人威廉"(William the Leper)。② 13世纪初,一个僧侣所编写的香槟地区博洛涅(Bologne)的本地年代纪也记载了一个因罪而被施以麻风病惩罚的故事:两个朋友吃一只烤鸡,他们将烤鸡切成片沾着酱汁吃。席间,一个说,即使圣彼得也救不了这只鸡;另一个则说,即使是基督本人也不可能让这只鸡重新活过来。话音刚落,这只鸡就跳了起来,拍打翅膀,四处乱叫。这只鸡把酱汁溅到了两个罪人身上,酱汁所落的地方立即沾染上了麻风病。③

与这种"罪的惩罚"观念相对应的行为则是排斥甚至驱逐麻风病人。某些欧洲语言中与麻风病相关的词汇直接保留了麻风病人曾面临困难境遇的痕迹:比如在德语中,麻风病人一词是"Aussatz",意指"被排除在外的";在斯堪的纳维亚半岛的语言中则是"Spedalskhed",意指"被从医院中驱逐出去"。④

事实上,麻风病人也确实面临着困难,中世纪对麻风病人的驱逐是的确存在的,而且在教俗两界都时有发生。早在古典时代的末期,就有教会人士表达了麻风病患者所面临的困境。公元379年,纳西昂的格列高里(Gregory of Nazianzus)重复了前人对麻风病人的看法,将他们描述为"早已死去的人,经常不能发声,有着溃烂的身体,他们失去知觉的四肢从身上腐烂掉落,真是令人心碎和恐惧的痛苦。他们也是别人反感和攻击的目标,经常被从家中、市场中和城镇中驱逐出去,且不被允许接近泉水,甚至会被自己的父母迫害"。⑤ 这描

---

① Johan Picot, "Juger les lépreux de haute Auvergne au Moyen Âge," *Revue de la haute Auvergne no. 71: Ladres, paouvres et folz*, juillet-septembre 2009, pp. 277—292.

② David Marcombe, *Leper Knights: The Order of St Lazarus of Jerusalem in England, c. 1150—1544*, Woodbridge: The Boydell Press, 2003, p. 139.

③ Timothy S. Miller and John W. Nesbitt, *Walking Corpses: Leprosy in Byzantium and the Medieval West*, p. 102.

④ Jesper L. Boldsen, "Epidemiological Approach to the Paleopathological Diagnosis of Leprosy," *American Journal of Physical Anthropology*, no. 115(2001), pp. 380—387.

⑤ Guenter B. Risse, *Mending Bodies, Saving Souls: A History of Hospitals*, Oxford: Oxford University Press, 1999, p. 174.

写了麻风病人恐怖的外表所导致的家庭和社群联系的分崩离析。

有一位克吕尼修道院的院长休虽然将患麻风病的好修士罗伯特留在了修道院内,但还是将他限制在一个单独的小隔间之内,甚至不允许他接近医务室,以此来避免群体中可能出现的流言蜚语。① 在法国,1118 年,佩罗纳(Péronne)居民请杜埃(Douai)主教兰伯特将麻风病人限制在远离城市的地方;1124 年,圣皮埃尔·勒·维夫(St. Pierre le Vif)修道院长阿诺德告诉路易六世他将把麻风院的地址搬迁到远离农田和葡萄园的地方,因为害怕受到数量不断增长的麻风病人的传染。② 路易七世统治期间(1137—1180),克莱芒主教谈到该地区的教士和居民把一名富有的麻风病骑士驱逐出去的事情。③ 在英国,1287 年 4 月 28 日,圣伊芙(St. Ives,剑桥郡)的公平法庭(fair court)判定,拉尔夫·凯西(Ralph Keyse)因在家中接收麻风病人,对其邻居和商人造成了极大的危害,处以 6 便士的罚款。④ 除了这些间接的事实之外,也有人直接表达了麻风病人面临的境遇。1152 年,蓬托德梅尔(Pont-Audemer)的圣吉尔麻风病院的捐建者、穆兰(Meulan)伯爵瓦勒兰(Waleran)在给教皇尤金尼斯三世(Engenius III)的信中也透露了蓬托德梅尔地区的麻风病人所面临的困境,希望教皇下达更加重要的谕令以对之进行保护。⑤ 洪伯特(Humbert of Romans,1190/1200—1277)在布道中承认麻风病人缺乏耐心、忘恩负义,而且麻风病有传染的危险;因此,憎恨他们是大多数人的天性,只有少数人才有勇气与他们住在一起。⑥

恐惧与排斥的情感则在 1321 年法国的群体性亢奋与大屠杀事件中完全暴发出来。正如犹太人一样,麻风病人的长时间孤立对于整个社会来说

---

① Irven M. Resnick, *Marks of Distinctions*: *Christian Perceptions of Jews in the High Middle Ages*, Washington:The Catholic University of America Press, 2012, p.101.

② R. I. Moore, *The Formation of a Persecuting Society*: *Authority and Deviance in Western Europe 950—1250*, Malden:Blackwell Publishing, 2007, p.53.

③ Timothy S. Miller and John W. Nesbitt, *Walking Corpses*: *Leprosy in Byzantium and the Medieval West*, p.115.

④ Faye Getz, *Medicine in the English Middle Ages*, Princeton:Princeton University Press, 1998, p.80.

⑤ Simone C. Mesmin, "Waleran, count of Meulan and the Leper Hospital of S. Gilles de Pont-Audemer,"*Annales de Normandie*, vol. 32, no. 1/2, (1982), pp.3—19.

⑥ Adam J. Davis, "Preaching in thirteenth-century hospitals," *Journal of Medieval History*, vol. 36, no. 1(2012), pp.72—89.

可能意味着一种危险,因为麻风病院集中了相同的少数群体在一个地方。①对麻风病人的排斥也让排斥者们感到不安。他们排斥了麻风病人,于是担心麻风病人的报复,这种恐惧会逐渐积累。是年6月21日颁布的法令相当严酷,规定:所有活着的认罪的麻风病人将被处以火刑。那些不认罪的则严刑拷问,一旦认罪,处以火刑。自发认罪的或者严刑逼供后认罪的妇女,除怀孕者外,都处以火刑。如果怀孕,将她们隔离,直到她们分娩或孩子断奶,然后再处以火刑。那些无论如何都不认罪的遣送回原住处,但是男女必须严格分开,他们的后代也要受到惩罚。那些小于14岁的将被按性别隔离,大于14岁的认罪者则处以火刑。此外,麻风病人被冠以冒犯国王罪,财产被没收。②

这一时期,对麻风病人的审判不仅在菲利普的皇家法庭中进行,还在全国各地进行。通过一个名为凯恩(Caen)的登记员的记录可以得知:1321年的五六月之间,图卢兹、阿尔比(Albi)、罗德兹(Rodez)、卡奥尔(Cahors)、阿让(Agen)、佩里格(Périgueux)和利摩日(Limoges)教区以及法国其他地方的麻风病人,除了怀孕的妇女以及没有危害的小孩子之外,都被处决了。虽然有些夸大其词,但可能也并未太过离谱。根据利摩日教区的记载,5月13日到6月16日的审判处决了44个人,占当地麻风病人总数的3/4。③ 即使在最偏远的山村地区,也发生了对麻风病人的审判。雅克·富尼埃(Jacques Fournier)在1318到1325年于蒙塔尤的审讯中对麻风病患者进行起诉,并对这些受害者用刑;相比之下,主教在追查异端的任务中所用的高压手段最多也只是禁闭。④ 可见,从某种程度上说,政权此时对于麻风病的恐惧甚至超过了对异端的恐惧。而且,这种迫害不仅来自政权和上层,普通群众在心理上也对麻风病和麻风病人表现出排斥的态度。在雅克·富尼埃对阿尔诺·德·韦尼奥尔的审判中,被告的供词则表现出他对麻风病的恐惧,

---

① J. N. Hays, *The Burdens of Disease*: *Epidemics and Human Response in Western History*, p. 26.

② Henri Duplès-Agier, "Ordonnance de Philippe le Long contre les lépreux (21 juin 1321)," *Bibliothèque de l'École des chartes*, no. 18 (1957), pp. 265—272. 法令原文参见第270—272页。

③ Carlo Ginzburg, *Ecstasies*: *Deciphering the Witches' Sabbath*, Harmondsworth: Penguin, 1992, pp. 40—41.

④ 埃马纽埃尔·勒华拉杜里:《蒙塔尤——1294—1324年奥克西坦尼的一个山村》,第8页。

而这种恐惧就是产生在民众狂热围剿麻风患者的时期。①

　　从法律条文上来看,虽然中世纪的西欧没有一部普遍的法律宣布对麻风病人实行隔离,但是从不同时期和不同地区的教会和世俗的法律中可以看出人们对麻风病人的矛盾态度。从教会的法律法令来看,两种态度兼而有之。539 年,奥尔良大公会议(Synod at Orléans)第 21 条教令规定每个城市的主教必须给麻风病人提供衣食。② 但是在 754 年教宗斯蒂芬三世(Stephen Ⅲ,752—757)造访高卢的时候,他签署了命令,规定如果夫妻中的一方得了麻风病,那么健康者应该和病人隔离开来以防将麻风病传染给孩子。在 757 年的贡比涅(Compiègne)宗教会议上,高卢主教确认了教宗的命令,规定夫妻双方有一方是麻风病人则必须离婚。但是有关麻风病人必须离婚的命令不久被后来的教宗推翻。教宗尼古拉一世(St. Nicholas I,858—971)禁止任何形式的因为疾病而离婚,这一法令也被后来的罗马教宗所确认。③

　　在世俗法律当中,中世纪西欧对麻风病人进行隔离首次是由伦巴底王国国王洛塔利(Rothari)于公元 635 年颁布的法令中规定的。全文如下:"如果有人感染了麻风病而且事实由法官或者民众确认,那么此人就应该被从城市或者他独居的屋子中驱赶出去,他将没有权利赠送他的财产给别人,因为从他被驱逐的那一天起,他就被当作已经死亡了。不过,在他活着的时候,对他的供给不会中断。"在法令随后的章节中继续规定:"订婚女子若感染麻风病,应解除婚约,男方对此没有任何责任;因为这不是出于他的疏忽,而是由于她的重罪和相应的疾病惩罚。"④此后,789 年查理曼的法令规定"麻风病人不得与其他人混在一起",13 世纪早期北部德国的法律文件《萨克森明镜》(*Sachsenspiegel*)也对麻风病人进行了限制。⑤

---

① 埃马纽埃尔·勒华拉杜里:《蒙塔尤——1294—1324 年奥克西坦尼的一个山村》,第 206 页。

② Timothy S. Miller and Rachel Smith-Savage, "Medieval Leprosy Reconsidered," *International Social Science Review*, vol. 81, no. 2(2006), pp. 16—28.

③ Timothy S. Miller and John W. Nesbitt, *Walking Corpses: Leprosy in Byzantium and the Medieval West*, pp. 105—107.

④ 出自 Lombard Laws,第 83 到 85 条,转引自 R. I. Moore, *The Formation of a Persecuting Society: Authority and Deviance in Western Europe 950—1250*, p. 45.

⑤ Timothy S. Miller and Rachel Smith-Savage, "Medieval Leprosy Reconsidered," pp. 16—28.

在欧洲大陆之外的英国亦是如此。1100 年,亨利一世颁布"驱逐麻风病人法令"(*De Leproso Amovendo*,"for moving a leper"),宣称:如果一个麻风病患者居于城中,而且进入教堂,或者混迹于他的邻居们会集的地方,和他们交谈,那么他的邻居们就可以援引此条例从他们的群体中将此人驱逐出去;但是如果此人居于自己的家中,不与邻居们交谈,那么他就不用被从自己的家中驱逐出去。此法还规定麻风病人在法律上不可提起诉讼,不可立遗嘱,不可继承财产,也不能成为见证人。① 在斯蒂芬国王统治期间,沃林福德(Wallingford)和伯格威尼(Bergavenny)的领主伯里恩·菲茨-康特(Brien Fitz-Count)有两个儿子,但是都患有麻风病。因此,他把他们都送入伯格威尼小修道院中,并赠予土地和什一税以供养他们,而把他的财产遗赠给其他的男性亲属。在该国王统治期间,两个菲茨-福尔克家族的女人还于 1203 年在国王法庭上就肯特的一块地产的归属发生过争吵。艾维斯(Avice)坚持认为玛贝尔(Mabel)有一个兄弟,因此她没有继承该遗产的权利;玛贝尔则以其弟是一个麻风病人为由进行反驳。② 布拉克顿的亨利(Henry de Bracton)在评述英国的习惯法时,将麻风病人与白痴、疯子和无监护人的小孩放在一起对待——他们都无法律上的行为能力。麻风病人不能上诉,不能订立契约,也没有继承权。而且,亨利还将麻风病人与被逐出教会者相比较,认为麻风病人也是被逐出教会者。③ 1276 年,伦敦的城市法令宣布现有麻风病人必须离开市内,其他地方的麻风病人也不得进入。④ 1346 年,爱德华三世(Edward III,1312—1377)宣布所有麻风患者应在即日起的十五天之内从伦敦城市和教区离开,没有人可以允许麻风病人住在他们的家中,违者没收财产。在苏格兰也有排斥麻风病人的法律。埃德加(Edgar,1074—1107)统治时期通过一项法律,规定麻风病是离婚的一项合法理由。⑤

---

① Stanley G. Browne, "Some Aspects of the History of Leprosy: The Leprosy of Yesterday," *Proceedings of the Royal Society of Medicine*, vol. 68, no. 8 (1975), pp. 485—493.

② Rotha Mary Clay, *The Medieval Hospitals of England*, London: Methuen & Co., 1909, p. 57.

③ Frederick Pollock and Frederic William Maitland, *The History of English Law Before the Time of Edward I*, vol. 1, Cambridge: Cambridge University Press, 1899, pp. 506—507.

④ Rotha Mary Clay, *The Medieval Hospitals of England*, p. 53.

⑤ Stanley G. Browne, "Some Aspects of the History of Leprosy: the Leprosy of Yesterday," pp. 485—493.

不断发展的城市也制定了针对麻风病人的法律。面对经济的快速增长和社会转型,欧洲的城市试图维护公共秩序,保护富裕的市民。因此,13世纪的城市政府对麻风患者实施了更加严格的隔离规则,对麻风病人的禁令也成为一大批城市或者地区的规章制度,例如禁止麻风病人在大街上行走(伦敦1200年,巴黎和桑斯1202年,埃克塞特1244年),①或者将他们和外国人以及其他不良分子一起从城市中驱逐出去②。爱德华三世对麻风病人的驱逐很大一部分也是因为麻风病人肆无忌惮的乞讨行为对很多伦敦市民造成了不便。③ 从1300年以来,各个城市都要求市民揭发可疑的麻风病人,委派医生或者其他麻风病人为陪审团成员对他们进行检查,如果确认,则驱逐他们或者将他们拘禁在城外的医院或者小社区中。④

　　但是总的来说,在中世纪麻风病的盛行时期,各地隔离麻风病人法律的执行程度并不高。对麻风病人的禁令在很多情况下被简单地忽视了,或许仅仅在零星的情况下被执行。许多中世纪的人继续承认并且尊重他们患病的朋友和原先的邻居。⑤ 12世纪末以前,对麻风病人的隔离情况虽然很难准确统计,但不管是在欧洲大陆还是在英格兰,都绝对不是普遍的做法。1163年,埃克塞特还允许麻风病人自由地在街上行走,这一法令直到1244年才被当地主教撤回。⑥ 在英国,针对麻风病人的法律可能从来没有变得很严酷。13世纪的一个苏格兰教会法条文所内含的宽容精神盛行于整个大不列颠。根据此项条款,虽然麻风病人应该很好地履行他们的教区责任,但是"如果不能引导他们这样做,也不要使用任何高压手段,因为痛苦不应

---

① R. I. Moore, *The Formation of a Persecuting Society: Authority and Deviance in Western Europe 950—1250*, p. 55.

② Guenter B. Risse, *Mending Bodies, Saving Souls: A History of Hospitals*, p. 178.

③ Herbert C. Covey, "People with Leprosy (Hansen's disease) during the Middle Ages," *The Social Science Journal*, vol. 38, no. 2(2001), pp. 315—321.

④ Katharine Park, "Medicine and Society in Medieval Europe, 500—1500," Andrew Wear, ed., *Medicine in Society: Historical Essays*, Cambridge: Cambridge University Press, 1992, p. 87.

⑤ J. N. Hays, *Epidemics and Pandemics: Their Impacts on Human History*, Santa Barbara: Abc-clio, 2005, p. 38.

⑥ R. I. Moore, *The Formation of a Persecuting Society: Authority and Deviance in Western Europe 950—1250*, pp. 52—53.

该被累积到病人的身上,而应该同情他们的不幸"。①

此外,还有一些对于麻风病人的利好政策也在执行。1163年,埃克塞特主教允许他们进入市场采购食物和获得捐助;1204年,失地王约翰(King John,1167—1216)则命令将城市市场上所有在售的面粉按一定比例给予麻风病人;②还有很多地方在法律禁止乞讨的情况下将乞讨的特权赋予麻风病人。③ 而且,相当多的麻风病院还获得了开设集市的特权。例如,鲁昂蒙杜玛拉麻风病院的集市建立很早,虽然亨利二世是在12世纪70年代的时候予以确认的,但其建立可能可以追溯到12世纪50年代前期,即在麻风病院落成后的二三十年之内。这就说明了麻风病院在经济上的重要性。在这个集市上,麻风病院可能会卖出自己多余的农产品,并向其他摊贩收取租金,这在12、13世纪可能是该群体的一项基本的收入来源。这一集市一直持续到了18世纪。桑斯(Sens)教省则至少有30座麻风病院都有权利组织集市。在英国,这样的例子也不胜枚举。例如,多佛(Dover)的圣巴托罗缪(Saint Bartholomew)麻风病院持续到了19世纪,而斯陶尔布里(Stourbridge)的圣玛丽·莫德林(St. Mary Magdalen)麻风病院的集市,则是英格兰最著名的集市之一。④ 而且,麻风病院还有征收通行费、从皇家森林中获取木材等特权。⑤

一些人虽然对麻风病人持反面态度,但并不主张一味地排斥麻风病人。正如《玫瑰的名字》一书中方济各会修士巴斯克维尔的威廉所认为的,在当时的社会中,麻风病和异端是联系在一起的,游离于社会的边缘,基督徒们恨不得他们都死掉。但同时,他也认为,人们越是排斥麻风病人,麻风病人就变得越坏,越想把人们都拖入他们的苦难之中;而人们越是把麻风病人看作一群毁灭的魔鬼,他们就越是被排斥在外:这形成了一个恶性循环。所

---

① Rotha Mary Clay, *The Medieval Hospitals of England*, pp. 55—56.
② Herbert C. Covey, "People with leprosy (Hansen's disease) during the Middle Ages," pp. 315—321.
③ Toney Allman, *Medieval Medicine and Disease*, San Diego: ReferencePoint Press, 2015, p. 51.
④ Elma Brenner, "Outside the City Walls. Leprosy, Exclusion and Social Identity in Twelfth- and Thirteenth-Century Rouen," Meredith Cohen, ed., *Difference and Identity in Francia and Medieval France*, Surrey: Ashgate Publishing, Ltd., 2010, pp. 151—153.
⑤ Guenter B. Risse, *Mending Bodies, Saving Souls: A History of Hospitals*, p. 180.

以，威廉也表达了一种慈悲之念：方济各会的修士都应致力于将麻风病人接纳到社会之内。①

除去麻风病是上帝因罪而降下的惩罚这一观念，对于中世纪的基督徒来说，麻风病人同时又是被羡慕和嫉妒的存在。在前一种观念中，麻风病总是和罪连在一起，麻风病人则处在基督教社会的边缘。但圣拉撒路骑士团的成功则印证了后一种观念的力量。② 圣拉撒路骑士团不仅在从英国到匈牙利的大部分欧洲国家中拥有土地，而且英诺森四世、亚历山大四世和克莱芒四世三位教宗都极力鼓励信徒捐赠该骑士团，并且将教宗收入的一部分用以支持该骑士团。③ 耶路撒冷主教约翰谈道，截至1323年，有25位教宗曾经对圣拉撒路骑士团进行了捐赠，教宗的捐赠在1227年到1285年之间达到了顶峰。④

此外，为数不少的麻风病院所获得的大量捐赠也充分证明，教俗两界贵族以及大量的普通群众醉心于捐赠麻风病院的事业。大型的中世纪麻风病院的石砌高墙之内，形成了一群群的农舍，或者是一个大的公共住宅，厨房设施建在围绕或者靠近小礼拜堂的地方，里面还有工作坊、谷仓、花园、牲畜以及可耕种的土地——完全是传统大修道院的经济运作形式。例如，在法国，1336年的莱切赫（La Léchère）的圣丹尼斯（St. Denis）麻风病院，最主要的建筑是由一个食堂和围绕在其周围的一群小的独立单位所组成的。为保证农业自给自足，临近的土地也被允许用来种植小麦、黑麦、大麦和燕麦以制作面包，也有种植豌豆和黄豆。此外还拥有畜棚、马厩、谷仓、猪舍和地窖，以及酿酒设施和烤炉等设备。在德国，距科隆约一英里的梅拉顿（Melaten）麻风病院，于1245年建造了一座供奉圣母和圣迪奥尼修斯的教堂，并且科隆大主教也给予资助这一机构的人以赎罪券。教宗英诺森四世（Innocent IV,

---

① 翁贝托·艾柯：《玫瑰的名字》，沈萼梅、刘锡荣译，上海：上海译文出版社，2010年，第3—8页。该书脱胎于《梅尔克的修士阿德索的手稿》，虽然翁贝托·艾柯采用小说的方式来表现这份手稿，但是根据作者的考证，阿德索修士确实存在，应该并非后来伪造。具体考证过程详见本书序言部分。

② David Marcombe, *Leper Knight: The Order of St. Lazarus of Jerusalem in England, 1150—1544*, p.141.

③ Malcolm Barber, "The Order of Saint Lazarus and the Crusades," *The Catholic Historical Review*, vol. 80, no. 3 (1994), pp.439—456.

④ David Marcombe, *Leper Knights: The Order of St Lazarus of Jerusalem in England, c.1150—1544*, pp.15—16.

1195—1254)在 1247 年颁布了一系列的敕令免除了梅拉顿麻风病院的赋税，还为其未来的捐助者提供一年期的赎罪券。此外，还有一个敕令将该麻风院置于教宗的特别保护之下。因此，它吸引了来自显赫的麻风病人的亲属和朋友的地产、房屋、土地和葡萄园等形式的捐助。① 在英国，位于伦敦霍尔本(Holborn)的圣吉尔(St. Gilles)麻风病院占地 8 英亩，在马路对面还拥有 16 英亩的土地；在 1391 年的记录中，还拥有数量可观的猪、牛、家禽和农具。②

麻风病人被授予特殊的恩惠，他们的忏悔和涤罪在现世就已开始，因此可以在死后直接升入天堂。1239 年，图尔奈(Tournai)主教沃尔特(Walter)将麻风病称作上帝的特殊礼物。写于同年的里尔麻风院的规章也将麻风病人视作是上帝特殊之爱的标志。③ 雅各·德·维确在传道中明确表示，在完美的宗教等级体制中，麻风病人排在教士及修士之后，位列俗界人士之首；麻风病人肉体上的痛苦反而在精神上拔高了他们，使他们更加接近修道士的状态。④ 在世俗的文学中也有与此类似的表达。英格兰诗人威廉·朗格兰(William Langland，1332—1400)在《农夫皮尔斯》(Piers Plowman)一诗中也将麻风病人置于一个包括老人、女人、儿童、囚犯和朝圣者等在内的社会群体中间，这个群体中的各类人相较于其他人来说更容易得到拯救：

> 孤单无助的老人和无法工作的怀孕妇人，
> 盲人、卧床不起的以及肢体残损的人，
> 谦卑地接收上帝探访的所有贫穷病人，
> (其中包括麻风病人和朝圣者，
> 抑或是被恶人抢劫和伤害而失去财产者，

---

① Guenter B. Risse, *Mending Bodies, Saving Souls: A History of Hospitals*, pp. 180—182.

② Carole Rawcliffe, "The Lost Hospitals of London: Leprosaria," *Transcript of the lecture*, Gresham College. Mar. 5, 2012, p. 6. http://www.gresham.ac.uk/lectures-and-events/the-lost-hospitals-of-london-leprosaria, 2021 年 4 月 20 日。

③ Léon le Grand, ed., *Statuts d'Hostels-Dieu et de Léproseries: recueil de textes du XIIe au XIVe siècle*, Paris: Alphonse Picard et Fils, 1901, pp. 199—200.

④ Bruno Tabuteau, "Histoire et archéologie de la lèpre et des lépreux en Europe et en Méditerranée du Moyen Age aux Temps Modernes [2e table ronde du Groupe de Göttingen]," pp. 567—600.

或是因火灾洪水而陷入贫穷者）
对这些毫无怨言承受苦难的人，
因上帝爱其谦卑，
准许他们可以在现世受炼狱之苦。①

麻风病人甚至可以加入到宗教人士的行列当中，有时甚至可以在教会当中任职。例如，在阿宾顿（Abington）和伊芙夏姆（Evesham），大修道院长艾特维格（Aethelwig, 1059—1077任职）有一个由12个人组成的进行濯足仪式的团体，其中就有一些是麻风病人。② 除这一事实之外，中世纪的一些文献也有将麻风病人直接列入宗教人士范畴之内的做法。1210年左右，保守的教会法学家弗拉伯勒的罗伯特（Robert of Flamborough）列出了他认为属于宗教人士的群体：首先是僧侣和教士，其次是耶路撒冷的圣殿骑士团和医院骑士团，第三是住在麻风病院中的麻风病人，最后则是在普通的医院和收容所中照顾病人的修士和修女们。罗伯特将麻风病人也看作是宗教团体的成员。③ 大约同期的普瓦捷的皮埃尔（Pierre de Poitiers）也将麻风病人划入到修道士的大家庭中，因为他们生活在有组织的集体中，表现顺从，而且超脱俗世。④ 但并非所有人都同意这种观点，约1250年出现的一本名为《牧歌总集》（Summa Pastoralis）的册子强烈反对将麻风病人列入僧侣之列的做法。这位匿名作者认为麻风病人所发的守贞、服从和贫穷誓言并非真正依教规所发；而且，麻风病人也太虚弱，难以遵守修道院的斋戒要求；付钱进入麻风病院则是犯了买卖圣职罪；最后，麻风病人还喜欢酗酒，因此，他反对将麻风病人列入宗教人士的行列。⑤

---

① Frank Bottomley, *Medieval Hospitals of Yorkshire*, Free on line, 2002, p. 3.

② Julie Kerr, *Monastic Hospitality: The Benedictines in England, c. 1070—c. 1250*, Woodbridge: The Boydell Press, 2007, p. 29.

③ Timothy S. Miller and John W. Nesbitt, *Walking Corpses: Leprosy in Byzantium and the Medieval West*, p. 127.

④ Bruno Tabuteau, "Histoire et archéologie de la lèpre et des lépreux en Europe et en Méditerranée du Moyen Age aux Temps Modernes [2ᵉ table ronde du Groupe de Göttingen]," pp. 567—600.

⑤ Timothy S. Miller and John W. Nesbitt, *Walking Corpses: Leprosy in Byzantium and the Medieval West*, p. 128.

在对待麻风病人原有的财产问题上,也是因地而异。在法国诺曼底地区,麻风病人被允许保有他们从自己的土地上获得的收入;在埃诺(Hainaut),麻风病人甚至可以根据自己的意愿处理它们的财产。但在英格兰,自诺曼时代以来,麻风病都被视作是继承的障碍。1175 年的威斯敏斯特会议(Council of Westminster)规定"麻风病人不应出入健康者所在的地方"①,在 1200 年的另一次威斯敏斯特会议上,麻风病人的继承权连同立嘱权以及上诉权都一同被剥夺②。但是在实际中,一个麻风病人的命运很大程度上是由他染病之前的社会和宗教地位所决定的,成为麻风病人并不会使他们完全失去原有的身份。在麻风病院中,麻风病人之间的社会等级区分继续存在。比如在鲁昂和诺曼底,一部分患者在大厅中用餐,而这些人会将他们吃剩下的食物传给在门外等候的那些病人;那些原来比较富有的麻风病人在麻风病院中会享受更好的生活待遇。③ 在鲁昂的蒙杜玛拉麻风病院中,原来的修道士在患上麻风病进入这里之后,在食物、所受的服务以及活动自由等方面比一般的麻风病人要享有更多的特权。④

即使是圣徒们,对待麻风病人矛盾的态度也非常明显。以与麻风病人有着特殊关系的最显耀的两位圣徒圣路易和阿西西的圣方济各为例。圣路易经常对麻风病人做出仁慈的举动。有一年的耶稣受难日,住在贡比涅城堡的圣路易赤脚巡视该城的各座教堂,在街上遇到一个麻风病人。他踩着冰凉的泥水穿过大街,来到麻风病人面前,给了一份布施,还吻了病人的手。教皇卜尼法斯八世在 1297 年 8 月 6 日的布道中也提及了路易对这个麻风病人的举动:作为诚心诚意为这位麻风病人治病的医生,国王经常探望他,并谦恭地伺候他,细心地为他擦拭溃疡处的脓水,亲自为他张罗饮食。国王通常是在济贫院和麻风病院里做这类事的。圣路易还照顾过罗亚曼修道院(Abbaye du

---

① Miri Rubin, *Charity and Community in Medieval Cambridge*, Cambridge: Cambridge University Press, 1987, p.115.

② R. I. Moore, *The Formation of a Persecuting Society: Authority and Deviance in Western Europe 950—1250*, p.56.

③ Simon Roffey, "Medieval Leper Hospitals in England: An Archaeological Perspective," *Medieval Archaeology*, no. 56, 2012, pp.203—233.

④ Elma Brenner, "The Leprous Body in twelfth-and Thirteenth-Century Rouen: Perceptions and Responses," in Jill Ross and Suzanne Conklin Akbari, eds., *The Ends of the Body: Identity and Community in Medieval Culture*, Toronto: University of Toronto Press, 2013, p.246.

Royaumont)的一位名为莱热(Frère Léger)的患麻风病的修道士:修士单独居住在一间病房里,满身污秽不堪,两只眼睛烂得什么也看不见,鼻子已经烂掉,裂开的嘴唇淌着脓水,血红的眼眶就像两个空洞,实在惨不忍睹。国王亲自喂食给他,常去探望这位麻风病人。该修道院还有另一位患麻风病的僧侣,圣路易也探访过他几次,但具体细节则没有记录。但是圣路易在谈到自己的罪时,认为自己的罪孽深重,而此时用的比喻则是"罪像麻风病一样"。①

阿西西的圣方济各和麻风病人之间也有着密切的联系。圣方济各指出,在他自己看来,他对麻风病人态度的变化是使他离开俗世、走向苦修生活的关键。② 一天,圣方济各偶尔看到一个名为"单纯者"詹姆斯(James the Simple)的修士和一个他负责照看的麻风病人在从教堂通往医院的路上交谈,圣方济各批评这个修士允许麻风病人四处闲逛。但是当他发现这个麻风病人感到羞愧和懊悔之后,他觉得自己伤害了这个可怜的人。于是,圣方济各为自己的行为忏悔。之后,作为苦修的一种方式,他和这位麻风病人坐在同桌吃饭,而且分食病人盘中的食物。这个麻风病人全身严重溃烂,伤口的血和脓液甚至流到了盘子里。在另一个故事里,圣方济各亲自清洗一个行为不端的麻风病人,而其他的修士都不愿意做这样的事情。③ 圣方济各与麻风病人的密切关系不仅体现在他个人身上,在他创办的修会中也处处可见。1221 年,方济各给修会起草的会规中要求修士们与麻风病人共处;而且,在早期的方济各修会中,服务麻风病人是见习僧人的一项义务工作。④ 但是,圣方济各将救助麻风病人看作苦修生活的一部分,实际上已经暗含了一个前提,即服务麻风病人是"苦"的。

在中世纪的传闻和故事中,也常见麻风病人的矛盾形象。一方面,耶稣

---

① 雅克·勒高夫:《圣路易》,许明龙译,北京:商务印书馆,2002 年,第 901、911 页;Katie Phillips, "Saint Louis, Saint Francis and the Leprous Monk at Royaumont," *The Reading Medievalist: A Postgraduate Journal*, vol. 2, (2015), pp. 71—84.

② Lawrence Cunningham, *Francis of Assisi: Performing the Gospel of Life*, Michigan: Wm. B. Eerdmans Publishing, 2004, p. 9; Catherine Peyroux, "The Leper's Kiss," in Lester K. Little, Sharon A. Farmer, and Barbara H. Rosenwein, eds., *Monks & Nuns, Saints & Outcasts: Religion in Medieval Society: Essays in Honor of Lester K. Little*, Ithaca: Cornell University Press, 2000, pp. 172—173.

③ Charles Creighton, *A History of Epidemics in Britain: From A. D. 664 to the Extinction of Plague*, Cambridge: Cambridge University Press, 1891, p. 85.

④ Lawrence Cunningham, *Francis of Assisi: Performing the Gospel of Life*, p. 12.

基督化身为麻风病人的故事屡见不鲜。除了圣方济各遇到了化作麻风病人的基督的故事之外,香槟伯爵西奥博尔德二世(Theobald II,1090—1152)以及匈牙利的圣伊丽莎白(1207—1231)的生平中都曾发生。西奥博尔德习惯于亲自布施,也习惯于经常探访一个居于城外的名为赛热那(Sezenna)的麻风病人。如今,该麻风病人已经去世。在不知情的情况下,伯爵像往常一样去拜访这个麻风病人。他见到了这个麻风病人,问他近况,他回答说:"借由上帝的恩赐,我现在好得不能再好了。"但是市民却说,这个麻风病人死亡并且已经入葬一个月了。伯爵听到之后很惊讶,当再返回麻风病人所居住的小屋时,就再也找不到他了,但是屋子里面却充满了芳香的味道。①伊丽莎白则允许一个麻风病人进入她的寝宫,帮他洗脚。听到此事,她的父亲怒气冲冲地进入房间掀开被子,但是发现床上只有漂亮的、香味宜人的玫瑰花。此情此景也促使伊丽莎白的父亲皈依基督教。②

其中,流传最久的是教宗格列高利一世在公元600年左右的一次布道中谈到的一个发生在东方的有关麻风病的故事:一个名为马尔蒂里奥斯(Martyrios)的僧侣在去一所修道院的途中,路遇一个浑身恶臭、跛脚前行的麻风病人,将他的袍子裹在病人的身上并驮着他前行。当他到达修道院的时候,这个麻风病人变成了救世主的形象。随后,耶稣上升到天堂而消失了。格列高利的讲道被传抄了无数次,在西欧被广泛地阅读。中世纪的西欧人熟悉这一基督显现为麻风病人的故事,而且将其沿用到了13世纪。1220年左右,雅各·德·维确于一间麻风病院的布道中也讲到一个有关"神圣的麻风病人"的故事。一位女性的丈夫非常害怕麻风病,但是她却在丈夫外出的时候热心接待了一位麻风病人并让他睡在她和丈夫平时睡觉的床上。但是在这个时候她丈夫回来了,当他走进房间的时候,并没有发现麻风病人,而是发现整个床上都弥漫着舒适的香味,让他以为到了天堂。

但是麻风病人偶尔也会是魔鬼的伪装。比如在9世纪,编年作家诺特卡尔(Notkar)记录了这样一则故事:查理曼任命了一位年轻的主教,这位主教试图维持神圣的生活,但是在大斋节期间他渐感体力不支。在教士的劝

---

① Jacques de Vitry, *The Exempla, or Illustrative Stories from the Sermones Vulgares of Jacques de Vitry*, T. F. Crane, ed., London: The Folk-Lore Society, 1890, pp.173—174.

② Katie Phillips, "Saint Louis, Saint Francis and the Leprous Monk at Royaumon," pp.71—84.

说下他吃了一些肉。在复活节的前夜,魔鬼显现为一个可怕的麻风病人,奚落他破坏了大斋节的规矩。①

总而言之,从中世纪的文献材料当中,不论是历史记载、法律政策,还是圣徒事迹和传奇故事,总能找到两种相互对立的对待麻风病的态度。

从宗教上而论,这种对立的态度当然是以《圣经》为基础的。《旧约》中规定:"患有麻风灾病的人,他的衣服要撕裂,也要蓬头散发,遮住上唇,喊着说:'不洁净!不洁净!'灾病还在他身上的时候,他就是不洁净的;既然不洁净,他就要独居,住在营外。"②《旧约》中的麻风病事例表明,上帝是将麻风作为惩罚的手段。得到此惩罚的原因多种多样:可能是不顾自身的身份而做出出格的事情;可能是因为尊奉耶和华之外其他的神,信仰错误的信条;可能是贪图钱财;也可能是自高自大。将麻风作为惩罚的手段,目的在于惩罚那些不知道他们自己社会身份和责任、危害社会稳定的人。③

然而《新约》在对待麻风病的态度上发生了转变。《旧约》关注的是律法,与之对应的则是惩罚;而《新约》讲述的是福音,与之对应的则是宽恕与拯救,耶稣基督的大能可以将人类从所犯下的罪恶当中解救出来。在对待麻风病的问题上,也是如此。《新约》不再强调麻风病人是上帝惩罚的表现,而是将关注点转移到了耶稣对他们的救助上来。④ 耶稣的工作转变了麻风病人的社会地位。尽管它们仍然被社会抛弃,但是同时也成为善行和拯救的媒介,不管是对俗人还是对教士来说都是如此。⑤

除《圣经》之外,不得不说,对于麻风病的矛盾态度,还根源于一个事实,即基督教象征主义在中世纪认知方式中的统治地位。这种认知方式不是沿着隐逸迂回之路寻求两事物之间的因果联系,而是跳跃式地不问因果,但求其意义和最终的联系。⑥ 因此,所有的表象都有着更深层次的、本质上

---

① Timothy S. Miller and John W. Nesbitt, *Walking Corpses: Leprosy in Byzantium and the Medieval West*, pp. 103—106, 127.

② 见《圣经·旧约·利未记》13:45—46。

③ 见《圣经·旧约·民数记》12:10—11;《圣经·旧约·列王纪下》5:17—18、5:10—27;《圣经·旧约·历代志下》26:16—21。

④ 《圣经·新约·马太福音》8:2—4;《圣经·新约·马可福音》1:40—42;《圣经·新约·路加福音》5:12—13;17:12—19。

⑤ Bryon Lee Grigsby, *Pestilence in Medieval and Early Modern English Literature*, New York: Routledge, 2004, p. 49.

⑥ 约翰·赫伊津哈:《中世纪的衰落》,第211页。

的意义,它与上帝直接关联。人的肉体也是如此,它不仅仅是它自身,更重要的是,它是"灵魂的表现"。① 但是这种象征主义却带来了严重的问题。麻风病人恐怖的形象有了双重的解释。可以将之视作上帝因罪而降下的惩罚,但是也可以视作正好相反。麻风病人悲惨、肮脏和恐怖的外表正好贴合了中世纪的另一种思想:肮脏的躯体被看作更能接近上帝,是更为圣洁的象征。越是弃绝自身,让肉体处于极端的状态,越是能得到上帝的青睐。在这一巨大精神激励的诱惑下,许多虔诚的神职人员和基督徒开始了浑身污秽的艰苦修行——圣亚伯拉罕坚持50年不洗脸,不洗脚;圣西蒙则居住在自己的粪堆之上,任凭蠕虫在他溃烂的伤口上拱动,也从不清洗,一直到死为止。麻风病人先天符合了这一条件,因此,被视为上帝的特殊恩宠也是理所当然。

但是,对于人的情感和观念并不能作如此绝对二分法的划分。实际上,中世纪西欧对待麻风病的两种对立态度是相互融合的。之所以能够如此,是基于中世纪人们观念中的两个共识:第一是基督教的炼狱观念,肉体死亡之后需在炼狱中受苦赎罪;第二则是肉体的死亡并非生命的终点②,而是在末日审判来临之时。这两种共识结合在一起,就为解释麻风病的矛盾态度之所以能够融合提供了工具。

虽然麻风病与罪的惩罚紧密联系在一起,但是每个中世纪的人都是带着原罪降生于世上的。而且,对于中世纪的平民来说,很难坚守基督教所规定的那种纯洁的生活,因此日常生活中也会或多或少地犯罪。炼狱的观念并非贯穿整个中世纪,而是逐渐形成的。在它出现之前,人死后会处在静止的状态,然后到末日审判的时候,好人会直接上天堂,太坏的人会直接下地狱。那么,对于那些不算太好也不算太坏的普通人来说,该何去何从?为了解决这个问题,炼狱便逐渐诞生了。到12世纪,炼狱的观念在拉丁欧洲基本深入人心了。③ 巧合的是,麻风病的兴盛时期正好与此相符。此时,在人们的观念中,既然几乎所有人都会犯罪,那么在死后也都要在炼狱之中赎清

---

① Jacques le Goff, *L'Europe est-elle née au Moyen Age?* Paris: Seuil, 2003, p. 133.
② Jane Gilbert, *Living Death in Medieval French and English Literature*, Cambridge: Cambridge University Press, 2011, p. 2.
③ Jacques Le Goff, *The Birth of Purgatory*, trans. Arthur Goldhammer, Chicago: The University of Chicago Press, 1984, p. 4.

自己的罪过。炼狱虽然和地狱不同,但是也没有好多少,也需要忍受极大的痛苦,只是待在炼狱之中,经受痛苦折磨有一个或长或短的时限。炼狱概念的广泛传播使得人们对罪的恐惧下降了,而赎罪的可能性和重要性则大大增加。再加上,中世纪时生命的终点在末日审判之时,肉身死亡的意义因此就被消减了。这就使得只有死后才会进入炼狱的规定有了松动的可能。由于麻风病人正好处在相当大的痛苦当中,经由一个对他们施行的象征性的"死亡仪式",使得他们在此世就如进入了炼狱一般,免去了死后再受炼狱痛苦。这样,这两种不同的观点就可以整合为一个观点——"麻风病人被事先拣选出来赎罪"①。消极观念的存在,赋予了救助麻风病人更加崇高的意义。这两种对立的思想在此奇妙地化解了——对麻风病人的排斥之情越是强烈,对他们的救助也就越有意义。于是,一个奇特的现象出现了——虽然中世纪的西欧社会对待麻风病的态度夹杂有恐惧、憎恶和非难的成分,但是麻风病人却常常受到了很好的照顾。②

因此,在对麻风病和麻风病人的解释中,上帝的惩罚和特殊的恩惠这两种截然相反的态度还经常被结合起来,而对待麻风病的行为也通常是排斥和救助相结合的。583年,里昂大公会议(Synod at Lyons)第6条教令重申了奥尔良大公会议上各地主教需要供给麻风病人衣食的规定,但是同时也要求麻风病人只能在他们永久居住的城市接受救助,不能自由行动。③ 726年,教宗格列高利二世的口谕坚持在举行圣餐礼时将麻风病人隔离,但是同年他的一封信中还是允许麻风病人参与他们所在群体的健康人的晚餐,前提是不许碰触其他人。④ 751年,教宗撒迦利亚(Zacharias)在给圣博尼法斯的信中表示,麻风病人应该被置于城市之外,但是与此同时,人们应该给予他们布施。⑤

---

① Elma Brenner, "Recent Perspectives on Leprosy in Medieval Western Europe," *History Compass*, vol. 8, no. 5, (2010), pp. 388—406.

② H. C. Erik Midelfort, "Madness and Civilization in Early Modern Europe: A Reappraisal of Michel Foucault," Barbara C. Malament and Jack H. Hexter, eds., *After the Reformation: Essays in Honor of J. H. Hexter*, Manchester: Manchester University Press, 1980, p. 253.

③ Timothy S. Miller and Rachel Smith-Savage, "Medieval Leprosy Reconsidered," pp. 16—28.

④ Guenter B. Risse, *Mending Bodies, Saving Souls: A History of Hospitals*, p. 176.

⑤ Timothy S. Miller and John W. Nesbitt, *Walking Corpses: Leprosy in Byzantium and the Medieval West*, p. 109.

1179年的第三次拉特兰宗教会议，对麻风病人进行了一定的限制，同时也给予他们很大的慈悲。此次公会议的第23条教令规定：麻风病人应该被隔离，住在统一区域之内；并且禁止进入教堂，禁止和健康的人共享教堂和墓地；在不对现存教堂的教区权力构成威胁的前提下，给麻风病人群体提供单独的小礼拜堂、神父和墓地；同时，也不强制麻风病人为农业或者养殖业缴纳什一税。① 这次会议"确认的是对麻风病人的隔离，而非将麻风病人定性为邪恶"，②麻风病人可以继续其虔诚的生活。1181年，为了援助耶路撒冷王国，教宗亚历山大三世在给十字军的通谕中表示，上帝的正义惩罚使得鲍德温四世承受了巨大的肉体痛苦，但也正是如此，只有他才能统治这片土地。③ 1215年，第四次拉特兰宗教会议的第22条教令将疾病定义为首先是灵魂的问题，由是，教士在治疗疾病中占据了首要的地位，④麻风病自然也不例外。但是在教会给麻风病人降下灵魂之罪的同时，教士在治疗中的参与也表明教会仍将麻风病人包含在上帝的子民之内。

　　尽管从现有的资料出发，对中世纪盛期麻风病在西欧的真实流行程度难有确切的估计；但不可否认的是，在中世纪人的心中，麻风病的肆虐是确有其事的，否则也不会引起如此多的关注，从高高在上的教皇到各地的平民，都会不时地将目光转移到麻风病人的身上。麻风病的出现已然不是一种简单的疾病，而是一个包含各种暗示在内的符号。但在如何解读这一符号的问题上，中世纪的人们所发出的声音并不相同。"麻风病是犯罪的标志，是上帝降下的惩罚"这一观念无处不在，但"麻风病是上帝特殊的恩惠"的说法也有着旗鼓相当的力量。这两种观念并非截然对立，在相当多的情况下，二者是同时出现在同一语境之中的。

　　上帝因罪而降下的惩罚给了俗世的人们遗弃麻风病人的理由，但是这

---

① Third Lateran Council, Canon 23, Full text from: http://www.papalencyclicals.net/Councils/ecum11.htm#canons, 2018年9月11日。
② Philip Williams, "Sickness and Sin: Medicine, Epidemics and Heresy in the Middle Ages," BA Thesis, Published 参见 http://www.writerightnow.co.uk/wp-content/uploads/2012/11/DIS.pdf, p.24.
③ Peter W. Edbury and John Gordon Rowe, *William of Tyre: Historian of the Latin East*, Cambridge: Cambridge University Press, 1988, p.63.
④ Fourth Lateran Council, Constitution 22, 参见 http://www.papalencyclicals.net/Councils/ecum12—2.htm#CONSTITUTIONS, 2018年9月11日。

种遗弃最终又成为他们得救的阶梯。麻风病人恐怖的身体状况最终被概念化、抽象化,成为炼狱在尘世的暂时表现。这里隐含着某些不幸的人在死后可以直接升入天堂的意味。被从尘世中分离出来之后,麻风病人的赎罪和拯救就可以简化成为对他们的痛苦的心甘情愿的忍受,以及过极端道德化的生活。① 这样,被世界所遗弃就成为得救之道,正如福柯所说,这是一种奇特的"逆转性原理"——拒绝伸出的援助之手反而为他们打开了天国的大门。对他们而言,遗弃便是拯救,排拒反而为他们提供了另一种形式的结合。②

〔谷操,法国社会科学高等研究院博士生;闵凡祥,南京大学历史学院副教授,南京 210046〕

---

① Guenter B. Risse, *Mending Bodies, Saving Souls: A History of Hospitals*, p. 175.
② 米歇尔·福柯:《古典时代疯狂史》,第 8—9 页。

试论 19 世纪英国医学教育的转型*

王广坤

摘 要：在 19 世纪,英国医学教育发生了重大变化。医学教育的思想主旨、内容形式与机制体系相比以前都有了巨大改变,传统偏重绅士培养的教育模式让位于医疗技术教学,学徒制与私人教育也被大学教育所取代。更为引人注目的是,传统分裂的医学教育机制也开始走向统一。这些变革推动了英国医学教育的发展,取得了卓越成效。

关键词：英国　医学教育　19 世纪　转型

19 世纪的英国医学界呈现出内科医生、外科医生和药剂师群体三级鼎立的状态,内科医生是最高等级,他们自诩为绅士,并将绅士素养培育通过其官方机构——内科医生协会渗透到英国医学教育中。在医学教育的标准和机制设置上,协会没有统一规划,任由社会上不同机构采取学徒制模式培养医生,也对非常普遍的私人医学教育听之任之。随着时代发展,医学教育出现了一系列巨大转变,主要表现在教育思想、教育形式以及教育机制层面。

一、医学教育的主旨变化与形式转换

随着 19 世纪英国社会对医疗需求的增加,医学教育的主旨和内容都呈现出诸多变化：

---

* 本文为国家社科基金项目"英国全民健康管理体系构建研究(1836—1914)"(项目批准号:20ASS007)、北京师范大学历史学院青年教师发展资助项目的系列成果之一。

(1) 从偏重绅士培育到注重技术提升

19世纪前半期,无论是大学还是科研团体,都不重视医学技术教育。即使是极负声望的伦敦皇家学院也将科学视为一种"绅士派头",反对医学的技术化。① 医学教育仅仅被视为绅士培育的组成部分,这种状况在伦敦最为明显。作为英国医学界的权威,伦敦医学发展大都由当时的"绅士"群体推动,他们常常通过资助或购买高级医院职位的形式获取任命医生的资格,重视医生的"绅士"气质,不重视医学基础理论、医学实验与方法论研究。而且,英国19世纪的许多医疗机构一般都由不懂医学的慈善捐献人管理,他们拥有任命医生的权力。这些管理者对医生的个人品行与道德气质更为重视,忽视他们的医学知识及临床技能,经他们任命的医生也受到这种价值判断的影响,重视绅士风度。②

许多医生不满这种状况,他们倡导教育改革,主张创建新型医学教育团队,在重视医生道德培育的同时强化医学科研。在19世纪初,这个组织的典型代表就是致力于联系地方职业医生、加强相互交流、提高知识互动的地方医学与外科联合会,之后成为英国全体职业医生的代表性机构。③

他们的努力成效卓著。虽然许多历史学家认为技术、商业化与实用主义的医学教育模式与绅士情结格格不入,绅士传统是英国医学教育的最大特征;④但从19世纪的英国现实来看,这种"绅士化"色彩浓烈的医学教育模式并非完全占据社会主导,医学教育的商业化与科学性也在英国社会中有很明显的体现。付费医院的筹建就是证明。它由亨利·巴顿特(Henry Burdett)倡导发起,目的是迎合中产阶级愿望,为"能够支付诊疗费用"的群体提供比志愿慈善医院更为精致、有教养的医疗服务⑤。为迎合公众需要,

---

① Lorraine Daston, "The Academies and the Unity of Knowledge: The Disciplining of the Disciplines," *Differences: A Journal of Feminist Cultural Studies*, June 22 1998, p.71.

② Jeanne Peterson, *The Medical Profession in Mid-Victorian London*, California: University of California Press, 1978, pp.166—167.

③ P. W. J. Batrip, *Themselves Writ Large: The British Medical Association, 1832—1966*, London: BMJ Publishing Group, pp.5—6.

④ Christopher Lawrence, "Incommunicable Knowledge: Science, Technology, and the Clinical Art in Britain, 1850—1914," *Journal of Contemporary History*, vol.20, no.4, 1985, pp.503—520.

⑤ Brian Abel-Smith, *The hospitals, 1800—1948: A Study in Social Administration in England and Wales*, London: Heinemann, 1964, ch.9.

建立在医疗科学基础上的各种专科医院与私人医疗机构也纷纷创建,疗养院、专为肺痨和癌症患者开设的私人休养所、根据"水疗法"而创立的温泉浴场都在风险投资的鼓动下纷纷建立;带有自助医疗性质的民间草药学也在 19 世纪 70 年代后变得商业化,很多与之相关的医学机构也被设立起来,草药医师斯托克斯(D. Stokes)就在伦敦创建了医疗植物学协会。传统的按摩方式也获得正规立法,作为医院辅助治疗的一部分,很多疗养所性质的商业机构都为按摩业打广告,通过广告推荐住院医生支持来自瑞典的医学体操。X 放射线的发现鼓励了内科医生、专科医生与放射线医生们之间进行团队合作,这种集体协作、新治疗范式、新管理主义与不断成长的医疗技术都保障了病人利益,改善了医学教育,弱化了绅士文化对医学教育体系的主导性影响,人们开始注重在医学教育中添加适应民众需要的技术含量。[①]

电力医疗技术的应用深刻体现出 19 世纪英国社会医学发展的方向,19 世纪八九十年代,两大电力医疗协会的创建标志着医疗技术发展已经开始挑战传统的绅士主义医学教育模式。在 19 世纪三四十年代,电力就被认为是古老有效的诊疗方式,是"可行的药物",最初主要在盖伊医院(Guy's Hospital)中试验并进行大规模运用。[②] 此后,随着科学技术的发展,电力诊断成为科学常识,越来越多的疾病治疗借助电力设施进行治疗。有学者指出:19 世纪 50 年代,医生们与自然哲学家一样,脱离了抽象理论的束缚,共享高明技术的福利,使用相同的机器;医学与电力科学的联合并非基于理论想象,而是对机器技术的分享,显示出电力仪器的价值[③]。1888 年,电力医疗协会(Electric Medical Association)由电气工程师协会(Institution of Electrical Engineers)成员亨利·纽曼·劳伦斯(Henry Newman Lawrence)创建,电力学正式进入医疗服务。

电力医疗协会的发展显示出医学教育中技术主义、商业主义与新管理

[①] Takahiro Ueyama, "Capital, Profession and Medical Technology: The Electro-Therapeutic Institutes and the Royal College of Physicians, 1888—1922," *Medical History*, vol. 41, no. 2, 1997, pp. 150—181.

[②] Iwan Rhys Morus, "Marketing the Machine: The Construction of Electrotherapeutics as Viable Medicine in Early Victorian England," *Medical History*, vol. 36, no. 1, 1992, pp. 34—52.

[③] Iwan Rhys Morus, "Marketing the Machine: The Construction of Electrotherapeutics as Viable Medicine in Early Victorian England," p. 52.

主义模式初步形成,是医学教育技术化、专业化的体现。

(2) 从学徒制到学校医学教育

近代以来,英国医生培养主要是通过学徒制完成,正统的大学教育较少。在国外先进教育理念的影响下,英国医学教育也逐渐开始重视大学的学校教育。

荷兰的莱顿大学(Leyden University)以注重医学技术实践而闻名,那里的课程设计偏重实践,注意理论与实践的密切结合。这种教学模式在1709—1738年著名医学教授布哈维(Herman Boerhaave)的倡导下发扬光大,他将医学理论与实践合理联系,在医学教育中注重医学知识的实际运用,吸引了来自全世界的学生。苏格兰爱丁堡大学医生阿莱克斯·摩恩茹(Alexander Monro,1697—1767)继承了布哈维的教育理念,给学生们讲授解剖学,将解剖实践与医学理论联系起来,获得巨大成功。1726年,布哈维的四个学生同时受聘为爱丁堡大学医学、生理学、化学与药物学教授。爱丁堡大学不仅在医学课程设计上比牛津与剑桥大学更趋完美,且它的医学教育与诊疗所、医务室联系紧密,理论与实践相辅相成,而剑桥与牛津大学则专注于古典理论教学,鄙视医学实践。

为培养合格医生,1705年,爱丁堡大学正式设置了完备的医学教学岗位,重视教员素质。1750年,爱丁堡大学已经构建了体系完善的医学课程,包括解剖学、植物学、自然史(现代医学的前身)、化学、基础药物学、医学管理学、医学实践及产科学等;并规定在三年学习期满、考试通过后,还要参与医学实习。实习者需接受学校所能提供的所有课程结业证明,完成一篇论文并通过各项测试;规定测试统一采取拉丁语口试,教授们会在测试中提问应试者,开展论文答辩;这使得爱丁堡大学声誉卓著,吸引了包括美国殖民地等全世界各个地区的优质人才。[①] 1792年,爱丁堡大学还创建分娩医院,让学生们观摩临床分娩,让临床医学与外科学结合学习;为促进医学发展,大学还设置了专门病房,陈列大量有关临床医学的著作与演讲、论文等历史文本。

爱丁堡大学也重视临床医疗,强调在临床操作中运用理论,为应对战争需要,大学还设置战时外科专业,传授战争中出现的外科救助技术。因此,

---

① William B. Walker, "Medical Education in 19th Century Great Britain," *Medical History*, vol. 31, no. 11, 1956, p. 767.

在整个19世纪,爱丁堡大学医科教育的毕业生无论在公共卫生、心理卫生、医疗科学和医学教育中都占据要职,其教育模式也成为后世模仿的典范。

18世纪末,爱丁堡大学的教育模式深刻影响了伦敦医学界,"持续不断地为英国提供一种新型教育,涵括了所有医学及相关学科的知识,包括解剖学、外科学、植物学、化学、药物学与产科学等等"。① 这种变化逐渐惠及整个英国,甚至在充满哲学抽象与古典隐晦知识氛围极为浓重的剑桥大学,医学教育也体现出伟大革新,倡导理论与实践的结合,那里的医学生们都认为:"现在的教授,非常明显地改进了所有的一切,现在的考试是最完美的。"②医学课程日益丰满,体系广阔,涵括甚多,学制也扩展至四年。

到19世纪30年代,英国在八个城镇中已经建立了专门医学院,有六个都提出请求,要求创办地方大学。③ 到1858年,在伯明翰、布里斯托尔、赫尔城、利兹、利物浦、曼彻斯特、纽卡斯尔、谢菲尔德以及约克城都建立了条件比较完善的医学院。虽然这些医学院没有授予医学学位与从医资格证之权,但成功构建了统一完善的医学教育体系,培养了大批高质量医学生。在当时,决定地方医学院校能否有效创建的原因主要在于以下六点:临近大工业区或者人口密集区;城镇慈善医院的存在;地方上高资历、能够进行医疗教学的医生群体的存在;重视医院实践;伦敦医学院校学费的昂贵;传统学徒制的消除。④

医学院建立后,迅速成为医学教育的中心力量,传统学徒制逐渐消亡。查瑞·柯若思(Charing Cross)是第一家在其创建目标中就宣称自己是包括学生培训业务的医院,伦敦大学学院则是第一家为学生提供临床指导的场所。随着医疗科学的发展,临床指导与病理检测开始成为医学教育的基础。到1858年,伦敦市的所有大医院都与临近的医学院实现了合并或是联合,医学教育得到优化配置,成为我们今天熟知的模式。⑤

伦敦大学学院是英国首家为医生提供全面医学教育的机构,它为医科

---

① N. Parry and J. Parry, *The Rise of the Medical Profession: A Study of Collective Social Mobility*, London: Croom Helm, 1976, p.105.

② *Report from the Select Committee on Medical Education*, 3 vols, London, 1834, vol.1, p.205.

③ W. H. G. Armytage, *Civic Universities*, New York: Ayer Publishing, 1955, pp.170—171.

④ 参见 E. M. Brockbank, *The Foundation of Provincial Medical Education in England*, Manchester: Manchester University Press, 1936.

⑤ Charles Newman, *The Evolution of Medical Education in the Nineteenth Century*, Oxford: Oxford University Press, 1957, pp.112—122.

学生们提供了一套涵盖整个医学与外科学的总体性教学课程。医生们不用来回穿行于各大医学院校与医院中,主治医生的课程学习彼此是完全独立的,学生们能够在一个中心学到教学大纲规定的所有课程。而且,这里没有医学与外科学之间陈旧腐朽的学科隔离,大学教育不再是属于内科医生的特权,学院设置完全参考了英国历史上医学院那种医学理论与临床实践相结合的医学教育模式。①

在医学考试上,英国参照了爱丁堡大学的模式,通常在约定时间内公开举行,主要检验临床课程中的理论与实践学习。② 创建于1827年的伦敦大学学院即是以爱丁堡大学为典型,在附属医学院中,按照爱丁堡模式,配备了各科教员,并施行宗教信仰自由政策。不过,伦敦大学国王学院则依据传统,对后者表示反对,坚持国教会原则。伦敦大学学院对此很担忧,在其成立后不久,就想垄断医学培养工作。最终,政府于1836年颁布特许状,宣布将伦敦大学学院和伦敦国王学院合并,联合组建成伦敦大学,在医学教育问题上享有充分自由权。

19世纪下半期,英国的医学院教育在众多先进地区的影响下持续发展,医学生获得了更好的测试条件与操作平台。四年课程被延续到五年,并为毕业后的学生增加一年的实习经历。在医院附属医学院,临床教学大为完善,它参照巴黎与维也纳,将18世纪的"化妆护理师(裹尸员)"(Dresser)模式发扬光大,让医学生充当外科医生的助手与学徒,视察各大病房,获取临床实践经验,在医院里完成职业培训。鼓励学生突破外科古典理论的限制,自由参与医学与产科诊断;临床实验室中不断涌现的新技术也为医学生们提升技能奠定了基础。③

19世纪60年代中期,中央医学委员会对医学教育进行了系统规划,建议让有认证权威的教育机构培养医学生,学校逐渐成为医学教育的核心。学徒制也在1892年终于被中央医学委员会废除,学徒制下的高明医生随着

---

① H. Hale Bellot, *University College London, 1826—1926*, London: University of London Press, 1929, pp. 143—147.

② Alexander Grant, *The Story of the University of Edinburgh*, 2 vols., Edinburgh: Edinburgh University Press, 1884, vol. I, p. 317.

③ George Newman, *Some Notes on Medical Education in England*, London: Stationery Office, 1912, pp. 1—2.

学校教育的发展纷纷入职,成为医学院校教员的主体,逐渐形成英国统一的高标准、规范严格的课程机制与教员配置体系。这些新生的医学院校依靠高明医生,逐步确立起自己在医学生们心目中的权威地位,收取学费。地位不如剑桥、牛津的地方院校也在形势驱动下,树立起自己教学声誉良好、师资力量强大、课程设计合理的名望。到20世纪初,医学教育已经与不断发展的大学制度连为一体。剑桥和牛津大学更是在1870年后的医学教育中,逐渐偏向于临床医学的理论传授,成为伦敦医院的人才储备所。①

(3) 私人医学教育的转型

19世纪的英国医学教育极为看重私人教育,私立医学院校众多。它们不参与医疗服务,靠收取学费维系生存。早在18世纪初,英国就有开设私人讲座的传统,威廉·斯迈尔(William Smellie)经常在伦敦开办产科学知识的私人讲座,私立学校就是这种讲学传统的延续,他们中有很多是19世纪英国著名医学院校的前身,被并入伦敦医院的威廉·布莱德(William Blizard)私立学校就是典型。

这些学校中,最为成功的创办者是在伦敦行医的苏格兰人威廉·亨特(William Hunter)。他于1746年开展外科学私人讲座,赢得巨大声誉,之后他在大伍德米尔(Great Windmill)街道创建了属于个人私有的话剧院和博物馆,1768年,他在那里创建了私人解剖学院,培养了在19世纪医学界发挥领导作用、包括自己兄弟约翰·亨特(John Hunter)在内的大批医生精英。②

私人医学教育的发展贯穿18世纪,一直延伸到19世纪。著名的私人院校很多,极大提升了职业医生的技能水平,甚至医院里的外科医生也承认私人医学教育的好处。私人医学院在19世纪的英国社会中地位很高,不仅仅局限于教学,还组建解剖与医学标本基地和植物园。约翰·亨特就将自己的私人医学标本遗留给外科医生协会,这个标本被誉为那个时代最为宝贵的珍藏品。③

19世纪英国私人医学教育的繁盛是有特定原因的,因为当时英国没有

---

① L. Geison Gerald, *Michael Foster and the Cambridge School of Physiology*, Princeton: Princeton University Press, 1978.

② F. H. Garrison, *An Introduction to the History of Medicine: with Medical Chronology, Suggestion for Study and Bibliographic Data*, Philadelphia: W. B. Saunders Company, 1929, pp. 345—346.

③ Bernice Hamilton, "The Medical Professions in the Eighteenth Century," *The Economic History Review*, vol. 4, no2, 1951, pp. 154—156.

特定的医学教育标准,医学界权威机构——内科医生协会、外科医生协会与药剂师协会都未能为医学教育设立统一标准,也未能创立相关机构进行医学技能指导,这使得很多希望提高自己医学技能的从医者无法接受医学教育,得不到合格的医学知识与专业技能。在他们的迫切需求下,很多人抓住商机,创建私立医学院校。三大医疗界权威机构既不鼓励也不反对私立医学教育,客观上也默认了私立学校,促进了私立医学教育的发展。

此外,19世纪英国旺盛的医疗服务需求也促进了私立医学教育的繁盛。为满足英国社会不断膨胀的医疗需求,很多人立志从医,眼光敏锐的伦敦商人、企业家也在家中或私人场地开办医学讲座,或与医院联合,开展医学培训,收取钱财。对医生来说,与商人们进行合作,筹办医学讲座,既能够扩大自己的影响力,提升社会声誉,又可以赚取钱财,因而愿意配合商人,开办私立医学院,承担讲学任务,包括威廉·亨特与威廉·斯迈尔等著名医生都认为:私人讲座是治疗工作的有益补充。[1] 而且,19世纪初的英国由于参与欧战和殖民战争,社会上也急需要掌握处理伤口感染、骨裂纠正等外科技术,推动了私人医学教育的发展,同时也有意让医学课程的设置理论结合实践。[2]

为招揽学生,私立医学院手段良多,通过广告宣传,将理论与实践在医院中完美结合的解剖教学包装推广,允诺让医学生们参与病房实践,让他们参与外科手术,以此吸引学生。[3] 在课程设置上,私立学校也将医学课程设计得多而合理,基本囊括了全部医学基础知识,学习时间也照顾学生自由,一个拮据的学生可以在一到两年内学完全部课程。

18世纪中期以后,一些外科医生开始在志愿医院中开设私立课程,依托院内设施讲授有关解剖学与外科学的知识。18世纪80年代,伦敦多家医院的内科医生与外科医生联合起来,规划课程,利用医院设施进行讲课,同时交流会谈,讨论问题。[4] 由于医院设施比在家中或出租房内稳定得多,

---

[1] George C. Peachey, *A Memoir of William and John Hunter*, Plymouth: Brendon, 1924, p. 8.

[2] Cecil Wall, *The History of the Surgeons' Company, 1745—1800*, London: Huchinson's Scientific & Technical Publications, 1937, pp. 124—125.

[3] William F. Bynum and Roy Porter, eds., *William Hunter and the Eighteenth-Century Medical World*, Cambridge: Cambridge University Press, 1985, pp. 136—140.

[4] Hector C. Cameron, *Mr. Guy's Hospital, 1726—1948*, London: Longmans, 1954, pp. 89—90.

到1790年,医院教学逐渐占据主流,课程涵括全面,从解剖学、外科学、医学、化学以及产科学应有尽有,授课地点也与病房距离较近,几大医院的联合授课中心几乎加起来就是一所学校的课程含量。逐渐地,这些医学课程被集中起来,形成了医院附属院校。

官方医学教育的不足使得私人医学教育备受重视,很多人认为它全面的解剖学、外科学与产科学课程比学徒制好得多。托蒂·格尔芬德(Tody Gelfand)说道:"私人医学院校为那些花钱的有志从医者提供了非常规性的医学课程,这代表着自由竞争已经进入医学教育,给人们带来思想启蒙,体现了令人振奋的良好效果。"[1]在私人医学教育的启示下,人们都认为学徒制弊端重重:它强制性地通过契约形式限定师徒职责,让学生天赋与学习计划受限于师傅指示,其内在潜能的挖掘严重不足,很难激发他们主动学习,阻碍了医学教育的发展。[2]

私人医学教育对学生宽容,不受国家约束,促进了医学理论与医院实践的结合,推动了医学发展。医学院大学创建后,国家垄断性教育机构确立,私人医学教育影响力逐渐减小,灵活自由的教学模式也被国家标准所取代。1836年,伦敦大学的创建标志着医学教育开始进入国家掌控,预示着私人医学教育走向衰亡,[3]其典型就是威廉·亨特创建的解剖学院。该学院创建后,成为亨特的私人区域,他在此联合了一批助手和同行,只讲解有关解剖学的知识。随着科学发展,医学相关的交叉型课程体系获得重视,学院的学科体系扩大。亨特联合医学同行,在1814年在大伍德威尔街道42号建立了学科体系各异但可以互相兼容的"医学、外科学与化学院校",与米德尔塞克斯医院学校联系紧密,最终,它被后者合并,于1843年关闭。[4] 这所伟大私立院校的命运也是其他私立院校最终结局的缩影,随着各地拥有附

---

[1]　William F. Bynum and Roy Porter, eds., *William Hunter and the Eighteenth-Century Medical World*, p. 131.

[2]　Irvine London, *Medical Care and the General Practitioner*, *1750—1850*, Oxford: Clarendon Press, 1986, pp. 39—48.

[3]　A. E. Clark-Kennedy, "The London Hospital and the Rise of the University," in F. N. L. Poynter, ed., *The Evolution of Medical Education in Britain*, London: Faculty of the History of Medicine and Pharmacy, 1966, pp. 111—120.

[4]　Stewart Craig Thomson, "The Great Windmill Street School," *Bulletin of the History of Medicine*, vol. 12, no. 2, 1942, pp. 377—391.

属医院的医学院校在内部设施上的不断完善,大部分私立学院都被这些设施更好的医学院吸收合并,以大学的名义出现。

二、英国医学教育体制的统一和完善

英国的传统医学教育机制没有严格的体系和标准,很多机构都拥有医学教育授权,这种状况遭到有识之士的抨击,维克利在他于1821年创建的《柳叶刀》杂志上不断发表文章,谴责英国医学教育。认为英国虽没有经历战争灾难,贸易与工业发展迅速,公众对政府稳定性、高效率和民主化也深感满意,但法国与欧洲大陆创建的医学教育国有化机制令英国黯然失色。随着大学教育的兴起,英国政府开始着力构建国有化的医学教育机制,这主要是通过颁布法案的形式进行的。

(1) 1815年《药剂师法案》

为促进医学教育机制的统一,政府于1815年颁布《药剂师法案》。它规定药剂师协会承担着监督与指导全体英国医生的教育责任,要求医生都需获得药剂师协会颁发的从医资格证。以药剂师协会为权力中心,构筑起属于职业医生自己的国有化医学教育体系,授予药剂师协会组织医学考试与医疗培训的权力,并能将那些不合格的从医者排斥在职业医生群体之外,这种特权连内科医生都未曾有过。① 协会为医生设置了考试标准与学习课程,规定每个应试者需要有五年的学徒经历,并在医院病房中实习至少一年。考试委员会每周会见一次,考察应试者。规定协会颁发的资格证是从医凭证,无证从医者将受法律惩处。

为适应时代发展,药剂师协会对职业医生的考试要求越来越高,1816年要求其掌握生理学与植物学知识,1827年又要求接受助产培训;拥有一份全面的拉丁语知识储备;两门解剖学与生理学课程学习证明,两门理论医学与实践医学的课程学习证明,一门化学课程学习证明,一门基础药物学课程的学习证明,六个月的医院、诊疗所或药房实践。② 从1815到1840年,

---

① G. E. Trease, *Pharmacy in History*, London: Baillere, 1964, p.174.
② C. Newman, *The Evolution of Medical Education in the Nineteenth Century*, p.76.

药剂师协会的考核方式都是口头的,内容涉及理论医学与实践医学、药物化学与基础药物学,有时还需翻译部分药典。1816 年,添加了生理学与医学植物学问题;1824 年,规定应试者需要接受协会票据,在开始课程学习前写上自己的名字;1827 年,强制性地添加了产科学与妇婴疾病学两门课程,并要求在学习医学课程前需修完化学、基础药物学与至少一门解剖学课程。规定六个月的医院实践要在第一门药物课程修完后进行;还会在产科学与妇科病领域举行特别考试。1828 年又要求医院或诊疗所实践需要那里的内科医生签字证明,学生必须学习两门化学课程,两门基础药物学课程与至少一门解剖学示范课程。

1828 年后,协会又要求应试者必须在至少拥有 60 个床位的医院中实习 9 个月,诊疗所需要 12 个月,还必须拥有那里的"签名"证实。1830 年,协会要求花费两年时间进行课程学习与医院实践,有临床课程的需要在医院实践 12 个月,没有的需要 15 个月,与医学院校有联系的诊疗所实践也需要 15 个月。1835 年,协会的医学课程已经渐成体系,第一年冬季课程包括化学、解剖生理学和解剖学示范展示,还有药物学和治疗学;夏季课程包括植物和蔬菜生理学。第二年的冬季课程包括解剖生理学、解剖学示范课、解剖人体学、医学理论与实践及实用医学;夏季课程包括实用医学、法医学、实用化学、解剖病理学以及临床医学。第三年的冬季课程包括解剖学、医学理论与实践、实用医学、解剖病理学以及临床医学;夏季课程包括产科学与妇婴疾病学、实用产科学。

在医生考试程序上,协会设 12 名考官,每周五会面考察应试者,严禁缺席。考试中,考官被分为三组,每组有一个主管员,对所有考生负责,考试记录需要他的签名。如果考试结果令人满意,应试者就会顺利通过,如果结果不满意,其他组的考官会介入考试,只有在大部分考官们集体认可下,考生失败才算有效。1839 年,协会首次将书面考试引入医学测试中,1849 年的书面考试还提高了应试者参与考试的标准,1851 年更是在考试中增加了希腊语与数学知识。每个应试者的考试时间在一个半小时至一小时四十五分钟之间,涉及所有课程学习内容。所有考试中,只有 1835 年有一次扰乱考场的不端行为,原因是一名考生不满考试结果,试图威胁考官,最终受到法院的公平惩处。① 协会的考试效率可观,在 1815 至 1833 年考核了 6489

---

① *The British Medical Journal*, vol. 1, no. 4957, January 07, 1956, p. 5.

人,通过了 5768 人。①

协会考官坚持高标准,严格考察应试者的课程学习与能力技艺,并对其所毕业的学校教学质量进行严格把关,伦敦和地方都在其内。在 1833 年,大约有一百家医院和 43 家不同的医学院校登记在协会的认可资格表上。② 对资格标准的看重致使私立学校逐渐退出历史舞台,因为他们没有医院作为依附,实用性的医学教育很难开展。当圣玛丽医院在 1851 年创建时,虽然拥有 150 个床位及数量可观的医学教员,但因没有常驻的合格药剂师而被协会拒绝承认其合格地位。1828 年伦敦大学学院的创建是伦敦大学建立的开始,为了完善这所大学,药剂师协会进行了建制规划上的指导,在 1829 年 4 月还为此召开特别会议,确定大学教员配置与相关课程设计,两名协会代表还被选为伦敦大学的荣誉顾问。

药剂师协会对英国医学教育发展的巨大贡献受到时人的交口称赞,不断完善的教育体系大大提升了医生技能,改善了他们的社会地位。对地方医学院的现代化发展与伦敦大学的创建也都起到促进作用,外科医生协会主席夸赞道:"我深怀感激地认为,药剂师协会的考官们令人钦佩地履行了自己的职责,促进了公众利益;在确定我的外科医生成员通过药剂师协会测试前,我拒绝授予任何外科医生从医资格证。"皇家内科医生协会主席亨利·霍福德(Henry Holford)这样说道:"我很遗憾,颁发从医资格证的大权被认为转移到了我们手中,但我必须要说明的是,药剂师协会极其完美且万分公正地执行着法案赋予他们的职责,自从他们获得授予资格证权力以来,职业医生的水平与技能都得到显著提高。"③

药剂师协会完善了英国职业医生的医学教育体系,课程设置、考试形式与考试标准的确立促进了各地医学院医学教育的开展,为英国现代医学院的创建准备了条件。但由于药剂师协会权力低下,英国医学教育还是掌控在内科医生协会手中,他们捍卫陈旧腐朽的医学教育分裂机制,保证医生职业的三等级划分。从整个英国社会来看,医学教育的分裂特征未能改变。内科协会认可的医生与剑桥和牛津两所大学的医学毕业生也仍然持有行医

---

① I. Loudon, "The origin of the General Practitioner," *Journal of the Royal College of General Practitioners*, 1983, vol.33, no.246, 1983, p.15.
② *The British Medical Journal*, vol.1, no.4957, January 07, 1956, p.5.
③ *The British Medical Journal*, vol.1, no.4957, January 07, 1956, p.6.

特权,药剂师协会无法干涉。

《药剂师法案》颁布后,英国医学教育初步确立了国有化统一机制,但未能改变医学界三级鼎立的医疗秩序,医学教育还是呈现出分裂特征,需进一步改革。

(2) 1858年《医疗法》

1815年《药剂师法案》颁布后,英国虽然确定了名义上的国有化医学教育体系,但特权机构对医学教育的掌控局面依然未变,英国医学教育机制并不统一。从1815年《药剂师法案》到1858年《医疗法》颁布这段时间里,单一个外科医生资格证,英国就有6大团体拥有颁发权,分别是剑桥大学、牛津大学、1854年之后的伦敦大学、内科医生协会、外科医生协会及药剂师协会。

在医学教育机制分裂的社会背景下,英国医生十分希望能够建立一个国有化、统一规范,且可以举国通用、准确细致的医生教育机制。1832年,职业医生群体为此还特别创建了英国医学联合会,探索医生教育与培训的最佳方式,并积极筹建一个议会特别委员会对医学教育现状进行调查,审视英国医学教育机制分裂的缺陷与弊端,提出改良意见。

英国医学联合会于1837年组织会员,成立了一个专门的医学教育改革委员会。积极倡导创设能代表全体职业医生的国家登记制度、在医学考试前进行一次基础能力测试、对职业医生的资格标准进行统一设计、建立从医实践的互助协作体制,并倡导从全体职业医生群体中挑选优秀者,组成在医学界拥有最高权力的监督机构等,但在1840年的议会辩论中,这部法案被否决。[①]

1858年,一部酝酿已久的法案终于在当年的8月2日得到皇室认可,勉强得以通过,这就是1858年《医疗法》。这部法案对英国医学教育的发展具有决定性意义。它创建医学教育的中央机构,当时称为联合王国的中央医学教育与登记委员会,1951年更名为中央医学委员会,规定委员会隶属于中央机构,受枢密院严格监督,人员组成分别从各大医学教育授权机构中选出,外加六个王室任命者。法案规定,中央医学委员会可以审查医学教

---

① *Special Report from the Select Committee on the Medical Act* (1858) *Amendment* (*No. 3*) *Bill*, London, 1879, p.116.

育授权机构的资质,在课程设置上提出修改建议。因此,尽管委员会无权强制性地让那些授权实施医学教育的医疗机构改变教育模式,但可以建议枢密院,对之进行改革。①

1858 年《医疗法》于 10 月 1 日正式生效,中央医学委员会从此开始负责引导公众鉴定职业医生的水平能力,并在每年发布医学登记簿,记录合格与不合格医生的具体情况,还需要负责协调联合王国中医疗实践的互助互惠工作,出版整个国家通用的药物处方标准性书籍。同时,法案还强调对医疗道德的重视,授权委员会从合格医生的登记名册中除去那些违法犯罪或玷污医生尊严的不道德从医者。

1858 年颁布的《医疗法》对完善整个英国的医学教育机制也非常重要,法案颁布前,英国医学教育一直缺少统一标准与监督机构,医生资格的核定没有量化指标,很容易造成庸医当道,法案颁布后,这一境况得到改观,它创造性地设置了中央医学委员会,为英国医学教育设置了国家监督与指导机构。对此,乔治·纽曼认为:"将为国家服务的医学组织起来,规范且界定了医生职业的具体标准,迎合了日益强烈的公共服务之需要,实现了医生们长期以来的历史夙愿。从此,我们的国家开始享受联合起来的医学、科学与治疗学体系给我们带来的好处,有利于更好保障全体民众的基本权益。"②

但是,由于受传统医疗特权机构的影响,法案也有不足之处。因为拥有医学教育权力的医疗机构过多,各大机构的教育模式虽然受到委员会严格监督并接受指导,但总体来说还是分裂的,在爱丁堡接受医学教育的合格医生有可能会不符合伦敦、都柏林或格拉斯哥医疗机构的教育标准。而且,法案有意让医学界传统特权协会在医疗委员会中占据相对多数的管理席位,使得中央医学委员会无法成为英国医学教育的权威机构,保障了传统医疗机构的特权。

不过,根据法案,中央医学委员会有两大权力:第一,能够做出合理决定,对拥有医学教育权限的医疗机构进行培养质量的评估,让符合其医学教育标准的合格医生进入国家登记系统,拒绝接纳不符合其医学教育标准的

---

① 参见 R. Lambert, *Sir John Simon, 1816—1904, and English social administration*, London: MacGibbon & Kie, 1963.

② George Newman, *The Rise of Preventive Medicine*, Oxford: Oxford University Press, 1932, p.253.

医生;第二,决定哪些已经合格登记的医生该从登记名册中除去姓名,监督医生实践,并从医疗道德的高度考核医生。在行使这两项权力的过程中,委员会创设了一系列辅助性机构与小组委员会调查机制,间接参与对职业医生从医实践与道德素质标准进行设定,规范医生行为,把关道德培育。起初,委员会并无医生从业的固定标准,在后来行动中,委员会根据社会现实与民众要求,对医生行为正当性与职业道德素质做了明确界定。到19世纪末,委员会已经拥有医疗行为与道德规范的立法权威,创设了"标准委员会",指导所有职业医生的医学实践,规范其从业道德,并可随时对从医规范与道德要求进行调整,与时俱进。标准委员会的这些权力主要囊括在一份只有三十二页的绿皮书中,名为《职业实践与纪律:正规化从医》(*Professional Conduct and Discipline: Fitness to Practice*)。①

三、英国医学教育转型后的影响

19世纪的英国医学教育思想上经历了从抽象的绅士理论教学到具象的技术偏重过程,形式和内容上见证了医学院教育的发展,体制上则经历了国家标准化确立与统一的过程,尤其是创造性地设立了中央医学委员会机构。这个机构代表国家对英国医学教育进行系统规范,对英国医学界与社会发展产生了重大影响。

首先,对医生教育及从业资格做了明确限制,保障医生质量,完善晋升机制。为了明确英国医生接受医学教育的必要性,显示出合格医生登记备案的价值,中央医学委员会建议:"在没有通过基础性测试和展示自己受过医学教育前,任何一个医学生都不准登记备案;从医资格证所能授予的最小年龄限制在21岁;专业学习时间要保证在四年以上;只有当其姓名在45个月之前就已进行医学登记的学生才有资格参与《医疗法》规定下的资格测试;在登记备案的45个月时间以内,无论如何都不能授予其资格证书。"②

---

① Russell G. Smith, "The Development of Ethical Guidance for Medical Practitioners by the General Medical Council," *Medical History*, vol. 37, no. 1, 1993, p. 56.

② *Report from the Select Committee on Medical Education*, 3 vols, 1834, vol. 1, Appensix, pp. 32—34.

其次，对医学生能够接受医学基础测试与职业培训的最低标准做了特别说明，基本杜绝了庸医作业，保障了广大民众的健康福利。中央医学委员会要求，任何拥有医学教育权的认证机构和大学都不得授予医学生"熟练资格证"证书，除非他能展示自己通过了"英语、文学、算术、代数学、几何学、拉丁语"等领域考试的证明，并能够提供自己参与学习过的那些与医学课程的相关主题，在全部证明材料齐备的情况下，才能考虑颁发这样的资格证书。

第三，针对1858年《医疗法》后英国医学教育授权机构林立、彼此标准不统一的弊端，中央医学委员会也通过拒绝医学教育授权机构培养出来的合格医生进入登记名册的方式，对各大医疗机构的医学教育模式提出改革建议。然后，要求所有医疗机构的代表都出席议会，聆听政府的改革意见，促成政府颁布法案，实现完善医学教育的改革计划。① 这种方式使得活跃的委员会成员们满怀自信，认为他们可以不断完善医学教育，促进职业医生的学识进步，提升医生影响力与社会地位，在19世纪六七十年代传统势力没那么强大的地方上，效果明显。

对于英国分裂化的教育机制，中央医学委员会也尽力建立国有化的职业医生教育机制，为达此目的，委员会内部持不同政见者摈弃成见，特别组织了一个教育委员会，主张修正1858年法案，在英国的三大地区各自设立一个综合性医学教育"联合"委员会，以便系统合并各类机构。与此同时，他们还建议让那些从医者直接选取代表，然后再统一予以新来者医学教育测试，颁发资格证。②

第四，完善医学教育的内容与考试模式。在考试内容与模式设计上，委员会认为："不同的医学教育授权机构都应该构建自己的考试模式"，以便让所有的应试者都能"在委员会认为有必要测试的主题上受到严格的检测"，并要求分两步做好此类工作："第一部分的考核包括化学、化学医学、基础药物学以及药学，这些科目可以在第二学年学习结束后或更早时候进行测试；第二部分的考核应包括病理学、医学、外科学、产科学、法医学，这些考试时间应适当延长，尽量在第一轮考试通过两年后全部结束。"对考试形

---

① *The Lancet*, vol. 168, no. 4336, October 06, 1906, pp. 915—921.
② *Report from the Select Committee on Medical Education*, 3 vols, 1834, vol. 1, pp. 52—53.

式,委员会进一步建议:"专业性考试应该分为口语和笔试同时进行,每场考试应有两名以上的监考人员负责;无论哪一科多么优秀,都不能掩盖另一科的失败;所有的考试都要定期举行,贴出公共告示,所有考试结果都要进行年度通报并详加分析。"①

为设置统一完善的英国职业医生教育基本内容与考试制度,委员会费尽心思。虽然1858年的《医疗法》并未规定中央医学委员会拥有系统规划英国医学教育的权力,但它可以通过了解各大医疗机构的医学教育具体内容与课程,在此基础上提出改进意见。而且,虽然委员会无权制止它认为不合格的医学教育模式,但它也可以向枢密院通报,由枢密院发布指令,勒令改革。在这个原则基础上,委员会充分利用自己的权力,不断建议规范职业医生的学习内容与考试制度,确保让所有的职业医生都能够接受适应时代发展的医学教育。在其努力下,1860年,医学教育为应试者专门设定了最低的基础教育标准,1861和1867年,医学教育中又连续两次加大了对医生职业技术标准的要求,到1874年,医学教育又在之前基础上添加了临床实践与测试。

在职业医生考试制度的国有化问题上,委员会还举办听证会,督促英国政府在1878年颁布法案,规定医生资格考试"由一个联合起来的权威集团举办,共同进行全方位考核"。② 除督促政府颁布法案外,听证会还经常展示委员会针对英国医学教育整体现状的调查结果,加强人们对医学教育现实状况的了解。通过对现实的了解与考察,委员会还督促政府,希望政府颁布法案,通过医学教育的形式,提升职业医生的技术学识与道德素养,让他们在从医实践中互相帮助协作,既能实现"医学课程与考试让职业医生取得合格证书,确保他们拥有足够的知识和娴熟的技术高效工作"这一目标,③又可以让这些合格医生用所学技术与知识互相帮扶,共同前进。在委员会看来,要想做到这一点,一个重要前提就是让所有合格医生登记备案,谨防庸医作业。在他们的激励下,进步的职业医生们积极地准备编辑和出版"这个被国家认为有资格从事医疗职业的名册目录"。④ 与此同时,委员

---

① *Report from the Select Committee on Medical Education*, 3 vols, 1834, vol.1, Appensix, pp.35—36.
② *Report from the Select Committee on Medical Education*, 3 vols, 1834, vol.1, pp.55—58.
③ George Newman, *Some Notes on Medical Education in England*, p.1.
④ *Report from the Select Committee on Medical Education*, 3 vols, 1834, vol.1, p.3.

会为了更好地满足职业医生的实际工作需要,还倡议编纂了药物学标准汇编,让从医实践者能够参考此书。除此之外,委员会还考察各种不同医学教育权威机构的医生考核模式,对比优劣,希望从中吸取经验,总结教训,促进医学教育的发展。

第五,设置相对统一的医学教育标准化机制。当 1859 年中央医学委员会首次审视英国职业医生的教育后,探讨的重点就是医学教育的标准问题。① 他们敏锐地注意到,合格医生的最低鉴定标准——计数与语言能力都未展现。在此背景下,委员会于 1860 年建议所有医学生都应进行入学考试,按成绩择优录取。为完善这项医学教育规划,在整个 1860—1870 年,委员会的建议不断出台,目的是要创建一个能够为所有医生服务、通用标准的职业医生教育与医学课程模型。委员会的著名人物帕克斯(E. A. Parks)还重设了军队医学教育机制,认为学徒制不合时宜。② 1862 年,委员会建议:"医学教育应该建立在四年制课程学习的基础之上,而非五年的学徒制",专注于在大学中开展医学教育,培养德智体全面发展的职业医生。此后,医学院校开始在医生培养中发挥核心作用。

随着 19 世纪英国大学教育重要性的提升,很多医学院都期待医学教育标准模式的统一。在中央医学委员会的指导下,医学教育的课程由三年延续到四年,然后又到五年,其间还包括毕业后一年的实习生涯。在医院附属医学院,临床教学的改进尤为可观。这些医学教育机构参照了巴黎和维也纳的经验,并按委员会的指示,依照英国国情进行了适当调整,将 18 世纪的"化妆护理师(裹尸员)"模型发扬光大,很多医学生作为外科医生的学徒行走于各病房之间,临床实践的经验十分丰富,可以在医院里完成他们的职业培训。之前在临床实验室里操作过的医疗新器具与诊治新技术现在都可利用医疗科学,运用到微观检测的医学实践中,并在外科手术中大显身手。③

对伦敦的医学院校来说,如何适应严格标准与统一规划的医学教育机制,为医学生提供医疗诊治实践是他们急需解决的问题。1828 年创设的伦

---

① *Minutes of the General Council*, 1862, vol. i, pp. 72—76.

② Stella V. F. Bulter, *Science and the Education of Doctors in the Nineteenth Century: A Study of British Medical Schools with Particular Reference to the Uses and Development of physiology*, Manchester: Manchester University Press, 1981, Appendices, pp. 298—305.

③ George Newman, *Some Notes on Medical Education in England*, pp. 1—2.

敦大学学院与国王学院已经做好了充分准备，其他9所医学院也与大医院联系密切。① 这些现实推动委员会实施职业医生的教育规划，从19世纪60年代中期开始，中央医学委员会开始依赖学校教育，主张将职业医生的教育分为两个阶段：第一是临床医学的理论学习阶段，主要通过实验室学习包括解剖学与医学基础等在内的理论课程。两个学期的学习后，学生们进入第二阶段，即医院实习阶段，具体观察和学习掌握医生诊断与护理病人的各项技巧；要求第一阶段中的理论教学必须采用实验操作。这项有关医学教育的改革迅速被各大医生资格认证的权威机构所接受，但给地方上的医学教育发展带来难题，因为地方医学院校根本没有自己的实验室，也没有创设、运作和保养实验室的资金，很多地方医生也不会操作实验设备，诺丁汉和赫尔城的医学院校就因为这些条件的不成熟而被淘汰。而在其他地方，这个要求迫使地方医学院寻求与其他机构的联合。在委员会看来，这是支持（医学教育统一化）改革进行的必要行动。②

在曼彻斯特，医学院在1822年就由充满抱负的医生汤玛斯·特纳（Thomas Turner）创设确立，后来与1851年建立的察汉姆（Chatham）街道学校进行合并，1856年两者正式联合，创设了欧文学院。③ 这个学院迅速雇佣了教授化学等医学相关基础学科的教师，到1866年，入学人数迅速增长，学校进行了大规模扩展，动用了大批资金创建新建筑和新型设施，使得这所院校成为当时北方地区致力于研究理论与实用主义医疗科学研究机构的中心和典型代表。医学生们不仅拥有病理学、化学与生物学实验室，还有专门的临床医生教学研究室。随着学生人数的暴增，医学教授也在持续招募中，深入到各个学科体系，以至于"没有哪所学校能将医学教育发展得如此富有底蕴，能深深扎根于各大学科之间"。④

在利兹，最初的医学院由一群与利兹诊疗所相联系的医生们创立，所里有声望的医生成为学校的正式教员。他们大都也进行其他工作，有的开办

---

① Stella V. F. Bulter, *Science and the Education of Doctors in the Nineteenth Century: a Study of British Medical Schools with Particular Reference to the Uses and Development of physiology*, p. 20.

② *The Lancet*, vol. 91, no. 2329, April 18, 1868, pp. 502—504.

③ J. Thompson, *The Owens College, its Foundation and Growth*, Manchester: J. E. Cornish, 1866, p. 149.

④ J. Thompson, *The Owens College, its Foundation and Growth*, p. 419.

私人解剖所,有人从政,也有人对工人阶级进行社会调查。1865 年,利兹又成立了一家诊疗所,学校于是搬迁到与之邻近的地方,在 70 年代,尽管这个学校拥有一些现代化简单设施,但学生们主要还是在附近的约克科学院学习科学知识。后者开创于 1874 年,源于地方揪心当地工业的衰落。①

利物浦医学院校的筹办也主要是依赖于地方诊疗所的创建,它最初成立于 1833 年。到 60 年代后期,医学生入学人数大增,学校的扩建、基础设施的更新迫在眉睫。到 70 年代末,来自欧文学院的竞争使得他们不得不加紧学校设施的更新换代。从 1874 年开始,利物浦出现了一股学习和参考剑桥大学医学教育课程的运动浪潮,运动领导人认为在利物浦创建大学用途多多,他们发动公众集资运动,得到市民与市长的热切支持。② 在政府与市民的积极支持下,利物浦医学教育逐渐赶超曼彻斯特。

众多医学院校的组建为英国确立国有化医学教育统一机制准备了条件,很多存活到 1880 年代的医学院都拥有加入附近大学、享有优良设备的便利条件。在伯明翰,学生们可以从之前的皇后医学院加入在 1875 年创立的综合性麦森(Mason)大学,为获取大学地位,两大机构于 1892 年正式合并。在布里斯托尔,那里的医学院教师在 1874 年就开始倡导创建一所大学,并积极行动,最终,医学院在 1893 年成为一所大学科系的组成部分。在谢菲尔德,创建于 1874 年的第一所大学也自八十年代开始就与当地医学院建立了密切联系。1895 年,为申请作为一名合格的维多利亚大学成员,两大组织正式联合。同样,在纽卡斯尔,当其寻求大学特许状时,那里的医学院很快成为了当地大学学院的组成部分。③

医学院与综合性大学之间的联合具有优势,之前受限的设施得以供应,还能获益于大学文化与良好的学习氛围,就如教育慈善机构赐予他们实验室使用大权一样。这样,到 1860 年代以后,在中央医学委员会的指导建议下,英国职业医生的医学教育机制渐渐形成了国有化固定体例,医学院教学

---

① 参见 A. N. Shimin, *The University of Leeds, the First Half Century*, Cambridge: Cambridge University Press, 1954.

② J. Campbell Brown, *The First Page in the History of University College, Liverpool*, Liverpool: Liverpool University Press, 1892, pp.11—17.

③ A. W. Chapman, *The Story of a Modern University*, Oxford: Oxford University Press, 1955, pp.13—14.

与大学教育连为一体,构成了以学校教育为主体的英国医学教育国有化标准机制。1870年之后,在这种方式促进下,医学院纷纷都能够有资格给诸多医学生们提供更多更成熟的课程规划。到80年代,医学教师受到中央医学委员会与医生认证权威机构的鼓舞,通过实践指导的方式在全国各处教授医学,其中在地方院校中的表现最为突出。到1900年,地方医学院已能提供比大都市伦敦更好更有用的医学教育了。一般来说,地方医学院校之所以能够吸引学生,主要是由于在医学教育课堂上指导学生分配的比例占据优势,而且生活成本低廉。据统计,在1890年代,首都的11所医学院校的学生入学人数急剧下降,最主要的原因就是首都的生活成本要比地方城市高得多。①

在大学教育发展迅速的背景下,中央医学委员会也在致力于制定更为完善的医学教育标准,倡导按照大学课程的设置,按专业制定医学教育标准,并且强化监督,严格保障医学教育的质量。在此意见指导下,英国政府于1886年通过了《医疗法修正案》。这部法案包含了两个极为重要的条款。第一,独立颁发证书的三方教育资格认定得到确认,包括医学、外科学以及产科学。第二,委员会被授权确保在认定机构的工作程序中,制定"一份可靠的医生教育标准",并由政府出资任命调查员,对医生教育考核的认证程序与具体流程进行监督,以调查报告的形式汇报中央政府。

修正案进一步扩大了中央医学委员会的权力,按照医学院课程设置的具体情况,将医生所受教育的考核内容进行细化,分为医学、外科学与产科学,并让这三类医学测试分别进行,区别对待;与此同时,为提升医学教育的考试质量,保障职业医生的水平技能,中央医学委员会也获得了对医学教育测试的监督调查权,可以委派检查员调查医学考试的具体内容,分析其成效,并形成调查报告反馈枢密院,提出意见纠正所发现的缺陷,改善医学教育模式与内容。

在医学院不断创建、英国国有化职业医生教育机制不断完善的社会背景下,到20世纪初,英国的职业医生群体一般都拥有正规的大学教育,各大医学院校也在中央医学委员会指导下,完善了自己的医学课程体系和教员岗位设置,握有形形色色的医学学位授予权,逐渐在英国建立起标准统一、

---

① 参见 E. H. Hunt, *Regional Wage Variations 1850—1914*, Oxford: Clarendon Press, 1973.

规划完善的职业医生医学院教育机制。这套机制的创建使得英国职业医生的技能学识获得极大提升,在社会管理中的作用越来越重要。

古老的内科医生协会虽然坚决反对医学教育传统机制的激进变革,但在现实压力下,他们也逐渐顺应时代发展,调整所担角色:改革了协会内部不重视医学教育的传统习惯,完善了自身的医学教育机制;同时也发布了具体的课程学习计划,1886年,它还联合外科医生协会,共同创建了两大协会互相承认的联合考试委员会,以满足职业医生的知识需要。协会的这种变化深得人心,赢得英国医疗界一致认可。因此,尽管有很多激进人士要求撤销这个古老协会,但协会作为英国医学界的传统权威机构,仍然屹立不倒,保持其作为医生资格认证的权威地位,甚至转换角色,成为新时代下的医生精英团体——顾问咨询医生与联合会诊医生,成为这类医生精英群体的专职化组织。①

结　语

随着时代发展,19世纪英国的职业医生教育发生了重大改变。从内容观念与原则主旨来看,它的发展与完善的主要表现是绅士风格向技术教育的转化及医学院教学模式的兴盛繁荣。这些发展都有其共同特征:医学教育不再过分关注古典理论的学习,而是倡导重视诊疗实践,并结合诊疗实践来学习医疗技艺,摆脱英国古典医学教育模式中过分注重绅士培育的误区。

在大学教育繁盛的影响下,英国医学教育机制也在不断完善,占据核心位置的医学院教育体系也借鉴了爱丁堡与都柏林等地区的医学教育模式。1836伦敦大学的创建标志着英国独立自主的医学教育科学化模式的到来,此后,在中央医学委员会的指导下,医学院教育模式成为英国职业医生教育的主导模式。

在中央医学委员会指导下,英国逐渐建立起相对统一的国有化医学教育机制,在实践中负责制定职业医生医学教育的总体标准。中央医学委员

---

① Charles Newman, *The Evolution of Medical Education in the Nineteenth Century*, pp. 130—133.

会能监督与指导医学教育的改革与完善,并有资格建议、调整,在中央医学委员会的努力指导下,英国的职业医生教育标准在不断提高,教育机制与内容设计也在不断地统一和完善。随着各地医学院的筹建,职业医生教育不断完善的内容和机制都以成型的形式获得继承发扬。这使得英国职业医生教育的内容机制都在与时俱进地发展完善,能切实保障职业医生技能与学识的稳步提升,促进医疗科学的发展和诊疗效果的改善。

〔王广坤,北京师范大学历史学院副教授,北京100875〕

从奥斯卡·王尔德事件看 19 世纪英国同性恋者的社会处境

王海玉

摘　要：同性恋古已有之，因其性取向异于社会异性恋主流群体而难以为社会接纳，时至今日，在世界范围内，同性恋现象仍备受争议。奥斯卡·王尔德是 19 世纪晚期英国著名剧作家，声名远扬，却因同性恋言行而深陷牢狱。王尔德事件集中反映了同性恋现象背后复杂的伦理观念、医学认知和宗教信仰。这一事件前后，英国同性恋者的社会身份由隐蔽状态进入了公众视阈，由此产生的社会问题及社会层级结构的相应调整过程需鉴之。

关键词：同性恋　英国　奥斯卡·王尔德　身份定义

同性恋的存在由来已久，从上古开始已有记载，到当今世界，同性恋日益成为一个社会问题，受到各方关注。根据资料，笔者将同性恋界定为：一个人对相同性别的人产生的爱慕及性爱的吸引，这里主要强调心理上以同性为性取向的男性，不局限于是否有过同性性行为。① 19 世纪是英国同性恋历史及其法律沿革上的一个重要时期，王尔德事件作为维多

---

① 这一定义主要参考了《金赛性学报告》和《牛津法律大辞典》，其中《金赛性学报告》将同性恋定义为："一个男性与另一个男性发生肉体接触，并因此达到高潮。不论心理刺激的状况如何，不论采用何种技巧，不论是否经常这样做，不论是否还有过异性性行为。"编译者为强调男性性行为在同性恋界定上的重要性，特别指出，一个人如果无此行为，无论在司法实践中还是在社会学、心理学、伦理学的意义上，都不能称为"同性恋者"。（［美］阿尔弗雷德·C. 金赛著，潘绥铭译：《金赛性学报告》，海口：海南出版社，三环出版社，2007 年，第 184、180 页。）而《牛津法律大辞典》这样描述同性恋："一个对同性的另一人产生的性吸引，以至于身体接触和性愉悦。"（戴维·M. 沃克著，李双元等译：《牛津法律大辞典》，北京：法律出版社，2003 年，第 528 页。）

利亚时期英国同性恋问题的一个缩影,极为典型地反映了当时同性恋者的社会处境,以及维多利亚时代法律对其处罚办法和处罚强度的历史变化。

关于19世纪英国同性恋文化的研究,国外学者多从法制史、人物传记、性学、文学艺术等方面出发探讨同性恋群体的特征,阐发同性恋者的社会处境与同性恋存在的合理性。在我们国内,同性恋仍是文化与社会的禁忌,就历史学角度而言,尚无人广泛涉猎这一课题,更缺乏专门针对这一时期英国同性恋研究的史学成果。本文希望通过挖掘奥斯卡·王尔德事件所折射的社会历史,再现19世纪英国同性恋者在社会生活中的处境,窥探维多利亚时代英国社会对同性恋群体的态度及其转变。

一、奥斯卡·王尔德案件始末

奥斯卡·王尔德是19世纪晚期英国著名剧作家。1880年,他完成了第一部剧作《薇拉》,虽因政治原因该剧未能在伦敦公演,但王尔德以此为契机在英国伦敦社交界崭露头角,很快名声大噪。王尔德闻名于后世除了他的文学才华外,还由于1895年轰动伦敦的王尔德事件——这也是英国同性恋史上里程碑式的事件。王尔德事件包含两起诉讼案:王尔德作为原告的诽谤案以及随后王尔德被控告"行为失当"案件。

奥斯卡·王尔德于1854年出生于爱尔兰都柏林,青年时期主要活跃于英国伦敦。王尔德事件发生之前,王尔德已于1884年与康思坦丝·玛丽·李欧德结婚,并育有两子。王尔德与这一事件的另一主角阿尔弗莱德·道格拉斯(Lord Alfred Douglas)于1891年相识,1893年两人确定"亲密"朋友关系。事件中"诽谤案"的起因是道格拉斯的父亲昆斯伯里侯爵(Marquess of Queensberry)知晓两人关系后对王尔德进行言词上的挑衅。1895年2月18日昆斯伯里侯爵来到王尔德所在的阿尔比马尔俱乐部(Albemarle Club),要求见王尔德,并试图强行闯入,在被俱乐部的门房阻拦后,留下一张封面写有"For Oscar Wilde, posing as a somdomite"(致摆出肛交姿势的奥斯卡·王尔德)的威胁信交给门房,嘱其转交王尔德。① 此事由俱乐部的门房西德尼·怀特(Sidney Wright)证实。② 2月28日,在道格拉斯的怂恿下,收到信的王尔德对昆斯伯里侯爵提出上诉,控告其诽谤。法庭最终判决昆斯伯里侯爵无罪,紧接着王尔德被控告曾"与其他男性发生有伤风化的行为"。在大量的证人和证词下,法官认定王尔德这一罪名成立,判处王尔德入狱服劳役两年。

奥斯卡·王尔德入狱的罪名是"与其他男性发生有伤风化的行为",即"严重猥亵罪"。纵观英国历史上对同性恋行为定罪的相关法律条文,截止到1895年,法律上对同性恋者判处罪行的严重程度由轻到重依次是"有伤风化罪"、"试图进行同性性行为罪"和"鸡奸罪"③。案件中,王尔德被控犯有"有伤风化罪",这属于同性恋犯罪中惩罚力度较轻的罪行。

对同性恋者施以刑罚,在英国历史上由来已久。英国惩治同性性行为的法律早在7世纪就出现了:坎特伯雷大主教"苦行赎罪戒律"对男性之间发生性行为处以苦修数年的惩处。从亨利八世开始,惩处加重了,1533年,亨利八世颁布《鸡奸法》(An Act for the punishment of the vice of Buggerie),对男性之间发生性行为者处以极刑。④ 显然,法律判决的对象是男性同性之间的性行为,同性恋者从"基督教中的须苦修者"变成了英国律法中的"死刑犯"。这一刑法虽几经删减、重订,但其效力持续了300多年,直到1835年仍有人因同性性行为被执行死刑。⑤ 19世纪下半叶,随着科学,尤其是医学的影响加大,社会对同性恋的认知来源从基督教扩展到了医学,认知途径的增加使得社会对同性恋的态度趋于温和,这主要体现在法律的制定上。1861年,英国颁布《个人刑事行为法案》(Offences Against the Person Act),封面见下图:

---

① "Queensberry on Wilde," Birgit Wilpers, *The Trials of Oscar Wilde*, München: Grin Verlag, 2013, p.16. 此为 Birgit Wilpers 整理关于奥斯卡·王尔德的审判文本记录而成的书。
② "Testimony of Sidney Wright, porter at the Albemarle Club (April 3, 1895)," Birgit Wilpers, *The Trials of Oscar Wilde*, p.16.
③ 被控"鸡奸罪"的案例较少,法律上通常因缺乏证据而难以定罪。
④ "英格兰的法律(1290—1885)", http://legacy.fordham.edu/halsall/pwh/englaw.asp, 2016年11月23日。资料来源于美国福特汉姆大学的网络历史资源项目,该项目由福特汉姆大学历史部和中世纪研究中心于1996年创办,网站主要汇集整理上古、中世纪和近现代时期的文件档案、地图、二手资料、参考文献、历史图片和音乐等。
⑤ "Execution," *Morning Post*, 28 November, 1835.

1861年《个人刑事行为法案》封面

原文如下所示：

Unnatural Offences.

61. Whosoever shall be convicted of the abominable Crime of Buggery, committed either with Mankind or with any Animal, shall be liable, at the Discretion of the Court, to be kept in Penal Servitude for Life or for any Term not less than Ten Years.

该条明确规定：任何男性与其他男性或动物发生肛交行为，应被判处最高为无期、最低不得低于十年的有期徒刑。① 1885年《刑法修正案》（Crimi-

---

① 1861年《个人刑事行为法案》，http://www.legislation.gov.uk/ukpga/Vict/24—25/100/enacted，2016年11月25日。英国国家法律数据库，是拥有1000多年历史的英国皇家文书局的网络版，网站现由英国国家档案馆的编辑团队和北爱尔兰法定出版物办公室的员工联合主持。

nal Law Amendment Act 1885）中的"雷布切尔条令"（Labouchere Amendent）对同性恋行为的约束相对于1861年的《个人刑事行为法案》又有所改变。雷布切尔条令承启于19世纪80年代英国中下层社会兴起的"社会净化运动",① 该运动致力于推动政府通过法律条文来约束社会上成年人的色情活动,追溯这一运动的初始目标,并不是针对同性行为,而是保护未成年少女。② 1885年7月初,蓓尔美尔街公报（Pall Mall Gazette）连续四天报道揭露近期伦敦一系列关于中上层成年男性针对贫穷少女的性犯罪细节,被称为"当代巴比伦的处女祭品"（The Maiden Tribute of Modern Babylon）的丑闻在整个城市中引起轩然大波。丑闻导致25万人汇聚海德公园（Hyde Park）,要求通过更加强有力的法律法规,以保护下层女性和净化社会道德。1885年8月,《刑法修正案》获得通过。"它（1885年《刑法修正案》）的通过,很大程度上是对'当代巴比伦的处女祭品'丑闻的回应。"③有鉴于此,英国议会下议院议员亨利·雷布切尔（Henry Labourchere）提交一项法案希望不限制性侵受害者的年龄,将"粗野的"、"下流的"袭击视为不法行为予以惩处。④ "雷布切尔条令"借助"社会净化运动"的背景,作为《刑法修正案》的增补条令在议会上获得通过,惩处范围扩大到同性成年人之间的性行为。1885年《刑法修正案》是社会通过法律条令明确并支持道德准则的示例,而"雷布切尔条令"的通过,使得同性恋群体成为社会道德打击的对象。

在1895年的奥斯卡·王尔德事件中,王尔德因触犯1885年实行的《刑事修正案》第11章,也即"雷布切尔条令"第48、49条,⑤"与其他男性发生有伤风化的行为",而被判在监狱服劳役两年。

这一修正案,对同性性行为进行了严厉限制:不管在公共或私密场所,任何男性不得或试图与其他男性发生有伤风化的不体面事情,否则将被判

---

① Marvin N. Olasky, *Abortion Rites: A Social History of Abortion in America*, NY: Good News Publishers, 1992, p. 127.

② L. Gordon, *The Moral Property of Women: A History of Birth Control Politics in America*, Urbana: University of Illinois Press, 2002, pp. 72—73.

③ Morris B. Kaplan, *Sodom on the Thames: Sex, Love, and Scandal in Wilde Times*, Ithaca: Cornell University Press, 2005, p. 172.

④ 原文是"gross indecencies"。

⑤ 该条规定是对1861年《个人刑事行为法案》第61条的修订,二者是前后承接的关系。

处最高不超过两年的刑期,并视情况而定是否需要服劳役。①

相较 1861 年《个人刑事行为法案》,1885 年《刑法修正案》对同性恋行为的惩处力度看似在减弱,但鉴于"鸡奸罪"在刑事犯罪中常因难以获取证据而无法立案,1885 年《刑法修正案》中对同性恋犯罪的惩处范围扩大,"有伤风化罪"和"试图进行同性性行为罪"成为同性恋群体的主要罪名。

在审判奥斯卡·王尔德的卷宗中,法官威尔士(Justice Wills)判定王尔德的罪名与罪行相符。在王尔德作为原告出席的昆斯伯里侯爵诽谤王尔德一案中,双方辩护律师就昆斯伯里侯爵是否有罪进行了辩论。昆斯伯里侯爵的辩护律师爱德华·卡尔松(Edward Carson)在 1895 年 4 月 4 日、5 日的法庭公开辩护中列举了受害者王尔德以往的种种有"嫌疑"的行为:王尔德对同性爱情故事《神父与祭童》(The Priest and the Acolyte)②在某种程度上的认可、与道格拉斯来往暧昧的信件、在道格拉斯创办的杂志上发表《供年轻人使用的至理名言》(Phrases and Philosophies for the Use of the Young)、③与工人阶层的年轻男子交往过密等等,以此证明昆斯伯里侯爵卡片中侮辱性的词语是事实,而不是诽谤。官司的结果也证明王尔德素行不良,结果王尔德败诉。④

在这场审判中,共有五名证人从正面和侧面等证明王尔德曾与多名年轻男子,包括他的同性情人道格拉斯和两名男妓发生同性性关系。其中一个名为查理斯·帕克(Charles Parker)的男子,在证词中称,自己是经奥斯卡·王尔德的一名好友阿尔弗瑞德·泰勒(Alfred Taylor)介绍,与之相识,并多次与他发生关系,王尔德在事后给他一定的酬资和礼物。⑤ 另一名证人爱德华·雪莱(Edward Shelley)虽否认曾与王尔德发生过关系,但据他的

---

① "英格兰的法律(1290—1885)",http://legacy.fordham.edu/halsall/pwh/englaw.asp,2016 年 11 月 25 日。

② 小说于 1893 年开始私下印刷。小说里的牧师爱上了在圣坛给他帮忙的一个男孩,并被牧师所在教区的首席神父发现了,接着流言四起。该小说曾刊登于道格拉斯等人创办的《变色龙》杂志。

③ 在这篇文章中,对方律师提到其中三条格言,以证明王尔德素行不端,分别是:"邪恶是善良的人们编造的谎言,用来说明别人的奇异魅力";"说真话的人迟早要被揭穿";"享乐是人们活着的惟一目标"。

④ "Opening Speech for the Defense by Edward Carson, attorney for Queensberry (April 4—5, 1895)," Birgit Wilpers, *The Trials of Oscar Wilde*, p. 25.

⑤ "Testimony of Charles Parker," Birgit Wilpers, *The Trials of Oscar Wilde*, p. 28.

证词显示,王尔德确实喜欢周旋在年轻男子中间和赠送礼物。① 根据1885年《刑法修正案》的规定,王尔德与多名男子的这种"不良"行为,不管是否经过对方的同意,都是触犯法律的。

王尔德事件影响很大。奥斯卡·王尔德事件中,法官威尔士认为,"你,王尔德,腐化了以你为中心,围绕在你周围的大批善良的年轻男子,这是毋庸置疑的"。② 法律认为王尔德的罪行应服两年劳役。实际上,在19世纪的英国,周围人,或者说是社会世俗道德舆论对同性恋者的压力更甚于法律。"(王尔德入狱后)他被当作性犯罪群体中的典型个例,在道德和法律上受到严厉批判。"③"王尔德事件是独一无二的,因为被告为知名人士,而且造成了丑闻,这是困扰英国维多利亚时期的道德恐慌的一个爆炸性事例。"④"尤为重要的是,此类事件不得在街巷谈论,对少年男女不宜。"⑤王尔德事件就像是导火线,在随后的半个多世纪中,英国的同性恋者生活在恐惧中,担心被敲诈、被曝光、被逮捕。作为19世纪末英国道德败坏的典型,王尔德的罪行就是同性恋者的罪行。实际上,王尔德事件作为维多利亚时期英国同性恋问题的一个缩影,反映了当时同性恋者的处境,也反映了更为广阔的维多利亚时代的社会伦理、医学认知以及宗教观念等。

二、同性恋者获"罪"的社会依据

同性恋者获罪有一个历史过程,追根溯源是以基督教的兴起为起点。在圣经的记载中,同性恋者是与上帝意志相违背的索多玛城的居民,其罪名是把男女间"顺性的用处变为逆性的用处",这在基督教的神的眼中"罪孽深重"。⑥ 同性恋者的"罪行"随着基督教义的传播而产生,基督教义经过时代

---

① "Testimony of Edward Shelley," Birgit Wilpers, *The Trials of Oscar Wilde*, p. 15.

② "Sentencing Statement of Justice Wills, Statement made to Wilde and Taylor after the jury returned its verdict of 'guilty'," Birgit Wilpers, *The Trials of Oscar Wilde*, p. 45.

③ John Sttokes, *Oscar Wilde: Myths, Miracles, and Imitations*, New York: Cambridge University Press, 1996, p. 61.

④ Florence Tamagen, *Histoire de L'Homosexualite en Europe Berlin*, London, Paris 1919—1939, Editions du Seuil 2000, p. 22.

⑤ Florence Tamagen, *Histoire de L'Homosexualite en Europe Berlin*, p. 22.

⑥ 《圣经·新约·罗马书》1:26,上海:中国基督教两会,2015年。

演化渗入并塑造了社会意识形态,再通过近代英国法律将"同性恋有罪"这一思想固化。19世纪英国所有法律都认为同性恋是罪行,同性恋者是罪犯。

当然,同性恋被英国认为有罪,同时还是经济理论的衍生品。有一个反证可以很好地说明这一点,"当财富的积累不再成为社会的至高目的时,道德法规也会经历巨大的变化,在那时我们必将把桎梏身心两百多年的伪道德原则的枷锁砸得粉碎"。这是20世纪著名经济学家约翰·梅纳·凯恩斯(John Maynard Keynes,1883—1946)对同性恋者觉醒与同性恋革命所作的预测,这一预测从反方向证明了近代以前同性恋者"罪行"的根源:在生产力低下的时代,同性恋者之间的性行为是"无用的","浪费资源的",不能为社会发展提供充足的人力保证。"这(同性性行为)当然不利于英国,每个精子应当繁殖发育成单个的受精卵。""我曾咨询过医生这是否会造成人身伤害,他回答说:就他所知是没有的;我曾问过律师这对国家有什么坏处,他回答说:这意味着人口的减少。"①从以上问答中可以看出,同性恋者的行为直接影响了社会的出生率。由此可知,同性恋因影响低级社会发展阶段的劳动力数量这一经济因素被当时的社会所排斥,基督教也是历史发展的产物,其教义也有意无意地迎合当时的意识形态,故借上帝之手定同性恋者以罪。

19世纪医学理论的革新也对同性恋不利。随着行为科学的产生,医生开始关注人类的行为,部分医者集中于研究同性恋行为的成因。医学上的研究成果给同性恋者扣上了又一顶"罪行"的帽子。1849年,瑞士医生克洛德·弗朗索瓦·米基亚发表了有史以来第一篇有关"性变态"的医学论文,他在文中首次提出,同性恋是天生的生理缺陷所致。1885年奥地利精神病医生理查德·克拉夫特-埃宾(Richard Freiherr von Krafft-Ebing)②根据大量临床经验写成《性心理疾病》,书中将同性恋归为疾病,以神经学为研究的途径,以退化理论为论证的落脚点,论述同性恋者是由于受到有心理疾病的家庭环境的"污染",诱发了其内在"缺陷",并指出:同性恋者被"治愈"的希望微乎其微。此书集中反映了当时专家们提出的将各种性变态行为病理

---

① "Ethicus," *Sunday*, 26 May 1895.
② 理查德·克拉夫特-埃宾(1840—1902),奥地利精神病学家,性学研究创始人,早期性病理心理学家。SM观念最早由他提出,他是第一个将性行为作为研究对象的科学家。他将性的诸问题与进化论、遗传学、精神医学、社会科学等学科相关联进行综合研究。

化的观点,受到欧洲医学界的广泛关注和认同,"同性恋是疾病"的观点开始在普通民众中广为传播,英国社会也接受了这一观点。

对同性恋者的定罪,不仅在宗教、经济和医学等领域显性呈现,对同性恋者这一群体的特定称谓也体现了公众对其"罪行"的隐性赞同。语言中的名词称谓是民众思想的直接体现,"在思想史中,人们同样只能在话语的某个确定主体上重建思想的系统。但是,人们以这样的方式研究这个主体,以至试图在陈述本身以外重新找到说话主体的意图,他的有意识活动,他要讲的话,或者还有他情不自禁地在他所说的东西中,或者在他公开表露话语的几乎察觉不到的缝隙中流露出来的那种无意识游戏"①。以下以19世纪英国三个社会场景为例,对当时加诸同性恋群体及其行为的名词使用的深层涵义进行分析。

首先,在法律书面语中,"indecent assault(强暴猥亵罪)"、"gross indecency(严重猥亵罪)"和"unnatural intercourse(非自然交往)"是作为法学术语用来形容同性恋犯罪和同性间密切交往的行为。单词的构成明确地呈现了法律对同性恋群体的贬低,"indecent(不体面的)"、"gross(下流的)"、"unnatural(非自然的)"三个形容词通过法律定义对同性恋者异于普通人的行为边缘化,是立法者和执法者对同性恋行为的定义。具体例子可见上文中1861年和1885年关于同性恋犯罪处罚条例的原文。

其次,在口语交谈和新闻报道的话语中,"sodoma(鸡奸)"、"buggery(兽交、鸡奸)"和"homosexual(同性恋的)"主要用来形容同性性行为。其中,"sodoma"一词源于圣经中"索多玛"城的音译,是基督教世界里耽溺男色而淫乱、不忌讳同性性行为的代名词,也是最早用来形容同性恋的"专属名词"。这一单词在产生时就带有贬义,其语意有侮辱性质。② 奥斯卡·王尔德事件的起因,即昆斯伯里侯爵在1895年2月18日寄给王尔德的卡片带有严重侮辱的字眼,③由此王尔德认定昆斯伯里侯爵对自己进行诽谤。另

---

① 米歇尔·福柯:《知识考古学》,谢强、马月译,北京:生活·读书·新知三联书店,2003年,第28页。
② 杜剑雄:《体大失思 白璧显瑕——〈法律文本与法律翻译〉评述》,《淮海工学院学报》2011年第23期。
③ "somdomite"是"sodoma"的古英语拼写方式;"Queensberry on the subject of Oscar Wilde The Alleged Libel," Birgit Wilpers, *The Trials of Oscar Wilde*。

在审判王尔德罪行的卷宗中,自称曾与王尔德发生过性关系的证人查理斯·帕克在形容王尔德对自己做出猥亵的动作时,用了"sodorny(译为"鸡奸")",而奥斯卡·王尔德的律师爱德华·克拉克在提问时则用了"sodoma"这一单词。① 帕克与克拉克出身不同,受教育程度不同,却都明晓并在法庭上使用这一单词,可知"sodoma"在 19 世纪是口语中被广泛认可的形容同性恋的"术语";1533 年英国都铎王朝国王亨利八世颁布反对同性恋者的法律时,使用的英文单词为"buggery"。"sodoma"可意译为"肛交","buggery"的直白翻译是"鸡奸"、"兽奸",②是对同性恋者性行为的蔑称,后者较前者更具有侮辱性。1891 年英国人文学者约翰·爱丁顿·西蒙兹首次在其出版的《现代伦理学的一个问题》(A problem in Modern Ethics)中引用"homosexual(同性恋)"一词。直到 1957 年当沃芬敦报告(Wolfenden Report)发布后,"homosexuality"一词才被人们广泛地使用。19 世纪的同性恋(homosexual)一词来源于希腊语前缀"homo-"(表示"相同的")和拉丁词根"sex"(表示"性")。相对于"sodoma"和"buggery","homosexual"一词比较中性,是对同性恋群体主体特征的相对客观的描述性词语,但在当时的英国影响范围较小。

再次,在艺术性的文学创作中,"the love that dare not speak its name(不敢说出名字的爱)",是道格拉斯写给王尔德的诗的结尾句,是同性恋者对自身关系的总结,只在小众范围内使用。"dare not(不敢)"明确指出同性恋者不被当时的社会所接纳。总体来说,19 世纪,"sodoma"这一词语是英国民众认可的对同性恋者的"印戳",也是对"同性恋者是有罪的"这一观点的隐性支持。

社会道德是出于现实需要而构建的,当同性恋行为与现实需要起反作用力时,社会道德就会将其视为不利因素予以剔除。19 世纪的英国,同性恋者被钉在由"罪"与"病"交叉形成的十字架上,但这两者的影响力并不是固定不变的。一方面,在法律上对同性恋者的处罚强度以时间为顺序呈阶梯状由重到轻依次递减;另一方面在医学上,部分医者通过大量对

---

① "Testimony of Charles Parker,"Birgit Wilpers, *The Trials of Oscar Wilde*, p.20.
② 李克兴、张新红:《法律文本与法律翻译》,北京:中国对外翻译出版公司,2006 年,第 57—58 页。

同性恋者的临床观察界定其为"精神躁狂症"的特殊表现,或是由于心理状态受"污染"引起的"性倒错",同性恋病理化趋势渐行渐强。标注在同性恋者身上的两个词语:"罪犯"和"病患",充当了19世纪同性恋者身份的标签。

三、同性恋者的处境

19世纪英国艺术和文学领域的主流思想由唯美主义向民主主义过渡,①这一过渡,在维多利亚时期尤为明显。在对待与性相关的话题上,与保守、注重私密空间的唯美主义不同,民主主义将城市居民的注意力转向开放的外在环境,正是这一转向,将同性恋者的社会身份由隐蔽的城市边缘地带推向了公众目光的聚焦点,大众媒介、报纸在同性恋者身份由暗转明的过程中起了推波助澜的作用——维多利亚时期忌讳公开谈论性,但报纸对相关事件的报道不断冲击这一藩篱。与同性恋相关的报道不断延伸,触及公众以前忽视的社会角落,包括对同性恋者数量的推测以及公学中的同性恋现象。

关于19世纪英国同性恋者的数量没有确切的数字证据,但由王尔德事件引发的当时英国主要报刊杂志关于同性恋的争论,为这一群体的数量提供了一个大概的范围。伦敦当时的主流报纸《星期天》中有评论可供借鉴,"一个作家说至少有'数百名'的下院议员、律师、作家和艺术家沉溺于这种非自然的尝试中(指同性恋)。但我得说,这是对的,而且这个数字还需要增加,事实上还包括'上千名'的工匠、士兵、水手、小贩和游手好闲者。真相就是,这一现象在所有时代的所有国家的所有男人中间都普遍存在"②。尤为需要注意的是,英国公立学校里学生间的同性恋现象蔚然成

---

① 即 Aestheticism Movement,是19世纪后期出现在英国艺术和文学领域中的一场思想运动,其影响不只局限于这两个领域,而是波及社会的方方面面,是反维多利亚风格的一部分,具有后浪漫主义的特征,时间大致从1868年延续至1900年。唯美主义,是崇尚艺术的绝对形式美的一种艺术主张,这里的"美",是指脱离现实的技巧美;此处的民主主义是指在社会生活中强调公开、参与,与唯美主义主张的私密性形成对比。

② "Experto Crede," *Sunday*, 19 May in 1895.

风。根据当时报纸的报道,公学一度被认为是同性恋者萌芽的温室基地,不管是西蒙兹的《回忆录》(*Memoirs*)还是乔纳森·盖索恩-哈迪(Jonathan Gathorne-Hardy)的《公学现象》(*The Public School Phenomenon*)都对当时英国公立学校中存在的后天同性恋现象有着较为客观和全面的描述。当时的报纸曾就这一现象对当时英国的教育体系提出过质疑:"为我们的政府感到悲哀,正是伟大的英国公立学校制度为其(指同性恋现象的普遍)提供了资源。事实上,骇人听闻的是曾为学生获得高尚的道德教养而建立的教育系统,使得学生在学校和学院期间发生变化,玷污了他们心目中无辜的伙伴和纯洁优雅的家庭生活。"① 由于英国公校一直以来就存在的寄宿制、级长制以及封闭式管理制度,同性恋在公校中成为公开的秘密。② 一边是贯穿整个世纪对惩罚同性恋者力度虽有减弱但一直存在的法律,一边却是这一群体的广泛存在,报纸在对王尔德事件的连续报道中将这一群体曝光在公众的视野下,并推到了当时舆论的风口浪尖。

受唯美主义互相孤立思想的影响,被舆论架上社会舞台的同性恋者各自孤立,缺乏群体意识,并且无法正确定义自身的社会归属。维多利亚时期"希腊之风"盛行,"古希腊在各个领域被唤醒,被拿来与当时的维多利亚时代作比较,古希腊成为英伦美德的一面镜子,或者说是作为崇拜向往的对象而存在"③。"希腊之爱",即男性之间的特殊亲密关系受到时人的追捧。即使是轰动一时的王尔德事件的当事人也不承认自己是同性恋者。对于自己与道格拉斯的关系,王尔德一直以"友谊"来定义,④而道格拉斯在写给王尔德的诗中称两人的感情是"不敢说出名字的爱"⑤。王尔德性喜周旋于美少年之间,但并不认为这就是"羞耻"的同性恋,他认为这"是一种美好而又

---

① "The Notorious Mr. Wilde," *Sunday*, 14 April in 1895.
② Morris B. Kaplan, *Sodom on the Thames: Sex, Love, and Scandal in Wilde Times*, Ithaca: Cornell University Press, 2005, p.11.
③ Matt Cook, *London and the Culture of Homosexuality, 1885—1914*, New York: Cambridge University Press, 2003, p.124.
④ Oscar Wilde, *De Profundis*, New York: Dover Publications, 1997. 原文以"friendship"多次提及自己与道格拉斯的关系;就现存的资料来看,唯一一次以"love"定义是在王尔德出狱后于1897年8月在法国鲁昂给道格拉斯的信中。
⑤ Lord Alfred Douglas, "Two Loves," https://en.wikisource.org/wiki/Two_Loves_(1894_poem),2016年11月29日。

高尚的感情,这没有什么不自然。它是年长者的智慧在年少者身上的再生,当年长者具有智慧,那么,他面前的年少者就会具有生命中所有的喜悦和欢愉"①。王尔德将自己与年轻男子的关系视为古希腊男性"友谊互助"关系的再现,极端推崇,这是唯美主义在同性关系上的体现,而 80 年代末兴起的民主主义对"希腊之风"进行了再次解读:"维多利亚后期同性恋文人披露古希腊时期的其他资料,他们强调雅典文化中除教育和互助外,还具有之前撇开不谈的压抑性和社会等级制度……雅典男性与美少年、女子和奴隶发生性关系来稳定其作为公民的社会地位,而不是出于教育和交流思想的目的。"②对"希腊之风"的认识影响了这一时期同性恋者对自身社会身份的认知,前期的过分美化和后期的过度抵制使同性恋者对自身身份认知不明确,无法正确定义自身,这也是同性恋者逃避自身性取向的原因之一。

社会公众对同性恋者缺乏了解,不能准确理解"同性恋"这一身份标签代表的含义。1870 年的"斯黛拉和范妮(Stella & Fanny)"事件③最明显的影响是给同性恋者贴上了"异装癖"的标签,"公众并未意识到易装是同性恋者性欲望外露的一个特征,当起诉方控告犯罪者(指斯黛拉和范妮)除不太严重的'有伤风化'的罪名外,还起诉他们犯有'鸡奸'罪这一重罪时,控诉方将异装癖与同性恋联系在了一起"④。二十多年后,这一事件的影响在王尔德事件中仍有体现,譬如,在奥斯卡·王尔德事件中,还有一名与王尔德同罪的被审判者:阿尔弗雷德·泰勒(Alfred Taylor)。泰勒是王尔德的朋友,也是同性恋者,与多名年轻男子交往、同床。在男妓查理斯·帕克的证词中,他曾着女装与一名叫马森(Mason)的男子举行过婚礼,而在对他本人的问讯中,他否认了这场婚礼,但承认自己有扮女子的服装、假发和长袜等。他未与女子结婚、与年轻男子交往密切等与世俗相悖的行为引起周围人的窥视;另外,泰勒的房东对他那间香薰的房间提出质疑。香薰的房

---

① "Testimony of Oscar Wilde," Birgit Wilpers, *The Trials of Oscar Wilde*, p. 31.
② Matt Cook, *London and the Culture of Homosexuality*, 1885—1914, p. 126.
③ "Stella&Fanny"事件是 1870—1871 年发生于英国伦敦的异装癖者被拘捕、庭审后被无罪释放的一系列事件,主人公是出身于英国中上层家庭的 21 岁的 Ernest Boulton 和 Frederick William Park,均为男性,喜欢戏剧表演,时常着女装、戴假发并化妆,出现在伦敦多个公共场所。被捕后被控犯有"鸡奸罪"和"引诱他人参与不法性行为",一年后,两人被无罪释放。
④ Morris B. Kaplan, *Sodom on the Thames: Sex, Love, and Scandal in Wilde Times*, p. 23.

间、着女装和扮女子结婚,当事人的"娘气"表现被判定是同性恋者的特征,可见,公众潜意识里认为"异装癖者＝同性恋者＝变态"。在1895年4月26日到5月1日对王尔德的审判中,证人爱德华·雪莱是一名与王尔德合作的出版商的职员,与王尔德交往甚密,迫于周围人的舆论压力,只能辞职;他的父亲也因此要求他离开家门。① 当时社会将同性恋视为个人德行有损的重要根据,19世纪的伦敦甚至出现了专门敲诈同性恋者的职业,从事这一职业的人被称为"吸血鬼"。王尔德曾因与道格拉斯来往的信件受到过敲诈勒索。

鉴于同性恋者对自身的模糊认知以及所承受的社会压力,他们更倾向于选择避守,以迎合社会大众所认同的道德伦理,这种避守既表现在地理空间上也表现在心理上。在地理空间上,同性恋者远离"祸源",去往他地;心理上,则是选择婚姻,隐瞒自己的性取向。

1895年4月,奥斯卡·王尔德在伦敦接受了审判,被震惊的不止是公众,也有大量同道中人,他们将英国视为"祸源",唯恐避之不及,争相逃往风气相对自由的欧洲大陆。通常,自英国乘船去法国的人员数量相对固定,一天中去法国的乘客只有六十来人,而王尔德被捕的那天却有六百多位先生登上了跨海渡轮。当时事件的亲历者之一英国作家萨默塞特·毛姆(Somerset Maugham)②,也在登船名单上,这一年毛姆21岁,他从十几岁起就知道自己的性取向"不正常",王尔德一案让他坚定了保护隐私的决心。他不止远离了英国,还选择婚姻作为他隐藏性取向的挡箭牌。1917年5月他与赛瑞亚·维尔康姆(Syrie Wellcome)结婚,这段婚姻一直维持到1929年,两人最终离婚。1962年在《星期日快报》上连载自传《回顾》时,他详细描述了对自己唯一一段婚姻的强烈不满。③ 选择婚姻来规避世俗的窥探,毛姆不是特例,在他之前的约翰·爱丁顿·西蒙兹在上公学期间就清楚自己的性取向,但他在纠结中最后还是选择在24岁时与珍妮特·凯瑟琳·诺斯(Janet Catherine North)结婚,婚后他与一名叫诺曼·摩尔

---

① "Testimony of Edward Shelley," Birgit Wilpers, *The Trials of Oscar Wilde*, München: Grin Verlag, 2013, p.16.
② 萨默塞特·毛姆(1874—1965),生前未公开的同性恋者,英国作家,一战期间曾潜入俄国做间谍,著有《月亮与六便士》《面纱》《刀锋》等。
③ http://www.online-literature.com/maugham/,2016年11月30日。

(Norman Moor)的年轻男子保持了四年的情人关系。① 其后他与妻子基本处于分居状态,而与多名男子有暧昧关系。王尔德的男性情人道格拉斯在王尔德死后于1902年与女同性恋者奥利弗·艾琳娜·康斯坦斯(Olive Eleanor Custance)结婚,并育有一子。同性恋者无论选择婚姻与否,都要承受来自社会的各种有形的(主要是法律)和无形的(主要是舆论和周围人的言语刺探)压力。

同性恋者由于性取向是自己的同性,与女子的婚姻并不能转变其性取向,反使其组建的家庭面临危机,婚内出轨、离婚是其婚后主要选择。在王尔德事件之前,英国的《每日电报》就曾在1868年发动了一起持续20年的辩论,其中争议比较激烈的议题是"你选择婚姻还是独身?"和"婚姻=失败?"。② 辩论内容以当时英国社会边缘文化观念为主,对于同性恋问题,在这场辩论中,功利主义占据舆论主流。报纸刊物的舆论引导使得当时英国民众的固有观念产生松动,但婚姻究竟能不能做同性恋者的避风港?显然,答案是否定的。

19世纪英国的同性恋群体虽拥有一定数量的成员,但整体上身份意识未觉醒,会质疑自身存在的合法性和合理性;而出于隐藏"不名誉"身份的需要,他们会伪装成异性恋者选择婚姻,从而将同性恋者推到了道德的对立面。从社会其他成员来说,贴在一个人身上的"Sodoma"标签,还附带其他衍生标签,比如"病患"、"罪犯"、"异装癖"等。民众的目光,经过重重标签的折射,通过语言展现出来,这就是同性恋者在19世纪英国的处境。

结　　语

"历史不是一堆记录在案的数据,也不是一串被记载下来的事实的堆砌,它是一系列相互冲突的争论。这样,关于一个事件的实际意蕴,一个偶发事件究竟发生了什么以及如何最准确地概括这个事件,这些争论在历史

---

① William Somerset Maugham, *Of Human Bondage*, London: Longman Group UK Ltd, 1982, p. 53.

② John Stokes, *Oscar Wilde: Myths, Miracles, and Imitations*, New York: Cambridge University Press, 1996, pp. 58—59.

的解释中属于最有价值的核心内容。"① 从奥斯卡·王尔德事件透析 19 世纪的英国同性恋者,生活环境受传统社会标准的束缚,主要表现在两个方面:一方面是法律和医学设定的对同性恋的惩罚标准,这一标准时有变动;另一方面是社会世俗道德舆论设定的无形的评判准绳。而这两方面都向同性恋者施加压力。生活在这一框架中的同性恋者,要么选择结婚,暂时与社会世俗道德舆论这条线平行,但他们在接受婚姻的庇护的同时,又在破坏生存在这条线上的"家庭"这一基本单位,进而对社会世俗道德舆论产生不良影响;要么触及法律的底线,接受法律的审判。没有能够不受这两方面约束的同性恋者。

这一时期的英国同性恋者虽拥有一定的群体数量,却又被困在由宗教和法律以及不甚发达的医学理论所围成的狭窄空间中,被单方面评价和歧视。而将同性恋者困于这种境地的是当时英国的社会体制。英国信仰基督教的历史悠久,社会伦理道德处于新旧体系更替之间,其中旧的体系传承自封建社会,新的体系正在构建中,基础不稳定,时有消长。在以上两者基础上形成的社会舆论和主流思想视同性恋者为"异类";与英国公学教育体系造成同性恋群体数量增加同步的是,英国法律逐步增强对同性恋群体的压制,两个相反矢量的逆向激增,必将导致激烈的社会矛盾,而奥斯卡·王尔德事件是社会矛盾发展的高潮。作为维多利亚时代后期社会一系列丑闻的集合体,"(它)就像一个万花筒,将之前(指 19 世纪 70 年代至 90 年代的社会丑闻)暴露出来的所有因素经过少量变动,以新的构造呈现在公众面前"。② 在奥斯卡·王尔德事件之后,英国同性恋群体开始摆脱 19 世纪的压抑处境,寻求突破。

同性恋者作为社会群体的成员,其本身不应成为也从来就不是社会问题的制造者。奥斯卡·王尔德事件的出现是英国社会多种意识形态演变的必然结果。值得注意的是,在同性恋者群体回归社会体制的过程中,19 世纪的英国政府不能正视同性恋现象,而是镇之以法,这是王尔德事件发生的主因,并由此产生相关社会问题(例如,同妻);20 世纪后半叶,随着社会意

---

① 罗宾·W. 温克著,丛日云译:"序言·历史的价值",丛日云主编:《牛津欧洲史》(第 1 卷),长春:吉林出版集团有限责任公司,2009 年,第 1 页。

② Morris B. Kaplan, *Sodom on the Thames: Sex, Love, and Scandal in Wilde Times*, p. 225.

识对同性恋看法的客观扭转,政府开始直视这一社会现象,进而颁布一系列法令"赦免"同性恋群体,相应的社会问题也得以逐步缓解。奥斯卡·王尔德事件是英国同性恋史上具有里程碑意义的事件,这一事件引起了后来社会各界学者的反思,其历史影响未因时间的推进而消退。

〔王海玉,英国牛津布卢克斯大学博士研究生,牛津 OX3 0BP〕

1793年费城黄热病期间的种族歧视与非裔美国人群体身份的形成

张 琪

摘 要：1793年费城黄热病期间，在市民大量逃离的情况下，非裔美国人群体承担起护理病人和埋葬死者的重任。然而，疫情消退后，由于固有的种族歧视，非裔群体遭到以马修·凯里为代表的白人社会的指责，阿布萨隆·琼斯和理查德·艾伦写作《叙事》进行驳斥，在这个争辩过程中，非裔美国人群体身份逐渐形成。

关键词：1793年费城黄热病 种族歧视 非裔美国人 群体身份

对于1793年费城黄热病的研究，国内尚处于起步阶段，[①]而美国学者从医学、道德、政治、报刊和城市社会等各个方面进行了深入发掘，以阐明18世纪晚期美国生活的不同方面。[②] 然而，在黄热病期间发挥重大作用的

[①] 国内对费城黄热病的研究目前仅有三篇论文，参见李强国：《1793年费城黄热病大瘟疫研究》，硕士学位论文，陕西师范大学，2017年；余凤高：《黄热病的征服者》，《世界文化》2017年第11期；张国琭：《1793年费城黄热病与黑人循道派的兴起》，《全球史评论》2018年第1期。

[②] 参见 J. H. Powell, *Bring Out Your Dead: The Great Plague of Yellow Fever in Philadelphia in 1793*, Philadelphia: University of Pennsylvania Press, 1996; Anita Marie DeClue, *Living in Fear of the Pale Faced Messenger: the Private and Public Responses to Yellow Fever in Philadelphia, 1793—1799*, Montana: Montana State University, 2001; Jacquelyn C. Miller, "An 'Uncommon Tranquility of Mind': Emotional Self-Control and the Construction of a Middle Class Identity in Eighteenth Century, Philadelphia," *Journal of Social History*, Vol. 30, No. 1, 1996, pp. 129—148; Martin S. Pernick, "Politics, Parties, and Pestilence: Epidemic Yellow Fever in Philadelphia and the Rise of the First Party System," *The William and Mary Quarterly*, vol. 29, no. 4, 1972, pp. 559—586; Eve Kornfield, "Crisis in the Capital: The Cultural Significance of Philadelphia's Great Yellow Fever Epidemic," *Pennsylvania History: A Journal of Mid-Atlantic Studies*, vol. 51, no. 3, 1984, pp. 189—205; Mark A. Smith, "Andrew Brown's 'Earnest Endeavor': The Federal Gazette's Role in Philadelphia's Yellow Fever Epidemic of 1793," *The Pennsylvania Magazine of History and Biography*, vol. 120, no. 4, 1996, pp. 321—342; Chris Holmes, "Benjamin Rush and the Yellow Fever," *Bulletin of the History of Medicine*, vol. 40, no. 3, 1966, pp. 246—263.

非裔美国人却被相对忽视,除部分专著中的简要叙述和少量相关论文外,[1]鲜有研究涉及非裔美国人在1793年黄热病期间的工作。费城黄热病期间,在许多居民甚至政府官员纷纷逃离城市、留下大量无人照料的病员和尸体时,非裔美国人群体主动承担起护理病人和埋葬死者的工作,在付出巨大牺牲的同时,希望所有的努力都能够换来白人社会对他们的尊重。但这些已经遭受种族歧视的非裔群体,在疫情消退后却受到不公正的指控。为此,非裔美国人群体领袖阿布萨隆·琼斯和理查德·艾伦写作《1793年费城晚期可怕灾难期间的黑人诉讼叙事》加以回应,[2]尤其是对马修·凯里进行了驳斥,[3]在这个过程中非裔群体身份的认同逐渐形成,早期非裔美国人寻求解放的个人努力也被纳入非裔群体的行动框架之下。本文试图以《叙事》为中心,对费城黄热病期间的种族歧视与非裔群体身份的形成进行考察,从而为国内黄热病的研究提供更全面和丰富的认识。

一、黄热病对费城的侵袭

到1793年,宾夕法尼亚州的费城是美国最大的城市,同时也是这个新生国家的首都,更是美国最繁忙的港口之一。单单这一座城市中,就有

---

[1] Jacquelyn C. Miller, "The Wages of Blackness: African American Workers and the Meanings of Race during Philadelphia's 1793 Yellow Fever Epidemic," *The Pennsylvania Magazine of History and Biography*, Vol. 129, No. 2, 2005, pp. 163—194; Jacqueline Bacon, "Rhetoric and Identity in Absalom Jones and Richard Allen's 'Narrative of the Proceedings of the Black People, during the Late Awful Calamity in Philadelphia'," *The Pennsylvania Magazine of History and Biography*, vol. 125, no. 1/2, 2001, pp. 61—90; Thomas E. Will, "Liberalism, Republicanism, and Philadelphia's Black Elite in the Early Republic: The Social Thought of Absalom Jones and Richard Allen," *Pennsylvania History: A Journal of Mid-Atlantic Studies*, vol. 69, no. 4, 2002, pp. 558—576.

[2] Richard Allen and Absalom Jones, *A Narrative of the Proceedings of the Black People, during the Late Awful Calamity in Philadelphia, in the Year 1793: And a Refutation of Some Censures, Thrown upon Them in Some Late Publications*, Philadelphia: William W. Woodward, 1794. 以下简称为《叙事》。

[3] 马修·凯里(Mathew Carey)在18世纪90年代积极参与费城的政治活动,是美国当时主要的出版商,也是《美国博物馆》杂志的编辑,该杂志是美国18世纪最有影响力的杂志之一。凯里拥有广泛的影响力以及与公众频繁接触的机会,因而他的指责对非裔美国人来说尤其具有威胁性。

55000名居民,有德国人、法国人,还有大约2500名非裔美国人(包括自由人和奴隶)。每年大约都有2500人出生,1400人不出意料地会死去,但在这一年的年末死亡率却迅速增长。虽然居民众多,但费城也是最杰出和最富有公民,如托马斯·杰斐逊、乔治·华盛顿和亚历山大·汉密尔顿等的家园。然而,根据现代美国人的标准来看,18世纪后期的费城不仅不适合容纳许多重要人物,并且卫生环境也十分堪忧:

> 费城是一个低矮平稳的小城,是所有美国海岸中最炎热潮湿的,时人认为,甚至比查尔斯顿、萨凡纳或者西印度的城市更热。码头突入河中,切断水流;涌来的潮流将腐烂物堆积到岸边和污泥之中。城市下面是沼泽、湿地,泥坑里充满死水。大部分街道未铺砖。这儿没有良好的排水系统,只有一个下水道,在码头街的蛇纹石下。在市场和第四街道的其他地方,到处挖洞,从排水沟中接水。这些"下水道"呼出一股有毒的臭气,因为死亡的动物和各种令人厌恶的事物都被投入其中不断腐烂。所有的井都很浅,市民不断宣称它们受到了污染。①

1793年的夏天格外炎热和干燥,也加剧了这一环境的劣势。同时,为逃避加勒比地区的政治动荡,许多难民涌入码头区,费城的港口被外来人口和货物淹没。1793年的费城不仅是美国最伟大人物和外籍人士的集中区域,也是各种昆虫聚集的热点地区:困扰码头区域的蚊子和苍蝇数量不断增加。这些最微小的蚊子,似乎是最微不足道的生物,但它们将打断美国宏伟壮丽的伟大时刻。事实上,这个舞台是为一场瘟疫灾难设置的,而其中的演员则毫无防备。

1793年黄热病的到来使费城猝不及防,这种疾病的侵袭使所有人都感到困惑。这座繁荣都市的领导人对折磨费城居民的致命疾病,知道得并不比普通公民更多。据塞缪尔·布雷克回忆:

> 这种混乱很大程度上是我们的环境所陌生的,并且受到了尴尬的对待。它使费城的医生陷入自相矛盾的治疗模式。他们和这个城市的

---

① J. H. Powell, *Bring out Your Dead, the Great Plague of Yellow Fever in 1793*, Philadelphia: University of Pennsylvania Press, 1949, p. xviii.

卫士一样，都遭到突然的袭击。医院和药房都没有做好准备去缓解病人的痛苦。很长一段时间，除了为死者提供棺材并埋葬他们，其他的都无能为力。①

这种对疾病的无能为力使整座城市陷入混乱，引起广泛性的恐慌。首先是大量人口死亡，黄热病在八月份以暴力方式每天夺走10人的生命，而到十月份时每天夺走近百人生命，这种人口的迅速流失加速费城人的逃亡，在本杰明·拉什医生的鼓励下，许多有能力逃离费城的人都离开这座曾经繁华的城市，包括众多费城的领导人。其次，由于大量健康人员的离去，留下的病人处境十分凄凉：

> 许多朋友和亲属离开他们，他们默默无闻地死去。我们发现他们处于各种各样的境地，有的躺在地上，像被血浸透似的，连水也无法喝到，有的躺在床上，穿着衣服，好像已经疲惫不堪，只能躺着休息。从我们找到他们的位置看，一些人好像是（因无人照料）跌落到地板上而死去的。②

即便是健康的人，也出现诸多心理阴影，"许多人认为他们只能死去而不能存活，有些人躺在地板上，为他们的棺材和坟墓量身"；或者由于恐惧感染而出现道德滑坡，例如白人男子将因陷入恐慌而精神失常的妻子推出家门，任其自生自灭；或者对患病的邻居恶语相向，甚至为防止传染，企图提前结束病人的生命；寡妇们只能眼睁睁看着丈夫的尸体而无能为力，因为邻居既不会为其办理丧事，甚至可能连同情都不会有，等等。③

总之，面对黄热病的肆虐，整个费城陷入一片萧索和混乱。由于大量健康人口的逃亡和幸存者恐惧的心理，众多需要护理的病人和亟待埋葬的尸体

---

① Samuel Breck, "Yellow Fever in Philadelphia," in *American History Told by Contemporaries*, edited by Albert Bushnell Hart, Philadelphia: H. E. Scudder, 1929, p. 40.

② Richard Allen and Absalom Jones, *A Narrative of the Proceedings of the Black People, during the Late Awful Calamity in Philadelphia, in the Year 1793: And a Refutation of Some Censures, Thrown upon Them in Some Late Publications*, p. 17.

③ Richard Allen and Absalom Jones, *A Narrative of the Proceedings of the Black People, during the Late Awful Calamity in Philadelphia, in the Year 1793: And a Refutation of Some Censures, Thrown upon Them in Some Late Publications*, pp. 19—20.

无法得到妥善解决,而官员的流失也使得费城的行政陷入瘫痪,面对如此危急的情形,挽救这个垂死城市的,却是之前一直遭受歧视的非裔美国人。

二、种族歧视与非裔美国人的救援

费城暴发黄热病前,白人对非裔美国人的种族歧视就已经十分普遍,如同18世纪末的其他北方城市一样,自由的非裔美国人面对白人的种族主义,他们的自由受到限制。自从1684年150名非洲奴隶被引入费城以来,奴隶制一直是这个城市生活的一部分。1780年,宾夕法尼亚州通过一项逐步废除奴隶制的法案,该法案通过后对那些奴隶进行解放,但命令他们接受服务20年的奴役。到1790年,费城的非裔美国人有2150人,其中1849人是自由人,301人是奴隶。由于移民和解放人口的增加,在接下来的十年里,费城的自由非裔美国人数量大大增加,到1800年已经有6381人。一直以来,费城白人对自由非裔美国人在这座城市的存在都感到十分矛盾,他们不断增加的人数(尤其是在18世纪八九十年代)也加剧了这种焦虑的情绪。作为回应,费城白人在法律和社会层面限制非裔美国人的自由。费城黑人面临契约制度下的奴役、其他雇佣形式的种族歧视、法庭上的不公正待遇,以及被俘虏而再度为奴的持续威胁。即使是支持废除奴隶制的白人,也支持将自由的非裔美国人迁往非洲。尽管革命情绪增加了美国白人对北方和南方奴隶制的焦虑,但结束奴隶制的计划只是暂时的;许多美国白人对废除奴隶制的经济和社会后果感到担忧。18世纪七八十年代的各种著作声称非裔人群天生不如欧洲人,美国白人眼中的种族差异概念变得更加僵化。此外,由于托马斯·杰斐逊与"特殊体制"的个人关系,他表露的上帝对奴隶制罪恶的最终审判的看法,以及他认为自由的非裔美国人低人一等、永远无法与白人和平共处的信念,都证实了18世纪末许多美国白人对奴隶制和种族问题的复杂态度,南北双方皆是如此。[①] 由于种族主义的力量和持续

[①] Jacqueline Bacon, "Rhetoric and Identity in Absalom Jones and Richard Allen's 'Narrative of the Proceedings of the Black People, during the Late Awful Calamity in Philadelphia'," *The Pennsylvania Magazine of History and Biography*, vol. 125, no. 1/2, 2001, p.65.

不断的暴力威胁,不是奴隶的非裔美国人,只是名义上获得自由。他们面临着被邪恶的暴徒绑架并卖为奴隶的可能性,1793年的《逃奴法案》使这一威胁更加严重,该法案拒绝给予被绑架的非裔美国人应有的法律支持。在许多北方的州中,地方政府甚至限制黑人成为居民。

瘟疫前有一个典型的歧视案例。1792年圣乔治卫理公会试图将黑人礼拜者划归新建的隔离区,而以琼斯和艾伦为代表的非裔美国人群体愤而退出,试图募集资金修建黑人教堂。在同情奴隶的本杰明·拉什支持下,琼斯和艾伦在两年的时间里筹集3500美元的捐赠,但当1793年夏天,逃离圣多明各革命的奴隶主开始在费城登陆时,许多白人违背他们支持黑人教会的承诺,转而选择为法国难民设立的救济基金捐款。几天之内,费城居民就向圣多明各奴隶主捐献12000美元。① 捐款数额之巨,募捐速度之快,两者差距之悬殊,费城白人的态度一目了然。而且,白人的种族歧视还延伸到黄热病暴发期间,白人普遍怀有黑人对瘟疫具有免疫性的错误观点,并开始在城里流传"黑人背信弃义是导致黄热病暴发的罪魁祸首"的流言,甚至有人直接表露:"曾经有一次,黑人把毒药放在水泵里,从而引起极大恐慌,据说有人在某些案例中见过他们中的一些人。"②这种种的事例表明,在黄热病暴发前后,费城白人的种族主义的确存在,对非裔美国人的明显歧视就是其表现之一。

与此同时,面对白人社会的歧视,黑人建立了独立的群体组织,例如教会和兄弟团体,1787年琼斯和艾伦建立的自由非洲协会就是其中的典型,它们将在黄热病期间发挥重大作用。当市长马修·克拉克森恳求那些留在费城的人们帮助维护这座城市时,非裔美国人群体奋起应对。具有讽刺意味的是,在一个有色人种被认为是劣等人的时代,来自他们的帮助却没有遭到白人的拒绝。非裔美国人在费城黄热病期间充当志愿者,常常是扮演护士和搬运工的角色,一度忙得不可开交。琼斯和艾伦动员自由黑人把病人送到布什山医院,把尸体送到墓地,挖坟墓,埋葬死者,对受难者进行护理和

---

① Gary B. Nash, "Reverberations of Haiti in the American North: Black Saint Dominguans in Philadelphia," *Pennsylvania History: A Journal of Mid-Atlantic Studies*, Vol. 65, Explorations in Early American Culture, 1998, p.45.

② Paul Preston, "Some Incidents of the Yellow Fever Epidemic of 1793," *The Pennsylvania Magazine of History and Biography*, vol. 38, no. 2, 1914, p.236.

放血。简而言之,非裔美国人承担了最令人痛苦和悲伤的职责。而且,琼斯和艾伦断言,非裔美国人担任护士的人数是白人的"二十倍"。① 虽然我们对瘟疫中作出贡献的非裔美国人的确切人数仍不清楚,但本杰明·拉什证实,非裔美国人在护士和掘墓人中占据相当大的比例。拉什在九月初给妻子的信中写道,"他们为我的大多数病人提供护理"。三周后,拉什终于意识到,黄热病同时困扰着白人和黑人,当他焦急地说"如果这种混乱继续在他们中间蔓延,我们受难者的处理是否有人员能填补"时,他实际上承认了非裔志愿者和工作者的重要性。另一位费城白人在九月份写的文章中呼应了拉什的观点:"的确,如果没有黑人,我不知道人们会做什么,因为他们是重要的护士。"琼斯和艾伦发挥的作用尤为突出。拉什在他的私人信件中指出,琼斯"不屈不挠"地说服非裔护士,"往往在没有最低补偿的情况下,牺牲整晚的睡眠",而艾伦"在履行与埋葬死者有关的哀悼职责中是非常有用的"。拉什继续说道,两个人"到有病的穷人中去,给他们服泻,帮他们放血,他们今天告诉我,通过这些手段,已经有两三百人恢复健康"②。在疫情消退后,费城市长马修·克拉克森称赞他们的表现:

> 在恶性疾病盛行的晚期,人们几乎每天都有机会看到阿布萨隆·琼斯和理查德·艾伦的身影,以及他们雇佣来埋葬死者的人。我很高兴地证明我赞同他们的话语,到目前为止,与我所看到的都是一致的。他们的勤劳、专注和端庄的举止,在当时给了我很大的满足感。③

然而,护理工作是极其艰巨和复杂的,甚至会冒着生命危险,琼斯和艾伦后

---

① Richard Allen and Absalom Jones, *A Narrative of the Proceedings of the Black People, during the Late Awful Calamity in Philadelphia, in the Year 1793: And a Refutation of Some Censures, Thrown upon Them in Some Late Publications*, p. 13.

② Thomas E. Will, "Liberalism, Republicanism, and Philadelphia's Black Elite in the Early Republic: The Social Thought of Absalom Jones and Richard Allen," *Pennsylvania History: A Journal of Mid-Atlantic Studies*, vol. 69, no. 4, 2002, p. 564.

③ Richard Allen and Absalom Jones, *A Narrative of the Proceedings of the Black People, during the Late Awful Calamity in Philadelphia, in the Year 1793: And a Refutation of Some Censures, Thrown upon Them in Some Late Publications*, p. 23.

来在他们的《叙事》中写道：

> 在许多情况下，护士的处境是值得同情的：病人怒气冲冲，令人毛骨悚然。经常需要两个人来阻止他们逃跑；其他人试图跳出窗户；在许多房间里，窗户被钉死，门被锁住，以防止他们逃跑或扭断脖子；另一些人吐血，吓得尖叫发抖。就这样，许多护士孤身一人，直到病人去世；然后又把他们叫到另一处不幸之地，因此，在一周或十天的时间里，他们只能尽自己最大的努力，没有足够的休息，他们中的许多人当时有一些最亲密的亲戚生病了，当他们一直在为白人服务时，他们的丈夫、妻子、父亲、母亲都在忍受着物资匮乏的折磨。我们提到这一点是为了说明这与一般情况下护理的不同之处。我们和白人遭受同样的苦难；我们的苦难是巨大的，但对白人来说却是未知的。很少有白人关注我们，而黑人却在为他人服务……（这期间）我们中死亡人数增加了四倍多。①

非裔美国群体的贡献是不容忽视的，因为人们常常认为白人群体的成员是如此的害怕，以至于他们无法帮助自己的家庭，更不用说他们的费城同胞。琼斯和艾伦在《叙事》中承认："我们不情愿地唤起人们的注意，在许多情况下，个人力量会对同胞产生帮助，然而由于时代的恐怖，这些机会被忽略了。"家庭成员互相抛弃——丈夫抛弃妻子；父母舍弃孩子；兄弟姐妹相互叛离。由于对死亡的恐惧和对这种疾病的惧怕，甚至连领导人和医生都感到困惑，而公众要依靠他们才能得到答案和解脱。然而，琼斯和艾伦断言，"我们找到了向前走的理由，相信上帝，他能在燃烧的烈火中保持清白，明智地认为我们有责任尽一切可能为我们受苦的同胞做好事"。②

---

① Richard Allen and Absalom Jones, *A Narrative of the Proceedings of the Black People, during the Late Awful Calamity in Philadelphia, in the Year 1793: And a Refutation of Some Censures, Thrown upon Them in Some Late Publications*, pp. 14—15.

② Richard Allen and Absalom Jones, *A Narrative of the Proceedings of the Black People, during the Late Awful Calamity in Philadelphia, in the Year 1793: And a Refutation of Some Censures, Thrown upon Them in Some Late Publications*, p. 3.

非裔美国人社团在费城黄热病期间之所以显得如此重要，不仅是因为他们的巨大贡献，而且是因为他们愿意奉献的精神。在他们帮助那些将其束缚在奴役和压迫之下的白人却没有任何回报时，这种默默付出的精神就显得尤为珍贵。

三、《叙事》与非裔群体身份的形成

然而，这些在瘟疫期间默默奉献的非裔群体，在疫情消退后，得到更多的不是赞扬与自由，而是无端的指责与诽谤。非裔群体领袖琼斯和艾伦写作《叙事》对这些错误指责进行驳斥，通过弱化个人成就而突出非裔群体的方式，促成非裔群体身份的形成。

非裔美国人群体最主要的批评者之一是印刷业的精英马修·凯里，其出版的《恶性发烧简报》讲述了许多他所遇到的受害者的故事，但也渗透了他对非裔群体的种族歧视。① 通过他对非裔美国人群体的批评，不难发现费城普遍存在着种族偏见，一旦疫情消退，人们很容易指责非裔美国人的不法行为。例如，白人护士和志愿者因在1793年黄热病疫情等灾难期间留守费城而受到赞扬，但是费城的白人公民却没有优雅地称赞那些帮助病人、常常没有报酬的非裔美国人。即使是凯里，他赞扬在瘟疫中服务的白人志愿者和留守官员，甚至赞美提供力所能及帮助的贫民，但却错误地指责非裔志愿者存在不道德的敲诈和偷窃行为。凯里在《简报》中自称对瘟疫做了准确的描述，然而在对那些帮助病人的描述中，他保留对白人男性的大部分赞扬，却诋毁许多非裔护士。在他最明确的指责文章中，凯里断言："对护士的巨大需求提供了一个强加的机会，一些最卑劣的黑人急切地抓住这个机会。对于一晚的护理费，他们敲诈两美元，三美元，四美元，甚至五美元，这在平时是一美元都是高薪的工作。他们中的一些人甚至被发现抢劫病人的房子。"但是凯里将琼

---

① Mathew Carey, *A Short Account of the Malignant Fever, Lately Prevalent in Philadelphia: With a Statement of the Proceedings That Took Place on the Subject in Different Parts of the United States*, Philadelphia: Mathew Carey, 1794. 以下简称《简报》。

斯、艾伦和格雷视为例外，形容他们的"服务非常伟大"，"值得公众的感激"。① 为驳斥凯里的错误指控，琼斯和艾伦写作并出版《叙事》，正如他们指出的，"由于部分代表受雇护理病人的人……我们被一些自认为因此受伤的人以及几位受人尊敬的公民的劝告所吸引，向前迈进，宣布事实的真相"。琼斯和艾伦本身是受到包括凯里在内的白人社会所认可和接受的，因而他们进行的驳斥不是站在个人立场，而是为非裔群体发声：

> 凯里先生称赞威廉·格雷和我们，他说我们的服务和其他同类型的人都很好。通过给我们正名，他让其他人处于危险的状态，归类于被称为"最卑劣"的人。少数几个应该受到公众谴责的人被绳之以法，这应该已经足够，而没有必要在他小册子的"琐事"中加以详述；这会使我们更加受到挑剔，我们努力唤起公众对我们的朋友和有色人种的尊敬，因为我们设想，而且经验证明，恶名易得难消除。我们有许多无缘无故的敌人，他们嫉妒我们所享有的自由，乐于听到对我们肤色的任何抱怨，不管是公正的还是不公正的。②

这段话的力量来源于他们将个体成就纳入非裔群体框架之下所进行的考量。首先，艾伦和琼斯提到凯里对他们的赞扬，建立了他们作为个人的信誉。他们不仅被一位有影响力的白人公民承认为社会上正直的一员，而且也没有受到人身攻击，因此不用为私人理由辩护。与此同时，他们展示了自己与其他非裔美国人的根本联系。正如他们为"有色人种"辩护的普遍主张所揭示的那样，他们与所捍卫的人紧密结合在一起。他们暗示，由于"无端敌人"的攻击会影响到整个社会，他们将遭受与其他非裔美国人一样的"恶名"后果。琼斯和艾伦在个人声誉和群体成员身份之间的平衡，突出了非裔美国人整体在白人社会中的地位，非裔群体的声誉会影响到个体的发

---

① Mathew Carey, *A Short Account of the Malignant Fever, Lately Prevalent in Philadelphia: With a Statement of the Proceedings That Took Place on the Subject in Different Parts of the United States*, pp. 63, 78—79.

② Richard Allen and Absalom Jones, *A Narrative of the Proceedings of the Black People, during the Late Awful Calamity in Philadelphia, in the Year 1793: And a Refutation of Some Censures, Thrown upon Them in Some Late Publications*, pp. 3, 12—13.

展。在白人社会中，个人和群体是不可避免地交织在一起的。因为所有黑人都不可避免地被白人社会根据他们种族中的其他人所做的事来评判，所以对群体中任何人的侮辱都会影响到所有其他人。

琼斯和艾伦在他们的《叙事》中明确说明了这一点。在讨论凯里对非裔美国人行为的"片面"描述中所固有的问题时，他们说：

> 从局部行为中理解我们，将会造成许多不良后果，它会损害一般民众对我们的看法；因为一个人不可能知道所有的事情；因此，在将来的某一天，出于最值得赞扬的动机而为病人服务的一些最有道德的人，可能会在为一个对他或她来说是陌生的家庭服务时，被人们发现这是一个被污名化的可怜虫，我们可以设想的结果会是什么呢？认为这个人会受到厌恶、鄙视，甚至可能被解雇，这对他们极为不利。这难道不合理吗？这不是很难吗？难道我们没有足够理由寻求赔偿吗？①

对白人社会的成员来说，对这样一个令人憎恶的种族落井下石是很容易的，但是提振非裔群体的声誉却极其不易。在《叙事》中，艾伦和琼斯没有断言他们是毫无瑕疵的，他们认为，部分非裔美国人确实存在不法行为，但只是少数个例，没有必要反复叙述并将其扩大化，不应影响到整个非裔群体的声誉。如果白人能发现黑人群体的过错，他们就应该承担起自己的责任。为了证明凯里对黑人的指责是片面且带有主观色彩的，并且会损害整个非裔群体的社会声誉和发展，艾伦和琼斯说："我们可以向公众保证，在偷窃行为中发现的白人和黑人一样多，尽管后者被聘为护士的人数是前者的二十倍。而且我们认为，倾向于这种做法的白人和黑人比例相当。"②

此外，琼斯和艾伦在《叙事》中试图淡化非裔个体，突出非裔群体意识，强调把个人的努力放在一个群体框架中。针对凯里的指控，他们提供了瘟

---

① Richard Allen and Absalom Jones, *A Narrative of the Proceedings of the Black People, during the Late Awful Calamity in Philadelphia, in the Year 1793: And a Refutation of Some Censures, Thrown upon Them in Some Late Publications*, p. 10.

② Richard Allen and Absalom Jones, *A Narrative of the Proceedings of the Black People, during the Late Awful Calamity in Philadelphia, in the Year 1793: And a Refutation of Some Censures, Thrown upon Them in Some Late Publications*, pp. 13—14.

疫期间许多非裔美国人无私奉献的例子，展示了非裔美国人个体身份和群体身份之间的相互作用，例如：

> 一个叫桑普森的贫穷黑人经常挨家挨户地走来走去，提供任何帮助，没有费用，也没有报酬。
> 一位年长的黑人妇女对病人悉心照料……
> 一天晚上，一位年轻的黑人妇女被请来看望一位身患重病的白人男子和他的妻子……
> 吉尔平寡妇家的一个黑人小伙子……以最诚实和最迅速的方式处理事务……
> 一位照顾大卫·培根的黑人妇女，堪称温和的典范。

诸如此类的称呼，例如"一个贫穷的黑人"、"一位贫穷的黑寡妇"、"一个黑人少年"等等在《叙事》中屡见不鲜，这些做出贡献的个人并没有使用全名，而是笼统地涵括在"黑人"这一大的集体框架之下。值得注意的是，琼斯和艾伦不太强调这些人的个人成就，而偏向于提升他们的群体认同。尽管他们给出一些黑人的全名，例如"萨拉·巴斯"、"玛丽·斯科特"，也给出一些具体事迹，例如卡法尔·克拉查尔主动为病人提供服务，并说："我不会拿你的钱，我不会为了钱而出卖我的生命。"①但大多数人只是以他们的第一个名字或匿名者来称呼，突出个人的成就确实能更具体、更真实地反映非裔美国人的作用，但对于一个受到歧视的群体而言，个人的解脱和声誉是远远不够的，所以必须要将个人的成就纳入群体的概念之中，使白人社会意识到是整个非裔群体在瘟疫中发挥重大作用，整个非裔群体值得赞扬和认可。而且，《叙事》中多以"我们"为第一人称，并非仅仅指代作者本身，而是整个非裔群体，这种群体性的称呼不仅能加强黑人内部的团结，也使得非裔群体对外拥有一致的声音。然后，琼斯和艾伦证明，非裔美国人不仅作为个人行事，而且是具有群体目标的更大集体的一部分。他们揭示了非裔美国人群

---

① Richard Allen and Absalom Jones, *A Narrative of the Proceedings of the Black People, during the Late Awful Calamity in Philadelphia, in the Year 1793: And a Refutation of Some Censures, Thrown upon Them in Some Late Publications*, pp. 11—12.

体的结构和力量,它能够动员一支黑人志愿者的力量,在动乱时期为白人提供服务,在证明非裔群体对社会的贡献时,也将整个非裔美国人作为一个整体,与白人社会进行互动。

最后,宗教在瘟疫中也促成了非裔美国人群体身份的形成。非裔美国人依靠圣经中犹太人的困境和美国奴隶之间强烈的相似之处进行比对,认为就像《旧约》中长期受苦的犹太人一样,非裔美国人最终会被上帝证明是正确的。贯穿整个《叙事》,琼斯和艾伦都在用神圣的目的来描述非裔护士的服务,非裔美国人在瘟疫期间扮演了"天选之子"的角色。他们断言,"主赐给我们充足的力量,除去我们一切的恐惧",[1]他们对上帝保护的信任,导致他们在瘟疫流行之初与白人领导人接触时,请求非裔美国人为白人服务。他们把这种服务描述为神圣计划的一部分,在这个计划中,非裔美国人被称为"上帝手中的工具,拯救数百他们受苦同胞的生命"。同样,他们引用一个非裔美国护士的服务经历来说明宗教信仰的力量:她不接受其服务的白人夫妇的财物,用她的话说,"我不会为钱而去服务,如果我为了钱而去,上帝会看到,也许会让我饱受混乱而死,但如果我去服务而不拿钱,他可能会饶了我的性命"。值得注意的是,她后来得病,却"幸免于"瘟疫,这成全了她信仰的力量。[2] 在琼斯和艾伦的《叙事》中,非裔美国人在瘟疫中扮演着独特的角色,因此所有的非裔美国人都与费城白人的命运有着根本的联系,非裔群体尽管在瘟疫中受难,但为白人同胞的付出会得到上帝的认可,并最终带来自由的解放。他们被上帝召唤去服务白人,他们是"天选之子",他们对美国社会的贡献是独一无二的。这种在磨难中作为"天选之子"的共同宗教情绪也加强了非裔群体的自我认同,从而促成其群体身份的形成。

综上所述,1793 年费城黄热病期间,在白人大量逃离城市、留守者又出于恐惧心理而无暇他顾时,是一直遭受歧视的非裔美国人群体挺身而出,主动承担起护理病人和埋葬死者的重任。然而,疫情消退后,非裔美国人得到

---

[1] Richard Allen and Absalom Jones, *A Narrative of the Proceedings of the Black People, during the Late Awful Calamity in Philadelphia, in the Year 1793: And a Refutation of Some Censures, Thrown upon Them in Some Late Publications*, p. 4.

[2] Richard Allen and Absalom Jones, *A Narrative of the Proceedings of the Black People, during the Late Awful Calamity in Philadelphia, in the Year 1793: And a Refutation of Some Censures, Thrown upon Them in Some Late Publications*, pp. 11—12.

更多的是指责与诽谤,尤其是凯里的《简报》造成恶劣的社会影响。于是,艾伦和琼斯写作《叙事》进行驳斥。在《叙事》中,他们通过将个人行为纳入群体框架之下,用非裔群体的一致声音与白人社会进行互动,用宗教鼓舞非裔美国人参与服务,并形成共同受难的"天选之子"的群体认同感,进而促成了非裔群体身份的形成。

白人在疫情结束后对非裔团体所做的事,在《叙事》中有精妙概括:

> 上帝和战士,所有人都崇拜,
> 在战争时期,而不是战争之前;
> 当战争结束,一切都恢复正常,
> 上帝被遗忘,战士消失了。①

然而,这一次的非裔美国人群体不再甘当"幕后战士",而是作为一个群体发出自己的声音,瘟疫下的种族歧视促成了非裔群体的自我认同和自我觉醒,并且为19世纪的黑人争取自由和公民权利奠定了坚实基础。

〔张琪,江苏省常州市第三中学,常州 213000〕

---

① Richard Allen and Absalom Jones, *A Narrative of the Proceedings of the Black People, during the Late Awful Calamity in Philadelphia, in the Year* 1793: *And a Refutation of Some Censures, Thrown upon Them in Some Late Publications*, p. 20.

真实与虚化：论 1894 年香港鼠疫期间中英报刊报道之歧异

张 茜

摘 要：1894 年香港鼠疫造成大量人口死亡和严重经济损失。本文选取《泰晤士报》和《申报》作为中英报刊的代表，通过不同报刊围绕这一事件的报道，分析其中所见中国人形象之差异。在《泰晤士报》中，野蛮、无能、愚昧、迷信成为描述中国人形象的关键词，对比《申报》所体现的中国人形象，二者有不同之处。究其原因主要是中西疾病防治观念的差异、中西风俗习惯的不同、西方殖民主义的立场和态度。中英报刊对中国人形象的构建，皆有真实与虚化的成分，以《泰晤士报》为代表的英国报刊所勾勒形象一定意义上是"他者"想象基础上自我构建的结果，以《申报》为代表的中国报刊所呈现形象则是中西文化交流与碰撞的产物。

关键词：中国人形象 《泰晤士报》《申报》 香港鼠疫

目前国内学界对 1894 年香港鼠疫的研究，多集中于社会应对措施方面，①但我们从现有研究中亦可窥见不同学者笔下的中国人形象。概括来说，华人呈现出固执守旧、愚昧无知与积极能干并存的形象。固执守旧主要体现在：华人普遍排斥西医治疗，要求回乡医治；为逃避专人定时定点用石灰埋葬死者，秘密弃尸街头；妇女认为搜查熏洗屋宇与传统廉耻观不

---

① 代表性成果有曹树基：《1894 年鼠疫大流行中的广州、香港和上海》，《上海交通大学学报(哲学社会科学版)》2005 年第 4 期；张晓辉、苏新华：《1894 年香港鼠疫的应对机制》，《广西社会科学》2005 年第 10 期；苏新华：《清末穗港鼠疫与社会应对措施(1894—1911)》，硕士学位论文，暨南大学历史系，2006 年；杨祥银：《公共卫生与 1894 年香港鼠疫研究》，《华中师范大学学报(人文社会科学版)》2010 年第 4 期；杨祥银：《1894 年香港鼠疫谣言与政府应对措施》，《浙江社会科学》2017 年第 6 期；等等。

符,呈递请愿书;等等。愚昧无知表现在:传染病肆虐之时,作为普通民众,部分华人采取逃避的方式悄然返乡,作为官方,广东政府竟公开允许在港华人患者回省,人口的频繁流动加剧了鼠疫传播;在港华人为抵制西人制造了大量谣言,部分华人对此谣言深信不疑;华人采用一些迷信方式希望达到祛疫迎祥的目的。积极能干则主要表现在东华医院在鼠疫防治中的重要作用,一方面承担救治华人患者的责任,另一方面协调在港华人与港英政府的关系。需注意的是,以上形象并非一成不变,"民众由惊恐到自发采取隔离、消毒等防疫措施"①体现了从固执守旧到理性包容的转变。同时,对于"愚昧无知"这一形象要将其置于社会环境下考察,不能一概而论,杨祥银指出,"这些谣言在某种程度上也是华人社会对抗殖民政府不断干预以及由此造成的不安与恐惧的一种报复性或保护性反应,不能简单地以愚昧或荒谬一言以蔽之"②。

基于以上对19世纪末中国人形象的认识,本文将从形象这一角度切入,选取《泰晤士报》和《申报》作为中英报刊的代表,分析1894年香港鼠疫期间中英报刊所见中国人形象之差异,探究其中的"真实"与"虚化",以及不同形象被建构的原因,以期对近代中英报刊中的中国人形象、中西关系有进一步认识。同时,在目前全球化的背景下,国家之间的交流更为密切,交往除受最基本的国家利益驱动之外,国家形象及该国人民的形象对于交往的影响也不可小觑。探究近代中英报刊中的中国人形象,对我国树立更好的"中国形象""中国人形象"也有一定的积极意义。

一、1894年香港鼠疫概述

1894年发生在香港的这场鼠疫开始于5月初,从广州传入香港。《泰晤士报》报道称,"自5月4日该疾病首次暴发以来,已有1700名中国人死

---

① 参见张晓辉、苏新华:《1894年香港鼠疫的应对机制》,《广西社会科学》2005年第10期,第142—144页。
② 杨祥银:《1894年香港鼠疫谣言与政府应对措施》,《浙江社会科学》2017年第6期,第107页。

于此病"①,"鼠疫今年在广州出现,无疑与其传染性增强有关,从而利于它从北海传播,并进一步从广州传播至香港"②。中国的《申报》也对香港鼠疫一事进行了连续报道,同样认为这场鼠疫传自广东,5 月 15 日首次报道该事件,"香港华人,近得一病,时时身上发肿,不一日即毙。其病起于粤省及北海,近始蔓延而至,每日病者约三十人,死至十七八人,说者谓天时亢旱,以致二竖为灾。若得屏翳惠临,此疾庶几可免乎"③。这次香港鼠疫以太平山一带最为严重,太平山区为华人聚居区,卫生条件恶劣。《申报》有报道称,"曾有一屋经洁净人员搜出污秽之物四车,似非一朝一夕所能积者"④。患疫之人症状为"突然发烧,伴随着头痛、口渴和昏迷,有时出现吐血现象,或在身体上出现斑点"⑤,病情发展迅速,若不及时救治,病人 3—5 天会病发而亡。

面对来势汹汹的鼠疫,洁净局举行了一次特别会议,宣布该港口受到感染。疫情之下,总督会同行政局有权发布一项公告,可在不经立法机构审批的情况下授权采取适当的任何特别行动。⑥ 上述提到的公告即为《香港治疫章程》,港英政府批准并立即实行了洁净局制定的章程,希望以此来遏制鼠疫的进一步肆虐。《章程》共 12 条,其内容大致如下:一、患疫之人无论轻重,须立即到医治船或指定处所就医;二、患者尸骸须埋葬于指定之处;三、及时向最近的差馆或官署报明患疫之人;四、患者迁徙需经洁净局及有执照医生同意;五、洁净局派专人埋葬患者尸骸;六、洁净局派专人逐户进行卫生检查;七、由专人将患疫之人的衣服、床铺等运走,清洗后交回原主;八、经洁净局委员或有照医生看过不能清洗干净的衣物、家私等,则将其烧毁;九、患者之屋,清洁消毒后才能入住;十、若屋子经有照医士看过不能清洗干净,屋内之人及物品等要迁到指定地点;十一、不论公私厕所,每日洗洒两次;十二、洁净局推举三人全权负责治疫之事。⑦《香港治疫章程》涉及患疫之人的救治与隔离、患者尸骸安置、对疫区的检查与消毒、对厕所的清洗规定以及负责治疫工作

---

① *The Times* (London, England), June 15, 1894, Issue 34291, p. 8.
② *The Times* (London, England), August 28, 1894, Issue 34354, p. 7.
③ 《香港多疾》,《申报》1894 年 5 月 15 日,第 2 版。
④ 《香港疫耗》,《申报》1894 年 6 月 5 日,第 1 版。
⑤ *The Times* (London, England), June 15, 1894, Issue 34291, p. 8.
⑥ *The Times* (London, England), August 28, 1894, Issue 34354, p. 6.
⑦ 参见《香港治疫章程》,《申报》1894 年 5 月 22 日,第 10 版。

人员的具体安排等。总体来说，该章程是比较完备的，并得到严格执行。

《泰晤士报》对于鼠疫所造成的新增病例、一定时期内的总死亡人数等数据进行了跟踪报道。5月14日宣布，在过去三天里，瘟疫造成50至100人死亡。① 6月13日的报道显示，截至当日共有1500人因鼠疫死亡，且每天都有近百人死亡。② 6月16日总死亡人数增加至1900人。③ 仅三天的时间，死亡总人数就已增加400人，每日死亡人数超过百人。6月20日当天有46人死亡，④较之前每天百人左右的死亡人数，6月下旬情况似乎开始向好的方向发展。报道称，7月3日情况已有所改善，死于鼠疫的总人数为2298人。⑤ 截至8月23日，总死亡人数为2556人。⑥ 8月29日，殖民地部收到香港总督的信，信中说瘟疫造成的总死亡人数为2560人。⑦ 由此可看出，香港瘟疫流行高峰在5月和6月，到7月情况已好转，8月鼠疫明显得到控制。关于1894年香港鼠疫造成的死亡总人数，通过学者们的统计，以及对比其他研究成果，《泰晤士报》与《申报》所报道的死亡总人数相近，比较符合现实情况，具有一定的参考价值。有学者根据1894年《申报》有关香港鼠疫新增病例、死亡病例、留院治疗病例、死亡总病例等指标的统计，认为1894年香港鼠疫，共死亡2378人，若加上留院治疗患者当中的不治者，死亡总数在2550人左右是比较可信的。⑧《九龙海关志》记录1894年5月10日，香港宣布为鼠疫疫区，8月份疫情逐渐消失，因疫病死亡的达2552人。⑨ 不断攀升的高死亡率，令人们在疾病面前显得无能为力，对疾病与死亡的恐惧致使许多华人纷纷离港。据《泰晤士报》6月13日报道，本地人口有一半离开香港，共有10万人，每天都有数千人离开。⑩ 因大量华人突然离港，香港因劳工紧缺导致工业生产、建设工程、货物装载等受到极大影响。

---

① *The Times* (London, England), August 28, 1894, Issue 34354, p. 6.
② *The Times* (London, England), June 13, 1894, Issue 34289, p. 5.
③ *The Times* (London, England), June 18, 1894, Issue 34293, p. 5.
④ *The Times* (London, England), June 21, 1894, Issue 34296, p. 10.
⑤ *The Times* (London, England), July 5, 1894, Issue 34308, p. 5.
⑥ *The Times* (London, England), August 24, 1894, Issue 34351, p. 4.
⑦ *The Times* (London, England), August 30, 1894, Issue 34356, p. 7.
⑧ 李永宸、赖文：《1894年香港鼠疫考》，《中华中医药杂志》2005年第1期，第31页。
⑨ 九龙海关编志办公室：《九龙海关志（1887—1990）》，广州：广东人民出版社，1993年，第24页。
⑩ *The Times* (London, England), June 13, 1894, Issue 34289, p. 5.

香港因鼠疫的肆虐经济方面损失严重。该港口遭到世界各地的防疫性抵制,包括亚洲、澳大利亚、美国和欧洲,这意味着失去了大量的贸易。① 在《泰晤士报》有关邮件与航运的报道中,塞得港、亚历山大港、里斯本、西贡、斯德哥尔摩等纷纷对来自香港的轮船进行隔离或严格检查。如西贡明确要求,"来自香港的船只,除非由离港日期起计已过十天,否则不得进入该港口,并会在抵港时接受医疗检查,如有需要,亦会接受消毒。任何直接或间接从(香港)来港的旅客,都不得在这个港口登岸"②。《申报》也多次报道类似情况。不仅如此,各地航运公司的轮船纷纷拒绝载运香港的客货,来往轮船往往尽可能避开香港这个危险的港口。此外,殖民政府用于防疫的费用数额庞大。防疫费用主要包括消毒剂费用、埋葬用的生石灰费用、士兵和外聘医生的报酬,以及其他上千种防疫物品的费用,等等。摧毁受感染地区的实际支出不少于75万美元,或者可以说总花费为100万美元,但1893年该殖民地的总收入仅有200万美元。③ 9月初,④香港对外宣布瘟疫危机解除,这场在香港持续四月有余的鼠疫才告一段落。

二、《泰晤士报》与《申报》所见中国人形象之差异

《泰晤士报》是英国当时影响力最大的报纸之一,《申报》以其丰富的内容和较易接受的价格广泛参与到当时人们的生活之中,同时代其他报纸难以望其项背,故本文特选取上述两种报刊作为中英报刊的代表。《泰晤士报》显现的中国人形象,概括来说是野蛮、无能、愚昧、迷信等,这也是那个时代西方人对中国人的普遍固有印象。对比《申报》该时期的报道,二者所呈现中国人形象存在差异。

(一)《泰晤士报》所见中国人形象

在1894年香港鼠疫这一时代背景下,《泰晤士报》呈现了一些中国人

---

① *The Times* (London, England), August 28, 1894, Issue 34354, p. 6.
② *The Times* (London, England), May 17, 1894, Issue 34266, p. 10.
③ *The Times* (London, England), August 28, 1894, Issue 34354, p. 6.
④ 《泰晤士报》报道,"香港9月3日宣布摆脱瘟疫。"(*The Times* [London, England], September 4, 1894, Issue 34360, p. 3);《申报》报道,"昨日(9月4日)香港来电云,港官已出告示,谓疫气已销除净尽。"(《疫气全消》,《申报》1894年9月5日,第2版)

的新形象,比如"开明的中国医生何启""优秀且认真的学生""劝同胞配合港英政府防疫工作的有勇气的中国人",①等等。一定程度上,这也反映了该报中国人形象的变化趋势。但面对华人的种种行为,西人更多的是难以理解,故这一时期华人固有的负面形象仍是《泰晤士报》报道的主流。

基于对疾病的既有认识,某些在港华人利用迷信的方式来解释和治疗这场令人忧惧不已的鼠疫。比如其将鼠疫的暴发解释为西人干扰风水所致,"对中国人来说,我们设计这个瘟疫的方法是我们邪恶力量的证明;我们造了一条缆车通往山顶!这干扰了风水,阻止了来自南方的良性影响的流动,并造成了邪恶的影响在岛上停滞"②。西人对此种解释难以接受,认为中国人迷信至极。《泰晤士报》对中国人的评价是"一个奇怪的民族,有着令人难以置信的奇怪的观念和偏见","华人关于疾病本身及其原因和治疗方法的看法是荒唐可笑的"。③ 之所以有如此评价,除华人将疾病成因与迷信观念相联外,还在于部分华人面对传染性之强、致死率之高的鼠疫时,并不寻求西医的帮助并积极配合医生治疗,而是将希望寄托于符咒等西方人不能理解的东西。对此《泰晤士报》有具体描述,"当他们虚弱得不能再坚持下去时,或被发现患病并送进医院时,他们把信仰寄托于当地的药材——涂了粉的青蛙,脚趾甲,烧香纸熬制的汤,神圣的符咒,等等。这显然是造成中国和其他国家死亡率差异的唯一原因"④。在西人看来,那些称之为药材的奇怪东西是荒唐可笑的,正是对这些药材可以治病的执念耽误了最佳治愈时间,甚至一些华人在临终时都不曾怀疑药物的可靠性,反而认为自己心不诚则不灵。以上种种行为表现使"愚昧且迷信"成为西人对中国人形象的认定之一。

西人与华人在疾病认识层面的分歧,使得两者的应对行为不同。港英政府制定了较为完备的治疫章程,并强制要求所有在港民众照章行事。但由于该章程部分内容与华人的传统文化习俗相冲突,故华人并未积极配合,甚至强烈反对治疫措施。西人由此认为华人在防治鼠疫方面毫无积极作为。然而,在西人眼中,在港西人并不恐慌,而是通过有组织的和

---

① *The Times* (London, England), August 28, 1894, Issue 34354, p. 6.
② *The Times* (London, England), August 28, 1894, Issue 34354, p. 6.
③ *The Times* (London, England), August 28, 1894, Issue 34354, p. 6.
④ *The Times* (London, England), August 28, 1894, Issue 34354, p. 6.

深思熟虑的努力来避免所面临的危险。① 西人认为,在华人拒绝从事清洁工作、其他劳工又无处可寻的情况下,②以什罗普郡轻步兵团为代表的英军英勇无畏,为香港鼠疫的防治做出了突出贡献。在《泰晤士报》的报道中,这些投身于鼠疫防治一线的英国士兵皆为自愿参与,即使冒着死亡的风险也积极承担防疫工作,且防疫工作卓有成效,"到了7月初,'消毒部队'不仅成功地控制住疾病,而且还在尚未真正暴发疫情的可能地点进行了清洗和消毒工作"。③《泰晤士报》多次赞扬什罗普郡轻步兵团的英勇与奉献精神,④并对这一兵团给予高度评价,"英军什罗普郡轻步兵团可能不是一个精锐部队,但其使香港免于全体受难"⑤。此外,为减少双方之间的冲突,以及给西人患者提供更好的医疗服务,港英当局同意华人患者可在东华医院治疗,并允许东华医院以中医的手段医治患者。但西人对东华医院的医疗能力持否定态度,认为该医院难以承担治疗患者的重任,在那里救治和等待死亡无异。西人对东华医院是这样描述的:"医院人满为患,脏乱不堪,以至于不得不关闭。病人被忽视,数百人死亡。然而,比起我们干净的医院,中国人更喜欢这个害虫屋。"⑥西人希望华人可以积极参与到以治疫章程为指导的防疫中来,听从西人之安排,认清自我之不足,但华人的所作所为显然并未如其所愿,"无能"成为西人对中国人形象的另一界定。

港英政府认为,出于对更多人生命健康的考虑,即使华人反对防疫措施,也坚决不能对"无知且无能"的华人让步。在疫情没有得到充分控制的情况下,其加大强制搜查消毒力度,进一步激化了双方之间的矛盾。再加上一些不利于英国人的言论四起,如英国人伤害了孕妇,挖儿童的眼睛来制药,送进西人医院的人会遭受暴行等,更是成为双方矛盾升级的催化剂,

---

① The Times (London, England), August 28, 1894, Issue 34354, p. 7.
② 参见 The Times (London, England), August 17, 1894, Issue 34345, p. 4; The Times (London, England), August 28, 1894, Issue 34354, p. 6.
③ The Times (London, England), August 28, 1894, Issue 34354, p. 6.
④ 参见 The Times (London, England), July 4, 1894, Issue 34307, p. 6; The Times (London, England), August 17, 1894, Issue 34345, p. 4; The Times (London, England), August 28, 1894, Issue 34354, p. 7; The Times (London, England), November 2, 1894, Issue 34411, p. 5.
⑤ The Times (London, England), August 28, 1894, Issue 34354, p. 6.
⑥ The Times (London, England), August 28, 1894, Issue 34354, p. 6.

最后甚至爆发了正面冲突。《泰晤士报》报道,"中国人拒绝让欧洲人靠近他们……虽然西人尽力进行怀柔,但遭遇到的几乎是血战的宣言;一两名有勇气的中国人劝他们的同胞与政府合作,以应对共同的危险,结果他们遭到围攻、丢石头,几乎被打死;卫生人员在背地里也遭受了攻击。"①在西人看来,"野蛮"的中国人简直不可理喻,对西人的排斥与厌恶使许多人处于失控的边缘,往往倾向用暴力行为而不是理性思考来解决问题。西人举例称,华人对西人进行攻击的事件在中国多地频发,"这足以表明,对西方事物和人民的日益了解并没有减轻华人对西方的敌意"②。华人的一系列过激行为,使在港西人缺乏足够的安全感。与华人的"野蛮"相比,《泰晤士报》中的普通在港西人多是弱势群体的形象,缺乏反抗能力,似乎随时处于激愤、不明事理的中国人的威胁之中。由此,中国人"野蛮"的形象进一步确立和发展。

因中西双方对疾病的认识不同,故在不同观念指导下的应对行为也存在差异。华人把对西人的排斥与恐惧投射到对疾病的解释与防疫行为中,一方面认为这场瘟疫是西人带来的;另一方面普遍反对港英政府的治疫章程,部分华人倾向通过符咒、巫术等方式来抵抗瘟疫。西人认为华人诉诸迷信手段的做法愚昧至极。同时在防治鼠疫的过程中,西人视角下,华人不积极配合,东华医院的救治能力有限,这些都拖累了防治进程。双方之间的矛盾在时间的流逝与措施更严格的执行中加剧,从观念上的不和到行为上的冲突,暴怒的华人在西人眼中成为野蛮的存在。故在西人看来,之前某些西方传教士、商人、旅行者对中国人形象的概括完全正确,"野蛮""无能""愚昧""迷信"毫不意外地又一次成为《泰晤士报》概括与描绘中国人品性的关键词。

(二)《申报》所见中国人形象

《泰晤士报》所描绘的中国人形象,在《申报》中也可找到踪迹。但综合《申报》关于1894年香港鼠疫的整体认识,其所构筑的某些形象与《泰晤士报》又存在不同,不能根据部分中国人的某一所作所为就概括得出具有普遍意义的中国人形象这一结论。

---

① *The Times* (London, England), August 28, 1894, Issue 34354, p. 6.
② *The Times* (London, England), August 28, 1894, Issue 34354, p. 7.

面对这场令人惶惶不安的鼠疫，华人的表现不尽相同。确有华人希望以迷信方式祈求安康，"刻香港华人深恐疫鬼为祟，禀请官长准赛会以禳灾"。① 但部分华人对此做法持批评态度，"华人中虽不乏明理之人，然愚夫愚妇喜佞绅见，每当无可如何之，转信巫觋之谈，延请僧道诵经礼忏，或更张皇耳目赛会迎神，不惜以有用之货财掷之于无益之地"②。双方对迷信方式看法不一，但都不排斥求医问药。总的来说，华人治疫方式为"或在城厢市镇分设施医局，以便患病者就近诊治，或选上等药料制备红灵丹、行军散、辟瘟丹、蟾酥丸等，施送与人"③。求神庇佑多是在求医问药之后病情无明显改善情况下的无奈之举，抑或是面对医药无效、时时处于死亡威胁之下的一种心灵寄托。多数华人只是排斥西方医学，并非讳疾忌医，如《申报》中提到，"香港某甲，东莞人也……迨二十六日其子为疫鬼所缠，翌日女亦同病相怜。甲遂将子女舁往玻璃局医院调治"④。时人对疾病之因的解释中虽还掺杂着迷信成分，但以某甲为代表的华人能够及时将患者送往医院救治。此外，华人虽多次反抗西方公共卫生观念指导下的防疫措施，然而《申报》所刊文章普遍认同此公共卫生观念，赞成洁净局主导的清洁消毒之行为，如"自疫症既起，洁净人员将患疫之屋遍洒药水，此事大有益于民生……秽气熏蒸则疠疾丛生，无怪疫症流行如此其久也"⑤，甚至该报还刊文认为上海应该秉承这种公共卫生观念，并付诸实践。⑥ 部分华人强烈反对的是港英政府强制执行的那些与中国传统习俗相悖的防疫措施，并非对公共卫生观念和治疫措施的全盘否定。《申报》由中国人主执笔政，在当时社会有一定影响力，其对迷信以及西方公共卫生观念的态度，一定程度上表明部分中国人对待传染病具有理性思考的能力，并非皆是愚昧、迷信之人。守旧迷信与开放包容的形象同时存在于彼时华人身上。

虽华人内部存在不同的观念与应对行为，但"尽人事"的努力始终贯穿

---

① 《西人言疫》，《申报》1894年5月17日，第2版。
② 《论中西治疫之不同》，《申报》1894年5月25日，第1版。
③ 《论中西治疫之不同》，《申报》1894年5月25日，第1版。
④ 《西报言疫》，《申报》1894年6月11日，第2版。
⑤ 《香港疫耗》，《申报》1894年6月5日，第1版。
⑥ 参见《防患未然说》，《申报》1894年6月4日，第1版；《续防患未然说》，《申报》1894年6月8日，第1版；《去秽所以祛疫说》，《申报》1894年6月27日，第1版。

于对抗鼠疫的过程中。《申报》多次强调尽人事的重要性,"虽然气运即未可强回,而人事实不可不尽"①。东华医院在对抗鼠疫的过程中发挥了重要作用,是华人"尽人事"的集中体现。因多数华人患者排斥西医和对强制隔离无法接受,故选择前往东华医院治疗疾病。后来玻璃厂医院改建,东华医院负责管理该医院,且东华医院医生负责对其收治的患者进行治疗。《申报》提到,"至二十二日午前一时内,新患疫疠者共二十一人,只一人赴坚弥地医所,余则赴玻璃局医院"②。在1894年的这场瘟疫中,患者多为华人。有学者根据当时医院的相关数据进行统计,华人患者死亡总数为2447人,其他国籍患者(包括欧洲人、日本人、印度人等)死亡总数为38人。③ 由此可见,作为承担广大华人患者救治工作的东华医院,在防治瘟疫过程中所发挥的作用是不容忽视的。除了救治工作,东华医院在促进在港华人与港英政府的沟通方面也起到了积极作用。比如,在东华医院的斡旋下,政府允许设立东华医院分局,患者可由中医根据中医方法治疗,华人患者在遵守部分条件的基础上可以离港赴广州治疗,等等。东华医院在双方之间的调解,使得港英政府与在港华人之间的矛盾得以缓解,在某种程度上达成一致,从而更为有效地对抗鼠疫。除东华医院外,华人个人在防治鼠疫中也有所行动,"粤友来函述及额玉山廉访特制有治疫丹乐分给士民,一服即立起沈疴……俾天下各处善堂及有力者照方配制以备不虞,而于通商各埠轮船通行之地为尤要"④。虽此则报道的药物疗效有夸张之嫌,但一定程度上也可显示华人在对抗鼠疫的过程中,并非无所作为,而是也积极探索治愈之道。不同评价标准下的华人形象不同,对西人来说,不主动配合治疫章程的华人是无能的;对华人来说,尽人事的努力从未停止。

西人与华人皆为抗击鼠疫做了努力,但因双方应对观念与行为不同,矛盾曾一度激化。港英政府的部分防疫措施与华人的传统习俗相悖,《申报》在治疫章程颁布不久,就表现出对此事的担忧,"英官颁行辟疫章程,华人深以为不便,恐或不免滋生事端也"⑤。比如双方在毁屋一事上的纷争。太

---

① 《论中西治疫之不同》,《申报》1894年5月25日,第1版。
② 《香港疫耗》,《申报》1894年6月5日,第1版。
③ B. W. Brown, "Plague: A Note on the History of the Disease in Hongkong," *Public Health Reports*, vol. 28, no. 12 (March 1913), p. 553.
④ 《驱疫说》,《申报》1894年5月26日,第1版。
⑤ 《疫尚未已》,《申报》1894年5月22日,第2版。

平山一带卫生环境确实堪忧,西人普遍将太平山的脏乱环境视为此次鼠疫暴发的原因,医官也对此表示赞同,并认为最佳方法是将这些不洁染毒之屋毁掉,"察得太平山最为藏垢纳污之区,所建屋宇须毁去其半"。① 毁屋行为与华人传统文化相异,招致华人的强烈反抗,"有人黏匿名帖略谓如港官欲毁太平山房屋,则沙面租界当纵火焚烧云"②。再如华人认为频繁地挨家挨户强制搜查、消毒,造成诸多不便,曾多次与政府协商。5月16日上午10点,香港绅商聚集于东华医院商议香港病人调理事宜,许多华人民众也纷纷到场,此次会议刘渭川作为主席,提到"又欲呈禀官场,求准人情,俾病疫者回省,及求免入屋查搜"③。5月18日下午多名华商再次向政府官员请求免入屋查搜一事。可见对于难以接受的某些政策,华人曾试图与政府协商,暴力在一定程度上是多次协商无门后的过激反应。诚然,西人的防疫措施确有积极意义,但要华人调和其与中国传统的矛盾需要时间,有些在港华人逐渐接受防疫措施。比如吉祥街一患疫女子在差弁的再三劝说下至坚弥地医所治疗,痊愈回家后,女子及家人对待搜查的态度大变,"迨差弁复往查搜,女及亲属咸向称谢"。④ 在《申报》的报道中,"野蛮粗暴"与"通情达理"都是中国人形象的反映。

迷信虽一直参与到华人对疾病的认识和治疗中,但不同意见的出现表现出部分华人具有理性思考的能力和开放包容的态度。迷信从来不是华人应对疾病的唯一方式,承担华人患者繁重救治工作的东华医院,以及部分积极探索良方的个人,均显示出其治疗方式的多样化,"无能"只是西人以配合治疫章程的程度为衡量标准的结果。双方观念与行为的差异使得彼此拒不认同对方的努力,部分华人在无奈之下做出过激反应,"野蛮"的华人成为西人的认知之一。无论是《泰晤士报》抑或是《申报》中的中国人形象,都是特定社会历史背景下的产物,皆有"真实"与"虚化"的成分:冲突对抗为真,肆意为虐为虚;恐惧固执为真,懦弱无能为虚;迷信求吉为真,执迷不悟为虚;求医问药为真,药到病除为虚;力尽人事为真,仅听天命为虚。不同的形象互为补充,使得该时期一个更为丰富、立体的中国人形象跃然纸上。

---

① 《港电报疫》,《申报》1894年6月9日,第2版。
② 《港电报疫》,《申报》1894年6月15日,第2版。
③ 《港疫续述》,《申报》1894年5月28日,第2版。
④ 《香港疫耗》,《申报》1894年6月5日,第1版。

三、中英报刊中国人形象差异的原因

值得注意的是,《泰晤士报》与《申报》对 1894 年香港鼠疫这一事件的相关报道所勾勒出的中国人形象却大相径庭,其中缘由值得我们探讨。笔者以上述两种报刊为代表,对差异原因进行初步探究,以求方家指正。

(一) 中西疾病防治观念的差异

中西医的一大区别为"中医缺乏群体应对瘟疫时的系统整合能力"。[①] 在应对传染病时,中医并非治疗能力缺乏,而是预防能力欠缺,这与中西医不同的防治观念有关。早在古希腊,希波克拉底即注意到疾病的形成与环境相关,后人在此基础上不断深化对传染病的认识,认为脏乱不堪的环境会引发疾病,空气、水等皆可作为传染病的传播媒介,从而导致患病人数在短时间内迅速增加。为控制传染源,保护其他暂时健康之人,人们通过隔离的方式进行防疫。由此可见,关于传染病的防治观念,西方具有将传染病置于自然环境与社会环境中考虑的传统,关注对未患病之人的群体性保护,不将重心放于某个人的救治之上,体现了重预防与社会性的特点。港英政府秉持西方防治观念进行防疫工作,紧紧围绕搜查、隔离、清洁、消毒展开,对当时鼠疫的进一步蔓延起到了一定的抑制作用。《申报》对西人之法总结道,"西人于此事,极为讲求凡其所以防之避之拒之于未来之前,止之于将来之际者,无法不备,无策不筹,而独于用药医疗之说,不甚有所见闻"[②]。

在中国,时人普遍认为 1894 年鼠疫是疫气所致,《申报》报道多次提及"疫气"[③]。疫气为暑湿秽恶之气,主要由口鼻而入,当时医疗界的主流认识为瘟疫由呼吸传染,缺乏对疾病多元传染渠道的认识,且自古"隔离"观念

[①] 杨念群:《我国近代"防疫"体系的演变》,载《文汇报》2003 年 8 月 31 日,第 6 版。
[②] 《驱疫说》,《申报》1894 年 5 月 26 日,第 1 版。
[③] 《申报》报道多次提及"疫气",如"香港疫气流行上海"(《防疫杂言》,《申报》1894 年 5 月 23 日,第 2 版);"闻港中疫气甚炽"(《马戏先声》,《申报》1894 年 5 月 26 日,第 3 版);"自香港或曾由香港经过者,必俟疫气净尽,始准驶停码头"(《选录西report》,《申报》1894 年 5 月 31 日,第 9 版);"昨日香港来电报云,目下疫气更甚"(《港疫更甚》,《申报》1894 年 6 月 2 日,第 2 版);"以广东香港等处疫气传染"(《集议赛会》,《申报》1894 年 6 月 24 日,第 3 版);"今年粤港疫气流行"(《来方照登》,《申报》1894 年 7 月 10 日,第 4 版);等等。

就受到中国道德观频繁而顽强的阻击,往往将其解释为"不仁"的行为。①这一切使得中国的防疫工作难以顺利展开。同时,传统中医在地理分布上呈分散性的特点,"多是以定点与流动的轨迹勾画出一种延伸四散的医疗网络,形成'静态'与'动态'相互呼应的格局"②。预防性措施在中国举步维艰,中医往往仅关注前来救治的某个患者,根据个体情况开药,体现了重治疗与个体性的特点,分散化的分布状态更强化了其个体性。《申报》将中医防治理念概括为"大抵华人之治疫,未尝不事医药,然第设局数处,听患病者之自来就诊,或施送药物,则亦听其人之自行乞取,未尝逐户而查之,尽人而治之"③。但这种观念遇到以鼠疫为代表的传染病时,中医个体性防治的有限性就凸显出来,难以承受每日大量的患者,以及保障尚未感染者的健康。

两种不同的防治观念在1894年香港鼠疫的社会大背景下激烈碰撞,后渐趋缓和。政府防疫措施渗透到人们日常生活的方方面面,强制实行措施后疫情逐渐得以控制,部分中国人经西医医治康复,等等,这些都刺激着中国人的神经,推动其对西方医学认识的改变。文化之间的交流与碰撞提升了人们的文化开放性与包容性。

(二) 中西风俗习惯的不同

中西风俗习惯皆根植于各自的社会历史土壤之中,各有其鲜明特点。洁净局为防疫所制定的措施,是西方历经数次瘟疫流行后不断总结,并逐渐获得普遍认同的产物。产自西方的防疫措施在殖民地香港"水土不服",部分与华人风俗习惯相悖,甚至引发双方间的暴力冲突。如挨家挨户搜查房屋令妇女们感到颇多不便,"东街居住妇人多口到院,求免入屋内查搜"④。深受礼义廉耻思想影响的华人妇女们,实在难以适应陌生人频繁闯入家门的搜屋行为,曾多次请求当局放宽强制搜查的条件。再如中国人讲究入土为安,且要选择吉日吉地来安葬死者,但在死亡率不断攀升的背景下,港英政府为防止疫情恶化特规划坟场,"患疫者特归一所,毙命者迅速掩埋"⑤,

---

① 杨念群:《我国近代"防疫"体系的演变》,载《文汇报》2003年8月31日,第6版。
② 杨念群:《再造"病人":中西医冲突下的空间政治(1832—1985)》,北京:中国人民大学出版社,2006年,第243—244页。
③ 《论中西治疫之不同》,《申报》1894年5月25日,第1版。
④ 《港疫续述》,《申报》1894年5月28日,第2版。
⑤ 《港疫续述》,《申报》1894年5月28日,第2版。

同时还严格规定每日下葬的具体时间,"每日埋葬限于午前十点钟及午后三点钟,用小轮船或渡船载往,余时俱不准安葬"①。这些规定皆与中国传统的生死观冲突。

西人之所以强制实行防疫措施,不顾华人多次抗争的事实,是因鼠疫的暴发,使西人意识到,之前尽量互不干扰的相处模式并不适应现今的发展,华人聚居区脏乱的环境会严重威胁西人的健康。故港英政府不但开始深度干预在港华人的生活,还加强了对公共卫生的关注。西人发现要想改善华人聚居区的公共卫生状况,"真正困难源自居民的风俗习惯,而这些习惯并不能轻易通过法令来加以改变"②。西人认为,华人秉持自己的风俗传统,即使认识到西方风俗习惯的益处,也没有任何想要改变的趋势,"中国人在日常生活中表明,我们的方式不是他的方式;他坚持自己的风俗,即使他似乎欣赏我们的"③。所以,在华人风俗习惯导致瘟疫暴发、公共卫生建设遇阻这一认识下,西人决定"即使在中国,英国殖民地也应该举例说明科学的益处和文明的有利之处,应该迫使其统治的人民参与到这些益处中来,即使是违背他们的意愿也不为过"④。西人并不认为强制华人适应并接受自己的风俗传统有不妥之处,只是后悔未过早干预,"但似乎可以肯定的是,今后这种干预是必要的,也是切实可行的,过去不应忽视这种干预"⑤。

因中西风俗习惯不同而导致的矛盾实质是中西文化之间的冲突。传统的观念习俗作为文化的一个重要部分,早已渗透进每个人的日常生活之中,指导着一言一行。它是不断发展的,非一朝一夕而成,故也非一朝一夕可破。

(三) 西方殖民主义的立场和态度

西人歧视中国人,认为中国人就是愚昧、无知的代名词,应该完全听从西人的意见,不应有丝毫的反驳,然而西人的看法也并非全然正确。当时,包括殖民政府官员在内的大多数西人尚未明确此次鼠疫的真正病源。虽然鼠疫流行期间,包括耶尔森(Yersin)在内的多位专家一致认为,这种疾病是

---

① 《疫信照登》,《申报》1894年6月6日,第2版。
② *The Times* (London, England), October 2, 1894, Issue 34384, p. 9.
③ *The Times* (London, England), August 28, 1894, Issue 34354, p. 6.
④ *The Times* (London, England), August 28, 1894, Issue 34354, p. 7.
⑤ *The Times* (London, England), August 28, 1894, Issue 34354, p. 7.

由一种杆菌引起的,但是当时英国医学界尚未普遍认可细菌致病说,而是受环境医学思想影响较深。1894年在香港肆虐的是腺鼠疫,港英政府在公共卫生理论指导下进行的一系列防疫措施确有一定的积极意义,但未从根本上抵御此次鼠疫,故初始阶段并未快速有效遏制腺鼠疫的继续扩张。

西人认为港英政府统治下的香港可以说是"一个临时的天堂,中国人可以随心所欲地生活,随心所欲地遵循自己的习俗……西人将免费教育华人,这样他们就能挣到欧洲职员的高工资,而且最重要的是,当他们挣得心爱的报酬时,不会有饥肠辘辘的官员吵着要从中分得一份"①。故在西人看来,面对这样一个"英明且管治完善"的政府,在港华人应主动服从其领导;政府也应对所颁布政策一以贯之,不能受"野蛮""落后"的华人影响。但为稳定社会秩序,罗便臣总督允许设立东华医院,并同意在港华人离港。这些决定遭到了部分西人的批评,认为代表"科学与文明"的西人不应对华人让步,如《德臣西报》就对此评论说:"事实是,在香港,我们过分娇惯中国人。作为一项规则,他们希望按自己的方式行事,而且通常他们都能如愿以偿,即使是在摆脱瘟疫的时候也是如此!"②"政府允许中国人展示其力量,而在任何一个管治良好的英国殖民地,任何时候都不应该容忍这样的力量显示。"③

西人对东华医院的治疗能力持怀疑和否定的态度。在他们看来,如果要彻底根除东华医院的"医疗暴行与弊端",唯有向其渗透和扩张西方医学。④一个颇受当时西人青睐的方法是教授一部分华人西方医学知识,从而使这部分华人带动更多"愚昧"且"野蛮"的同胞认可西医,接受科学。大多数华人当时并不了解西医,即使接受西医的治疗并痊愈,对西医也只有一个模糊的认识,有些人认为西药是由一些可怕的对人体无益的成分混合而成。⑤故西方殖民者极为支持西医书院的建立,希望通过西医书院这一奉行西方教育思想的医学院,能够培养一批支持并擅长西医的华人医生,让他们带动更多的中国人走向"科学与文明"。西方医学的渗入有利于殖民主义者在

---

① *The Times* (London, England), August 28, 1894, Issue 34354, p.6.
② *The China Mail*, May 24, 1894.
③ *The China Mail*, July 3, 1894.
④ 杨祥银:《殖民权力与医疗空间:香港东华三院中西医服务变迁(1894—1945)》,《历史研究》2016年第2期,第107页。
⑤ *The Times* (London, England), August 28, 1894, Issue 34354, p.6.

中国乃至东亚的进一步扩张,扩大其文化影响力。

西人否定中国人的应对观念及行为;强制中国人听从命令,不甘做出让步;通过多种方式向中国人渗透西方医学,从而影响其思想观念……这些无不体现着西方殖民主义的立场和态度。西方殖民主义正是通过政治上的强制命令与意识形态上的逐渐渗入而不断扩张的。

四、结　语

《泰晤士报》和《申报》皆对1894年香港鼠疫进行了及时、连续的报道,是我们了解这段历史的重要资料。《泰晤士报》对中国人形象的勾勒体现了鲜明的西方框架,一定意义上是"他者"想象基础上自我构建的结果。该报所呈现的中国人野蛮、无能、愚昧、迷信等形象,是那个时代西方人对中国人的固有印象,并见诸其他西方报刊、著作或是西方传教士、商人的回忆录、见闻等,一定程度上这些形象已经成为描述中国人形象的套语,固有的形象在日后描述中国人形象的文本中反复出现。中国形象与西方的背景与需求是密切相关的,西方从中国形象之镜中照出来的实质是西方自己,中国在各个历史时期的形象都是西方以现实为基础想象出来的"中国"。①

工业革命与启蒙运动给英国人带来经济上的富足与思想上的解放。相较于中国人,英国人自有一种优越感,他们不愿深思受落后帝国文化传统所影响的人们具体的所思所为。英国人认为自己就是科学与文明的代表,这一自信使其在面对中西文化冲突时采用简单的处理方法——要求中国人绝对地服从。于是,在中国人不服从或者做出令英国人难以理解的行为时,原因就被简单地解释为"野蛮""无能""愚昧""迷信",并将这些解释内含于中国人的形象之中。对以英国人为代表的西方人来说,此时的中国人在他们眼中具有地理位置层面和文化层面的双重含义——位于东方的野蛮、无能、愚昧、迷信之人。西方的中国形象作为一种权力话语,在西方文化中规

---

① 马婷:《他者镜像中的中国主体——西方的中国形象研究述评》,《学术研究》2007年第10期,第147页。

训化、体制化,构成殖民主义、帝国主义、全球主义意识形态的必要成分,参与构筑世界现代化进程中西方中心主义的文化霸权。①

《申报》中所呈现的中国人形象是中西方文化交流与碰撞的产物。随着西人对华人生活的干预渐深,鼠疫逐渐得以控制,部分华人开始接受源自西方文化的医学与防疫措施,其形象开始转变。《申报》中的中国人形象并非静态的延续,而是体现了在西方文化的冲击下,中国人内部存在的矛盾情况,可以说排斥与接受、迷信与理性、守旧与开放三种状态并存。部分中国人正是在这样的矛盾与挣扎中,推动了自我观念的转变。辩证而理性地看待近代中英报刊中的中国人形象,通过中英报刊这一形象之镜,我们可以更进一步认识当时的西方与中国,对我国目前树立更好的"中国形象""中国人形象"具有一定的积极意义。

〔张茜,清华大学历史系博士研究生,北京 100084〕

---

① 周宁:《西方的中国形象史:问题与领域》,《东南学术》2005 年第 1 期,第 100 页。

"三原两并重":关于藏医当前发展的若干思考

——基于青藏高原 Y 藏医院的医学人类学调查

马得汶

摘　要: 青藏高原 Y 藏医院的医学人类学田野调查给我们的启示是,"三原两并重"是当前藏医继承与发展的重点所在。"三原"即原文化、原理论、原材料,此为藏医继承与发展的基础。"两并重"即民间散失医术的挖掘传承和现代医院发展模式并重,慢病治疗和具有民族医学特色的急救及外治技术并重,这是藏医继承与发展的时代要求。"三原两并重"的发展思路不仅对藏医,也对民族医学的整体发展具有普遍意义。

关键词: 藏医　民族医药　医学人类学

引　言

近年来,许多学者从不同层面对民族医学的发展进行了有益探索。相关研究的主要关注点有以下几个方面:一是专业人才培养。存在的问题表现为民族医学院校数量少、规模小、师资队伍结构不完善等[①],也有学者从学科建设角度指出相关问题并提出改进构想[②]。二是制度保障方面。相关研究建议国家有关部门采取可操作性措施解决民族医学传承过程中面临的困境。[③] 三是对药物、药材可持续发展的探讨。有关研究阐述了濒危野生

---

① 王健:《民族医发展人才是关键》,《中国中医药报》2011 年 3 月 10 日。
② 胡书平、刘同祥:《民族医药发展现状及存在问题分析》,《中央民族大学学报(自然科学版)》2011 年第 1 期。
③ 李莹、张吉仲、罗庆春、刘圆:《中国民族医药杂志》2016 年第 7 期。

药物对民族医药发展的影响,并提出拯救濒危药物的措施。① 四是从国际合作与交流层面思考如何助推民族医学"走出去",强调民族医学发展应进一步扩大开发并加强国际合作。② 五是法律领域对民族医学发展的关注。许多民族医学实用技术难以获得知识产权保护,有必要根据民族医学自身特点构建知识产权之外的特殊保护制度。③ 六是发展战略层面的讨论。有学者提出民族医学发展应该实施以科教为先导,以民族医药文化为主体,以医疗为实践目的,建设综合性科研平台,引入产业化运作模式的联合战略;④还有学者从理性与灵验性的角度探讨民族医药发展问题。⑤ 上述研究都为当前民族医学的继承与发展做出了力所能及的推动。

关于民族医学的继承与发展问题,从研究方法和研究视角而言,立足田野调查,深入民族医院进行实地观察,深度访谈一线医生和医院管理人员,以此为基础的思考分析还有待加强。医学人类学的研究方法对于民族医学具有独特价值。首先,医学人类学关注文化与疾病、健康之间的关系,它将人类的健康和医疗视为整体社会体系中的一部分,而不是脱离社会体系的独立存在物,具有"整体观"取向;其次,医学人类学在其早期发展阶段就将民族医学纳入研究范围,既强调田野调查,又注重关注和解决现实问题;第三,医学人类学的跨学科性质促使其将文化、地理环境、心理等多元因素纳入健康的考量范畴,这种跨学科的视角与方法对民族医学研究的意义不言而喻。可见,医学人类学的方法有助于我们更为深刻地理解民族医学的自身特点,以及由这些特点所决定的其传承与发展的内在要求。只有尊重和充分考虑民族医学与西医的不同之处,才能有效推动民族医学发展。

本文的田野调查地点是青藏高原东部的 Y 藏医院。Y 藏医院是青藏高原一家三级甲等藏医院,医院设有药浴科、心脑血管科、肝胆科、脾胃科、

---

① 杨昌文:《从濒危药物现象谈民族医药生态文化保护利用的几点建议》,《贵州民族研究》2005 年第 4 期。
② 牛建宏:《云南民族医药"国际化"面临的机遇与挑战》,《特区经济》2016 年第 5 期。
③ 谢晓如、杨晓密:《论民族医药的法律保护》,《石河子大学学报(哲学社会科学版)》2011 年第 1 期。
④ 黄福开:《中国民族医药发展现状与多元一体化战略对策》,《中南民族大学学报(自然科学版)》2008 年第 2 期。
⑤ 赖立里、冯珠娣:《知识与灵验:民族医药发展中的现代理性与卡里斯马探讨》,《思想战线》2014 年第 2 期。

皮肤病科、妇科、外治科、普外科、骨科、急诊科等医疗科室。其中,外治、药浴、脾胃、肝胆、心脑血管科是全国民族医学重点专科。医院总床位一千余张,全院职工七百余人,在全国藏医院中具有代表性。近年来笔者在Y藏医院进行医学人类学调查期间主要在心脑血管科、外治科和养生保健科观察诊疗活动,对管理人员、医护人员、患者及患者家属进行访谈,同时向Y藏医院的名老藏医请教交流。此外,笔者还前往塔尔寺的医明经院,对塔尔寺的医僧进行访谈。经过较长时期的田野调查,笔者对藏医的发展逐渐形成了"三原两并重"的粗浅思考。

一、"三原"是藏医发展的基础

"三原两并重"是笔者对藏医继承与发展问题田野调查结果的凝练概括。所谓"三原",就是原文化、原理论和原材料。藏医发展首先要立足"三原"。原文化、原理论、原材料是藏医发展的根本,是藏医保持特色、保证疗效的基础。在社会变迁过程中,藏医文化传承、临床思维、藏药原材料获取都发生了一些变化,这些变化逐渐成为藏医发展的制约因素。如何在现代化潮流和生态环境变迁中维系藏医特色,在继承的基础上发展好藏医,是笔者田野调查中遇到的许多藏医十分关注的问题。

(一) 原文化

民族医学各分支都有一个共同特点,就是这些医学都依托一定的文化土壤生根发芽、成长传承。历史上某一医学的传承与传播,也依赖于一种文化思想的传承和传播。可以说,独特的文化造就了独特的医学,独特的医学体现着独特的文化。"任何民族医学与民族文化都是分不开的,或说扎根于民族文化。"[①]藏医学的文化源泉是藏族的传统文化知识体系——十明学说,与藏传佛教息息相通。藏医学中的许多诊疗方法,都有藏族传统文化和藏传佛教思想的渊源在里面。文化对藏医的深刻影响,不仅体现在医生的诊疗方面,也体现在患者的求医方面。藏医知识长期以来主要依托寺院传

---

① 程雅群:《论佛教对中藏医的不同影响》,《西藏民族学院学报(哲学社会科学版)》2008年第5期。

承,各地的曼巴扎仓(sman pa grw tshng/སྨན་པ་གྲྭ་ཚང་)是培育藏医人才的重要机构。藏族的传统知识体系十明学说内部也互有联系,如"医方明"中就有"历算学"的应用。因此,藏医有一个立足自身传统文化的整体体系作为背景,这一整体体系是藏医学的全貌所在。离开全貌,往往只能窥其一斑,从这个意义上说,传统文化的整体性支撑着传统医学的整体性。

藏医的发展,在尊重科学、用好科学的同时,还要尊重传统、用好传统。这就需要思考传统文化和现代科学的互补问题,尤其是在民族医学领域处理好继承传统和科学创新的关系问题。对于藏族传统文化和藏医之间的关联,藏医 A 告诉笔者:

> 藏医的内容通过西医来讲的话根本没有办法讲,是两大系统。但是传统的藏医和中医还有一些联系。西医的文化背景是实验科学,藏医的文化背景是藏族传统的十明学说里面的知识。藏医和西医的临床方法目的都是治病,但是藏医这套东西的根源,就像藏医的疾病来源学说,要追溯上去的话,那要靠内明学才能把这个事情讲清楚。所以说文化背景不一样的话,那就说不通。以前也有人来医院和我们交流时说中西医结合是失败的,最后中医以前一些非常好的、文化里边精华的东西,就慢慢失去了。①

民族传统医学在被用之应对疾病的大众视为一门生活实用技术的同时,也被谙熟其文化母体的医者视为一门富含哲理思辨的艺术。藏医中的许多临床思辨和灵感来源于医者的个人文化体悟,这一点与西医学的"标准化"、"指南化"操作有很大的不同。没有深厚的传统文化根基,就很难在这一特定文化孕育出的医学中自由游走、思辨。重视原文化,目的是为了扩大医生治疗时在传统医学中思辨的空间与可能性,最终为提高疗效服务,从这个意义上说,原文化是藏医长远发展中的基础性问题之一。

近年来,一些富有藏医特色的非物质文化遗产得到了及时的保护与传承。Y 藏医院举办了"佐太"(btso thal/བཙོ་ཐལ་)炮制技术传承培训班,这是许多老藏医不断努力的结果。藏医治疗和藏药炮制富含民族文化特色,其

---

① Y 藏医院访谈材料,下同。

中有些技艺已经作为非物质文化遗产予以保护。在用好现代科学的基础上，重视和精研藏医赖以孕育的文化资源，是藏医继承与发展的基础。显而易见的是，对于民族医学的医生而言，没有传统文化的深厚滋养，就会缺乏传统医学的深层思辨。

（二）原理论

藏医具有自身的理论体系，这些理论指导藏医的医生如何看待身体，如何治疗疾病，如何制药。学习和继承原有理论是进一步发展的基础，如果原有理论继承不好，那么发展原有理论、保持藏医特色就会受到限制。

《四部医典》（dpal ldan rgyud bzhi/དཔལ་ལྡན་རྒྱུད་བཞི།）是藏医学最主要的理论著作。Y藏医院十分重视本院医生及前来进修的外院医生、实习生对《四部医典》的学习，一些科室还会在早上集体学习《四部医典》。调查过程中笔者注意到西医的理论、疾病名称、诊疗方法对民族医学的理论传承、临床诊疗的影响在扩大。目前西医的诊断设备已经广泛用于许多藏医院，如化验、拍片、CT等。笔者调查中发现，如果没有这些设备，连患者都觉得"少了什么"、"不先进"。他们会问医生，这个检查能不能做？那个检查能不能做？在得到医生的肯定回答后，患者才觉得医院条件可以，然后安心住院。就疾病名称而言，藏医临床也借鉴了西医的许多疾病名称及其背后蕴涵的西医理论，甚至有些疾病不用西医的名称，医生之间、医生与患者之间就无法进行高效交流。

问题的关键在于，在临床中需要思考这些冠以西医名称的疾病，如果按照藏医原理应该是什么疾病，进而从藏医隆（rlung/རླུང་）、赤巴（mkhris pa/མཁྲིས་པ།）、培根（bad kan/བད་ཀན།）失衡等理论视角认知和治疗疾病，只有这样，才是"立足藏医、参考西医"的治疗，否则就会反过来。在借鉴西医理论与方法的同时，一定要突出"藏医思维"。藏医要保持特色，需要防止诊疗方面的藏医西化、传统知识继承的药方化，要在临床实践中坚持"藏医思维优先"的理念，加强诸如"尿诊"等特色诊疗方法。在青年医生的培训方面，实习医生应主动在老藏医的指导下用藏医理论阐释患者的病因、病情、适用藏药等。此外，还可以搜集和整理典型的藏医临床思维医案，相互交流，以此在诊疗中强化藏医思维。对于藏医理论和藏医思维的重要性，藏医B的观点值得我们思考：

藏医可以参考西医的解剖、生理,可以参考,可以看。有些藏医上你觉得看不懂的,或者说这个心脏本身西医讲得比较形象,藏医讲得不是太具体,比较模糊,你想把这个再细化一点的话你可以参考西医,你就把心脏这一部分看完。看完了以后你还得要看藏医,从藏医的本质上思考能不能把两个结合起来,从理论上套,套完了以后,你一定要用藏医来看问题、回到藏医上。藏西医结合的目的只是用来加深对藏医的理解。你不能说你直接跑到西医上,从西医上去说患者有个急性胃肠炎,他有个肺结核,这个肺结核藏医怎么治啊?这个思路就错了!藏医里面根本就没有肺结核这个名词,你永远找不见。

　　看完了西医的检查结果、化验结果以后你还是得回到藏医上,藏医上应该归纳到哪个项目?然后从那个里面再研究。这个得从藏医的思维上考虑好了以后,然后再用藏医治疗。到了这一步,你要把西医撇掉。撇掉了以后你从藏医考虑,然后从藏医上治疗,等到效果好了以后,你最后可以说,噢,西医诊断是这么个,藏医诊断的结论是这么个,这两个比较,藏医这么治的话有效果,可以提出这个结论。但是你不能说我用藏医的这个理论治疗西医的这个病,这样就没办法,藏医就发展不起来。西医的检查和名词在藏医里可以作为给病人解释的工具,最起码他能听懂,从藏医理论来讲的话患者可能听不明白。解释的时候也可以当作一种工具来使用。西医只能这么用。要不然西医和藏医掺杂到一块,那慢慢就把藏医的思维掩盖掉了,藏医的思路最后就没有了。思路没有了,藏医本身的根源就没有了,就没有理论研究的基础了。

藏医理论和藏医思维体现着藏医的本色,在当前临床中,受西医的冲击和影响,藏医思维不是在扩大,而是有渐渐缩小的可能,在临床实践中刻苦钻研,用好用活藏医理论,深化藏医思辨,是藏医发展的第二个重要方面。

(三) 原材料

俗话说"巧妇难为无米之炊",民族医学的发展需要好医生,也需要好药材。生态环境变迁的结果之一就是野生天然藏药数量萎缩、质量下降,加之无规划的采挖,野生藏药资源面临不可持续的困境。调查中笔者了解到,一些藏药已经开始依靠人工种植维系供应,古方中一些稀缺难觅的藏药只能使用其他药材替代。有学者曾指出,"从上世纪 90 年代后期开始,……藏药自然资源日益枯竭,藏药材陷入'越贵越挖、越挖越少、越少越贵'的恶性循环中。再加上资源利用不合理及人工种植缺乏积极性等问题导致藏药资源越来越少,藏药资源保护迫在眉睫"①。

通过调查,笔者认为当前藏药的原料获取需要注意以下几点:第一,天然药区的保护及其可持续采挖要建立相应机制,要多方联动、集思广益研究"公共池塘"(common pool)的治理办法,激励人们长远规划,为子孙后代留下可持续采挖天然药材的"金山银山";第二,鼓励在成药上标注野生药材使用情况,不同品质的成药实行差异化定价,让人们认识到野生藏药资源的珍贵和保护天然药区的长远利益;第三,对于藏药的人工种植,可通过政府补贴鼓励建立有机肥栽育基地,减少化肥使用,提高人工种植药材的质量;第四,药材的采挖时间、采挖方式和炮制方法要遵循医学传统。Y 藏医院的全国名老藏医专家 L 对野生藏药采挖的可持续性十分担忧:

> 现在那些传统的藏药,也想用纯天然、有价值的药材。但是呢,我给你说,慢慢就没有了。生态慢慢破坏了,挖完了,没有人保护。以后可能要种植,种植的话效果不好。我们也担心这个事情。有些人说,那它再不长吗?那你想想今年挖、明年挖、年年挖,它长呢嘛?挖光了以后就没有了。一部分要保护起来。今年采掉了,明年放下不要再采,以后再开采,不然的话生态就会逐步破坏了。你天天挖,哪有这么多?我们中药有些也种植,那个土质就不行了嘛,藏药一样的。

藏药原材料的质量是许多医生普遍意识到和关注的问题。Y 藏医院另一位全国名老藏医专家 S 也表达了同样的忧虑:

> 现在最大的问题,我们传统的,中医也好,民族医也好,怎么样传下去,保持它的特色,发挥它的作用?再上一个台阶怎么办?原料是根本。我也考察过,我们的好多中药现在是栽培,栽培以后它长得不高,

---

① 占堆、李良玉、贾学渊:《西藏藏药产业发展现状分析与对策建议》,《西藏大学学报(汉文版)》2006 年第 4 期。

怎么办？用肥料，肥料不是有机肥，是化学肥料。用化学肥料以后它的药性怎么样？将来中药、藏药搞成全部栽培以后，有一个关键问题，要用有机肥才行，但是有机肥料怎么来？用有机肥的话，我估计现在没有这个条件。化学肥料的话，药性可能会变化。我举个例子，东北的天然人参，多漂亮，但是栽培的人参长得像萝卜一样，它的作用怎么样？那我们藏医院，到目前为止，我们的药大多都是天然的。我们藏医院在各个地方有药供，村子里面采药的人给他说好今年需要什么药，什么季节采，怎么个采法。大规模采的还要和他订合同，采好后他们给我拿过来，再给钱。所以我们的药效有保证。但是现在栽培的越来越多。栽培可以，但是首先我们的有机肥要保证。化肥的话不好，那我们的药品质量就受影响。

民族医学传统文化讲究药材采挖的时间和方式，制成成药后，有些药还要讲究服用的时间和方法。按照传统文化，药材采摘的时间、方法、地域不同，对药材的药性和质量都有影响。笔者在与 S 医生的交谈中提起中医这方面的传统，S 医生对此深表认同：

> 这个对着呢，藏医也是一样的。那个乌头尖必须要长到四指并齐这么高的时候采，四指高过了以后效果就差了。最后他们有人研究，乌头尖药物成分含量最高就是这个时候！虽然前人没有什么现代科学，那个经验了不得！最后他们研究的话，确实是这样。

民族医学和西医相比一个很重要的区别就是药物。西药多为生化制剂，传统医学的药材多取自天然植物、矿物、动物。因此，自然环境变迁对传统医学药材质量的影响要远大于对西药的影响。良医尚需好药，保障高质量药源是藏医长足发展的第三个基础性问题。

二、"两并重"是藏医发展的时代要求

如果说"三原"是藏医发展的基础，那么"两并重"就是藏医发展的时代

要求。面对西医的冲击,"两并重"是当前藏医发展的着力点和突破口。所谓"两并重",就是民间散失医术的挖掘传承和现代医院模式并重,藏医慢病治疗和具有民族医学特色的急救及外治技术并重。"两并重"既揭示出当前藏医发展中存在的不足,也指出了今后需集中力量取得突破的领域。

(一) 民间散失医术挖掘传承和现代医院模式并重

医生规模化、协作化从业的医院,已经成为当今医疗行业的主要社会组织模式。民族医学也需要适应这种模式。在此背景下,藏医的发展需要从以下两个方面着力:

1. 以最大的紧迫感,高度重视民间散失医术的挖掘和传承

"人才兴医"对藏医发展意义重大。当前,传统医学如何出良医、出名医,甚至是具有全球影响的"大医",值得深入思考。如果缺乏良医与实效,单靠宣传和资金投入来扩大民族医药影响,其作用还是有限。自古至今,传统医学都有一个现象,就是有流派和地域性。传统医学无法像西医一样产出标准化从业者和指南化操作,而是各有观点,各有所悟。传统医学模仿西医的医、药"标准化"建设,在一定程度上并不利于其发展。生物医学的自身特点使其能够在形式上"标准化",传统医学硬要套用之可能会南辕北辙。

之所以要格外强调民间散失医术的挖掘和传承,就是因为传统医学的"非标准化"特点决定了许多非常独到的甚至顶尖的医疗技艺散落在民间,而不像西医那样汇聚在大都市的知名医院。藏医"人才资源没有得到有效利用。随着一批藏医药老专家的相继谢世,高层次人才断层、青黄不接的问题日益突出"。[①] 一些民间高龄老藏医的故去导致术随人去,人亡技亡,其所掌握的独门技艺也随之失传。再加之传统医学传承中对于学徒的德行修养有一定的要求,不遇其人,要么密不外传,要么宁可失传,这都加剧了藏医民间散在精华挖掘与继承的难度。国家相关管理部门和社会各界应该在民间散失医术的挖掘与传承方面下大力气,尽力、尽快地做好民间医术挖掘与继承这一专项工作。目前这方面的工作也有一些困难,Y 藏医院的行政管理人员 A 说:

---

① 次仁卓玛:《西藏藏医药产业现状及发展思路》,《中国藏学》2005 年第 3 期。

我们也有这个想法。解决有影响的民间藏医的待遇没问题,我们给他找房子。但他来了以后没有执医资格,不能出门诊,不能看病。你让他考的话他不愿意考,他自己不考。所以我们好多民间医生没办法请到医院来。没有执业医师资格证就是非法行医。要有医师资格证就必须得参加考试,所以就卡死了。有些民间藏医考现代的考试不行,但传承上都是大师级别的人物,在寺院里面,很厉害的,比我们拿到执业医师资格证的那些厉害到哪儿去了。但是他就是在医院这个地方不能执业。这个想法我们原来就有,我们原来引进过两个人,都回去了,最后没办法执业。这个我们呼吁了很多次。

对于有独特医术的民间医生,可以实行"一技一议"的办法,通过给待遇、给补偿、给身份,解决他们的顾虑和困难。看似一个简单的技术传承和人才挖掘问题,需要多方面的通力协作才能做好。对于一些能请进医院但无法执业的民间杰出藏医,可以给待遇、给补偿,先服务医生群体,让他们安心从事医术传承和年轻医生的培养工作。各级藏医院和藏医学院可以设立"民间藏医大讲堂",积极邀请民间藏医参与到教学、实习等人才培养环节。

2. 重视藏医院的内涵与特色发展

藏医院和藏医学院已经逐渐削弱了传统曼巴扎仓的功能,医院模式对于藏医发展已是时代要求。现代化的医院成为国家医疗资源配置和各项扶持政策落实的主要载体。传统医学的传承和执业方式一直较为松散,但是面对时代变迁,就必须重视医院这种近代医疗的普遍模式。医院模式的优势在于:便于在国家主导的医疗体系中获取资源和支持;医护人员集中,便于交流学习和协同医疗;方便患者求医等。民族医学如果不重视医院这种发展模式,就无法有效地利用上述便利。藏医院的建设,在注重地域布局的同时,更需要思考内涵式发展:以桥梁和主干道的角色衔接好、组织好民间资源、自身资源和国家资源的互补尽用,以医、教相辅的形式凝聚和培养人才,以抢救与引进的责任感挖掘和继承散失于民间的精华医药知识,以灵活方便的形式为民众健康服务。

除了内涵式发展,突显特色也是藏医院发展中迫切但急促之间难以长足推进的问题。Y藏医院十分重视以特色鲜明的疗法和众口交赞的疗效拓展空间,一些藏医特色疗法,如笔者调查期间所接触的放血(gtar ga/

གདར་ག)、鼻熏（sna bdug/སྣ་བདུག)、熨敷（铜烙铁烙）（tel ba/ཏེལ་བ)、药浴（sman lums/སྨན་ལུམས)、霍尔美（hor me/ཧོར་མེ)、特尔玛（thur ma/ཐུར་མ)、撒斗（s dugs/ས་དུགས)、格宁（bsku mnye/བསྐུ་མཉེ)、冥想（sgom shag/སྒོམ་ཤག）等，使Y藏医院体现出浓厚的民族医学氛围。对目前已有特色疗法的深研提效，对民间独到特色疗法的挖掘引进，是今后推进藏医院特色建设的着力点。

（二）藏医慢病治疗和具有民族医学特色的急救及外治技术并重

在Y藏医院调查期间，笔者还同时去同一城市相距不远的另一家以西医为主的大型三甲医院——X医院做医学人类学比较研究。两家医院的特色存在差异，但是两家医院的多数患者都有一种共同的择医取向：认为急救要去看西医，藏医和中医不行；慢病治疗和急重症后期的康复治疗最好看中医和藏医，西药的副作用大。这种来自老百姓的择医取向，恰恰反映出传统医学目前存在的一个短板——急救技术的弱化与遗失。

慢病治疗是Y藏医院的强项。笔者对来Y藏医院治疗的患者做过调查，患者选择Y藏医院的最普遍原因就是"藏医药的副作用小"，68%的患者都有这种考虑。Y藏医院的患者绝大多数都是慢性病患者，需要长期服药，因此十分在意药物的副作用，传统医药也因此受到青睐。但是对于急救，无论是在X医院还是Y藏医院，多数患者都认为西医的大医院好。藏族妇女Z的母亲年事已高，因为脑梗塞先是在X医院抢救，后来转入Y藏医院继续治疗。谈起母亲的治疗过程和家属对医疗方式的选择，Z告诉笔者：

> 去X医院的时候，在抢救室里，她一直昏睡。ICU两天，然后在抢救室七天。她就一直昏睡不醒，说话她都能听见，她也知道，脑子都清楚，就是说话不清楚，再一个就是嗜睡，浮肿。最后在那儿住了二十几天以后，我们就转到藏医院，用藏医治，现在效果明显。我们来了以后，你看起也起来了，说话也清楚了，也开始慢慢走开了。以前需要两个人扶着走路，一个人不行。效果明显，真的明显。我们有啥病，除非是需要抢救，我们到大医院急诊上去，其他的我们就到这儿看。真的，你打听一下，Y藏医院很多患者都是从X医院过来的（笑了）。X医院那儿急诊可以，我妈当时有危险，就送到那儿去了。再慢慢的要吃药，还是藏药好。

Z的观点在当地患者及其家属中很具代表性。慢病治疗是藏医的长处。对于急救,传统医学则处于非常被动的局面。在漫长的历史中,传统医学不可能不与急重症打交道,也不可能没有这方面的经验和技术。青海省藏医药文化博物馆陈列着早期藏医外科器械,中医也有华佗等名医研制过麻沸散等药物,而且可以刮骨疗毒。这部分急救、外治技术的失传诚为可惜,这也是导致目前中华传统医学相对于西医而言医学自信不足的主要原因。如何补上这快短板,是藏医发展中必须重视的问题。在百姓的心目中,民族医学不应只是长于治疗慢病的医学,而应成为全面发展的医学。

结　　语

　　医疗是一门实用性很强的行业和学问。"实效"是传统医学用以证明自身价值的铁律。民族传统医学要在西医的包围下生存、壮大、复兴,找回话语权,就必须拿人才、拿实效说话。现如今,就连民族医学的一些研究项目都存在一定的西医化倾向,之所以这样,原因在于民族医学需要努力穿过西医所画的框框的衡量,才能在西医主导的医疗环境中证明自己是科学的医学,这是当前的一个事实。"现代化对中国民族医学的挑战在于前者对后者思维方式的质疑。"① 作为中华民族传统医学的组成部分,藏医等民族医学或许没有必要非得去走用西医实验室方法证明自己科学性的道路,甚至是被迫迎合西医的衡量体系和标准。摆脱这一困境的办法不在于依附和求助于实验室的生化分析,而应在医疗实效方面下功夫。医疗实效是一门医学证明自己是科学的最有效"话语权"。相关调查表明,患者的需求是多元的,但最根本的、第一位的需求是对疗效的需求②,疗效才是硬道理。在藏医等民族医学的发展道路上,我们不能妄自菲薄,把大量精力和物力花在用实验室数据之繁琐面貌来努力迎合西方科学所要求的套路。"不能简单

---

① 景军、齐腾飞、陈昭:《民族医学面临的挑战和机遇》,《广西民族大学学报(哲学社会科学版)》2017年第3期。
② 马得汶:《患者需求层次理论及其医学人类学启示——基于西宁市X医院的田野调查》,《西北师大学报(社会科学版)》2016年第4期。

地用西医理论中的概念去评价和处理其他医学理论中的问题,更不能完全用西医的理论和方法去指导民族医学的未来发展。"①

西医是医学的一种方式,不是医学的唯一科学方式和无瑕疵参照系,概括不了医学科学的所有发展路径。中华民族传统医学中蕴含着不同的科学思维,只要我们努力恢复民族医学的实效性,就是在最有效地继承和发展民族医学。归根结底,藏医的未来发展还要靠出疗效和出人才来评价。要出疗效和出人才,就必须尊重其自身的特点。当前,对于藏医发展,原文化、原理论、原材料是缺一不可的基石,民间散失医术的挖掘传承和现代医院模式并重、慢病治疗和具有民族医学特色的急救及外治技术并重,是发展的突破口和着力点。

医学人类学研究注重应用性,对于国内的民族医学研究,医学人类学的功用尚有待深入挖掘。西方学者医学人类学研究的"他者"视角对于各地民族传统医学的研究有益但在实质方面难以深入,一些西方学者本身也存有一定的西医主体论思想,将许多民族医学视为"替代性"的,也更多地视为文化性的东西。作为本土学者,我们恰恰可以借鉴这种文化视角,但目的却是从实际功效上首先将传统医学真正视为一种医学,同时也是一种文化。本文通过田野调查得出的"三原两并重"结论,是对当前藏医发展基本思路的粗浅探索。在国家的大力扶持下,在社会各界的关注和支持下,民族医学界人士和各族同胞应当倍加珍惜历史资源,刻苦钻研传统医药知识,增强对中华民族传统医学和中华文化的自信,继承和发展好包括藏医在内的中华民族传统医学。本文虽然是基于藏医院调查、以藏医为主要对象的讨论,但由此形成的"三原两并重"思考对中华传统医学的继承与发展具有普遍参考意义。

〔马得汶,甘肃政法大学马克思主义学院副教授,民族学博士,兰州730070〕

---

① 包红梅、刘兵:《蒙医视野中的"毒":兼论民族医学的发展问题》,《广西民族大学学报(哲学社会科学版)》2017年第5期。

理论与方法

亨利·西格里斯的医学社会史思想探析

郝树豪

摘　要：亨利·西格里斯是20世纪上半叶新兴的医学社会史研究领域的杰出代表，其医学社会史思想的形成分为三个阶段：首先他对传统的医学史研究和编撰模式进行了革新；之后他又将哲学、宗教、艺术、社会和经济等状况与医学相联系，重新考量每个时代的医学状况；最后西格里斯以此思想影响到当时的公共健康政策，鼓励医生和医学学生参与到社会活动当中。此外，西格里斯还提出了国家健康保险的概念，使医学变为保障人类健康和福利的科学，这些都具有很强的社会性和现实性。

关键词：亨利·西格里斯　社会化疾病　社会化医学　国家健康保险

20世纪上半叶，在"新史学"思潮和社会现实的强烈冲击及深层次影响下，强调医学研究社会化的医学社会史应运而生。医学社会史概念的提出者——美国医史学家亨利·西格里斯（Henry Ernest Sigerist, 1891—1957）正是这一新兴领域的杰出代表。[①] 西格里斯使原本注重文献研究的医学史同当代所关切的问题紧密相连，使其在人和社会的范畴下变得更具综合性，更易理解，并且愈显重要。他不但在医学史学科地位的确立、提升方面功不可没，甚至对美国公共健康事业的发展、政策的制定以及人才的培育有重大导向作用。

国外学者对西格里斯已有一定程度的关注。如菲利克斯·马蒂巴纳

---

① 1940年3月11日，在旧金山召开的一次学术会议上，西格里斯宣读了一篇名为《医学社会史》的学术论文，集中体现了其医学社会史的构想。这也是"医学社会史"的首次正式提出（参见李化成：《西方医学社会史发展论述》，《四川大学学报》2006年第3期）。

（Felix Mattiebana）编辑出版的书目涵盖了西格里斯对医学史以及从古代到巴洛克时代医学的灼见，①伊丽莎白·菲（Elizabeth Fee）在其书中论述了西格里斯从传统医学史到医学社会史观念的转变，及其在社会政治方面作出的突出贡献，②同时她还撰有多篇文章，分别论述了西格里斯思想中社会化疾病和医生职能的转变，③科学化医学护理改革的口号和实践等主要内容④。其他杰出的医学社会史研究者如乔治·罗森（George Rosen）、⑤阿伦·格雷格（Allen Gregg）⑥等都曾详细论及这位医史学家在美国医学以及医学社会史领域的影响力。

目前国内史学界对于西格里斯的专门论述仅限于学者李剑的文章，他介绍了西格里斯的生平事迹以及同中国医学界的联系，⑦为我们提供了研究西格里斯的宝贵资料。其他学者也尝试对这位医学社会史奠基人的成就加以概述，并对其著述进行翻译，但大多比较零散，对其医史学思想及其贡献的认识未能形成体系。本文试对西格里斯的医学社会史思想及其对西方医学史的贡献作一论述，以期读者对医学社会史有更多感性的认识和理性的思考。

一、医学社会史思想的形成

医学史一直都是多样化的，反映出医学史从业者们各种各样的立场、

---

① H. E. Sigerist, *On the History of Medicine*, New York: M. D. Publications, 1960.

② Elizabeth Fee, *Making Medical History: The Life and Times of Henry E. Sigerist*, Baltimore: John Hopkins University Press, 1997.

③ Elizabth Fee, "Henry E. Sigerist: From the Social Production of Disease to Medical Management and Scientific Socialism," *The Milbank Quarterly*, vol. 67, no. 1 (1989), pp. 127—150.

④ Elizabeth Fee, "The Pleasures and Perils of Prophetic Advocacy: Henry E. Sigerist and the Politics of Medical Reform," *America Journal of Public Health*, vol. 86, no. 11 (1996), pp. 1637—1647.

⑤ George Rosen, "Toward A Historical Sociology of Medicine: The Endeavor of Henry Sigerist," *Bulletin of the History of Medicine*, vol. 32, no. 6 (1958), pp. 500—516.

⑥ Allen Gregg, "Henry Sigerist: His Impact on American Medicine," *Bulletin of the History of Medicine*, vol. 22 (1948), pp. 32—34.

⑦ 李剑:《亨利·西格里斯:卓越的医史学家和医学社会学家》，《自然辩证法通讯》1992年第1卷第77期，第62—71页。

思想和工作侧重。19世纪时已有许多不同的医学史写作模式。在医学史初具规模的19世纪晚期和20世纪初期,医学史写作方式和重点明显不同。① 正是在这一背景下,西格里斯在医学史研究方法上做了多个重大改变。

第一阶段,西格里斯的研究方法以文献学研究方法为主。一战后,西格里斯师从莱比锡大学医学史研究所主任卡尔·祖德霍夫(Karl Sudhoff)专攻医学史。"祖德霍夫是当时德国医学史界无可争议的领袖,并以出色的档案管理工作著称于世。他整理了中世纪医学文献,其中最重要的就是对帕拉塞尔苏斯著作和手稿真实性的调查。"②因此这一阶段,西格里斯的研究主要集中于原始医学文献、伟大医生传记的研究。这主要是因为医学史仍受到兰克史学的影响,强调拥有历史知识可以加深其研究资料中医学意义的理解。这一时期西格里斯完成了《目前中世纪早期医学手稿研究》这篇授课论文,然而为了使医学史变得更加自主,更加实用,更加贴近社会生活,在拓展祖德霍夫的文献学方法时,西格里斯逐渐将自己的研究转向更加"文化"的方向。

第二阶段,西格里斯将灵活的文化相对论概念应用于医学史。他吸收了海因里希·沃尔夫林(Heinrich Wolfflin)的文化观点,即一种文化的各个方面都烘托着同一个结构性主题,运用当时文化中的宗教、哲学、科学和经济等背景考量每个时代的医学状况。例如他认为威廉·哈维(William Harvey)的血液循环理论和当代巴洛克艺术风格一同展现了那个时代宗教哲学的风貌。③ 他将查士丁尼鼠疫描述为公元6世纪危机的征兆,认为它甚至影响了整个地中海世界,还将它解释为走向终结的旧文明和崛起的新文明之间的分界线。这一时期盛行的疾病主要有麻风病、鼠疫和舞蹈狂之类的集体病。在高度强调个人主义的文艺复兴时期,梅毒则处于历史的前台。这一时期西格里斯所建立的介于疾病和文化之间的关系还是比较抽象、富于象征意义和理想主义的。但考虑到医生们面对的是永恒的社会、经济因素带来的影响,西格里斯最终放弃了文化理想主义,如他所说,"如果你想

---

① John Harley Warner, *Locating Medical History: The Stories and Their Meanings*, Baltimore: The John Hopkins University Press, 2004, p. 139.
② 李剑:《亨利·西格里斯:卓越的医史学家和医学社会学家》,第63页。
③ 李剑:《亨利·西格里斯:卓越的医史学家和医学社会学家》,第64页。

要理解19世纪的医学发展,你就必须先了解工业革命"①。他在之后的研究中逐步用历史唯物主义的方法解释医学史。

第三阶段,西格里斯已经真正成为一位医学社会史专家,敢于奋斗在时代的前沿。他试图从医学专业角度和社会的角度将医学视作一个整体。这同他在苏联的学习经历密不可分。由于20世纪上半叶的经济危机和两次世界大战,人类文明濒于险境,时代使命感将西格里斯的注意力转移到了国家的经济社会组织及其对人类健康的影响之上。这一时期,苏联的集权化管理和社会化医疗保健为经济秩序混乱、人民饱受痛苦的美国提供了一项理性选择。此后,西格里斯不断将医学中的科学性、社会性加以贯彻,以期医学社会史成为塑造未来医学行业的标尺,甚至能影响到当时的公共健康政策,并能鼓励医生和医学学生参与到社会活动中。在霍普金斯大学工作期间,他创办了《医学史研究公报》(Bulletin of the Institute of the History of Medicine),在医学史研究所创办了"毕业生之周"(Graduate Weeks)和"泰瑞讲座"(Terry Lectures)这样的开放研讨会,并开设医学社会史课程。此外他还加入到各种社会主义团体和其他进步组织的运动中,大力提倡国家健康保险(National Health Insurance),呼吁由医生引导提升大众的工作环境,扩大医疗保障范围,尽快结束战争。他甚至到加拿大、印度、南非等国家做保健服务发展委员会(Health Services Survey Commission)的顾问,将知识运用到地方、国家和国际实践当中。

总的来说,西格里斯不仅丰富了社会史的内涵,而且促使医学史工作者重新审视医学史的研究对象和价值,这正是其超脱时代局限之所在。下面笔者将详细介绍西格里斯笔下疾病与医学的社会属性,同时对其提出的国家健康保险这一新型医学服务模式加以概述。

二、社会化的疾病

西格里斯将医学史看作"阐释现代医学问题的有效途径",其中很重要

---

① H. E. Sigerist, "The History of Medicine and The History of Science," *Bulletin of the History of Medicine*, 1936, vol.4(1936), pp.1—13.

的一项内容就是研究"疾病的历史"。他认为,了解疾病的历史及其地理分布状况是从事医学史工作的前提,历史学家只有熟悉相关疾病问题在历史中的情况和地位,才能更加清楚地理解医学的理论及实践意义。

西格里斯阐明了两种观点,作为他"社会化疾病"这一观点的理论支撑:一种是生物学观点,一种是流行病学观点。从生物学观点来看,西格里斯强调,应当将疾病自身视为一种生命体,其产生、发展、扩散、消亡遵循着生物的恒久规律,即疾病也是有生命周期的,且在历史的各个时期中表现出的形式大致相同。疾病很容易受到环境的影响,"疾病的出现是由于作用在人体有机组织的刺激因素超越了这些有机组织的适应性"①。即便疾病的生物学现象已被我们大众熟知,但并不能使我们更加有效地认识和对抗疾病。

事实上,出现在某一特定时间和地区的疾病也会受到当时社会条件的限制。疾病虽可以说是一种生理现象,却是由社会条件引发的。这就是西格里斯的流行病学观点,它强调随着时间和空间的改变,特定疾病发病的因素也会有很大不同,疾病可以看作是人体对自然和社会环境的一纸诉状,是人体有机组织对痛苦的一种表达。"如果我们不能正确认识普遍存在于我们当今社会的疾病,而只将它的影响程度和作用范围看作是恒久不变的话,那就大错特错了。"②

西格里斯提倡对特定疾病的历史和地理分布状况进行研究,掌握当时历史的气候、植被、水源等因素,以便使医生更加准确地评估疾病。举例来说,脾在古希腊医学中之所以重要,是因为相关医学理论诞生自疟疾肆虐的地方,很多人都有脾肿大症状。③ "有时我们能从古生物学角度,研究人的骨头,动物化石……甚至从埃及的木乃伊中搜集的软组织中看出当时埃及社会盛行的肺结核、动脉硬化等疾病","在绘画、雕刻等艺术中可以看到佝偻病、小儿麻痹等病症"。④ 然而遗憾的是,近代医学因受到临床解剖医学

---

① H. E. Sigerist, *Man and Medicine: An Introduction to Medical Knowledge*, New York: W. W. Norton, 1932, p. 172.

② H. E. Sigerist, *Man and Medicine: An Introduction to Medical Knowledge*, p. 172.

③ H. E. Sigerist, "Problems of Historical-Geographical Pathology," *Bulletin of the Institute of the History of Medicine*, vol. 1, no. 11(1933), p. 14.

④ H. E. Sigerist, "Problems of Historical-Geographical Pathology," p. 12.

和血液循环理论的影响,仍十分偏重临床实验医学。虽然这一趋势在 19 世纪下半叶有所减弱,人们试图重新审视生理学研究,欲对古典医学文化进行复兴,但在病理学家奥斯勒(William Osler)、魏尔啸(Rudolf Virchow)和韦尔奇(William Welch)等人的影响下,以实验为基础的德国医学研究模式仍是当时医学的主流。[1] 至于疾病的历史地理研究,由于本身资料难以集聚,知识较为零散而易被人忽略。但西格里斯根据这些雄心勃勃的愿景,提议创办一本拥有历史地理学视角的国际病理学研究期刊,出版一系列关于不同疾病的历史和地理的专著,以及关于疾病分布的时间和区域的地图集,以期提升对于每一历史时期疾病的社会研究。[2]

疾病史的研究是社会文化史的必要组成部分,如果缺少对与人类生命、健康息息相关的疾病的研究,那么这种文化史必定是缺乏色彩的。疾病与健康作为生命存在的必然维度,虽然矛盾,却紧密相连,而它们同历史研究中的战争、灾荒、哲学、宗教、艺术以及国家的命运是密不可分的。我们在研究疾病史时,应当侧重于揭示疾病和文化、社会生活和生物生活之间的关系。因为"某种特定疾病的发生,一定会受到其时代的经济、社会和地理因素的影响",这一观点在西格里斯之后的作品中也不断得到深化。鼠疫的发生是由于战乱、饥荒、不卫生的人们的集聚导致的;肺结核是由于不健康的生活和工作环境导致的;性病与卖淫活动相联,而卖淫则是由于妇女的失业、贫穷以及缺少经济机会所导致的;酗酒也被看作一种不幸的疾病,恶劣的生活条件、无时无刻的压迫感以及缺乏相关教育和娱乐设施,都是导致酗酒的原因。西格里斯还将犯罪定义为一种社会疾病,认为它同样是由于贫穷、失业和对生活的失望所导致的。

自 20 世纪 20 年代起,美国所经历的一系列社会剧变更加迫使人们对影响人类健康的诸多因素进行思考。柯立芝繁荣后,美国出现严重的经济崩溃、贫困和失业状况,同时西格里斯和其他一些有识之士意识到危险的法西斯主义正在崛起,世界有可能卷入到战争中,人类文明濒于险境,而数以万计的劳动者也将处在水深火热中,此时单单强调贫困和营养不良作为引发疾病以及病态心理的主要原因已不能适应人类健康事业的发展。时代使

---

[1] John Harley Warner, *Locating Medical History: The Stories and Their Meanings*, p. 145.
[2] H. E. Sigerist, "Problems of Historical-Geographical Pathology," p. 18.

命感将西格里斯的注意力转移到了国家的经济社会组织及其对人类健康的影响之上,工作条件、职业疾病、工业意外事故这些威胁欧洲和美国劳动人口健康的因素便走进了西格里斯的视野当中。西格里斯曾经说道:"尽管各个时期的文明会根据其造福人类的程度受到重视,但成千上万铸造这些历史丰碑的人民的血与泪太易被遗忘。"① 即便美国拥有雄厚的经济实力,医学能力和科学技术也都高度发展,应用于提升工人阶级健康的手段却仍具有很大的局限性,相比之下,同时期苏联的集权化管理和社会化医疗为苏联经济和社会的日趋稳定提供了保障。因此从人类健康这一角度来说,历史上各个时期、各个国家对于劳动者工作环境的考量应当成为衡量文明的标准之一。

对疾病背后的经济、政治、文化等因素的综合考量,集中体现着西格里斯的医学社会史思想,它能帮助我们理解时下社会诸因素对人类疾病产生的重要作用。由于人生活在社会中并是其中一员,且时常经历着健康和疾病等相关问题,因此治疗的手段也势必是社会化的。除了医生,教育家、企业家和政府官员都能对医学知识和技术的使用以及医护组织形式的创新产生巨大影响,社会成员必须协同合作才能解决出现在医学中的纷繁复杂的问题。因此西格里斯在深化疾病史的基础之上大胆对医学功能进行了更加科学的概括,从而使他的医学社会史思想迈上了一个新的高度。

三、社会化的医学功能

数千年来,治愈疾病曾是医学恒久不变的首要任务,但如今人们面临着更加多变的社会环境,医学的任务及其所要求的方法因而也会随之发生变化。面对这些变化,西格里斯认为,"我们仍然要从更朴素的层面上将医学的功能分离开并进行讨论"。② 西格里斯对于医学的三项功能有着清晰的

---

① H. E. Sigerist, "Historical background of Industrial and Occupational Disease," *Bulletin of the New York Academy of Medicine*, vol. 12, no. 11(1936), pp. 597—609.

② H. E. Sigerist, "The Place of the Physician in Modern Society," *Proceedings of the American Philosophy Society*, vol. 90, no. 4(1946), p. 277.

概括,它们分别是"健康的提升,疾病的预防,病人的康复"。①

医学的第一项功能是"健康的提升"。西格里斯告诉我们,"健康不能被认为是人体理所应当具备的素质"。② 他提出必须通过医生与医学工作者之间的不断协同工作,来保持和提升健康。这无疑是一项突出的社会任务,因为它需要包括劳动者、工厂主、教育家、政治家以及医生这些群体的集体努力才能解决,"特别是医生,作为健康领域的专家,应该对这些行为模式做出精准的阐释,并为之设立行为规范"③。

教育对于健康的提升也具有重要意义。"国家可以有效帮助社会避免绝大多数危害,但是健康的培养却需要自己固定的生活模式,而这种生活模式很大程度上由个人教育所决定。"④西格里斯认为,在学校进行的体育锻炼,理应形成一种文化并扩及到社会中的所有人群,因为体育文化首先是一种提倡健康的积极态度,因此要创造出一些有组织性的体育活动使身体得到锻炼,保持良好的个人状态。事实上,在20世纪40年代,"医学教育已成为医院工作的重要组成部分,每所医院都有一所医学校做基础,并为本科生和研究生提供助学金"。⑤ 不管是普通教育还是健康教育,都代表着所有健康活动的出发点,因此学校毫无疑问成为提升公众体质的重要推动因素。

除了社会群体的协同工作和个人教育,社会向人们提供的休闲和娱乐设施也是提升人类健康的重要一环。西格里斯由衷地认为,积极的休息和工作同等重要,有时这种休息甚至可以在某些医学指导下进行。但不论从社会还是个人的角度,这一环节恰恰是最容易被忽视的。

医学的第二项功能是"疾病的预防"。西格里斯认为,通过教育、休闲娱乐设施以及社会群体的协同工作,社会确实可以预防一些疾病,"但是保护社会免受传染病的侵袭仍需一些特殊的预防手段,例如保证住房、隔离站、免疫区的卫生状况;发现、隔离并治疗单个受传染个体……"⑥这些是每

---

① H. E. Sigerist, "The Place of the Physician in Modern Society," p. 277.
② H. E. Sigerist, "The Place of the Physician in Modern Society," p. 277.
③ H. E. Sigerist, "The Place of the Physician in Modern Society," p. 277.
④ H. E. Sigerist, *Medicine and Human Welfare*, New Haven: Yale University Press, 1947, p. 103.
⑤ 罗伊·波特:《剑桥插图医学史》,张大庆译,山东:山东画报出版社,2006年,第219页。
⑥ H. E. Sigerist, "The Place of the Physician in Modern Society," p. 278.

一个现代国家公共卫生局的经典防治任务,在过去的一百年里逐步发展,倘若现在没有国家力量的支撑,这些纷繁复杂的问题便难以解决。而解决疾病问题的宏观方法就是使医学成为国家管理中的一部分,从国家管理的层面考虑,医生的职能或可转化为国家公务员。

因为预防疾病的关键在于:不论是从生理原因还是社会原因去考虑,社会都要为那些易受疾病侵袭的人群提供特殊的医疗组织服务。由于社会原因而受到威胁的工厂工人,他们需要更多的社会照顾。因此,应社会的客观要求,医生必须研究出特殊的救助方法或在此基础上成立一些机构进行救助。

西格里斯始终觉得现代医学工作对于病患的生命状况普遍缺乏关注,由此导致医患关系中的一般趋势是将病患看作生病的客体而非主体,而在西格里斯的医学思想中,这一主体是需要被医生告知疾病的状况,同时自身能积极主动地参与到治疗过程的。

至于医学的最后一项功能"病人的康复",是指当"提升健康"和"预防疾病"这两项工作失败时,医生的当务之急便是帮助病人恢复健康,但还有更为特殊的一点,那就是要重塑他们原先的社会形象、地位以及融入社会的信心,以使他们作为一名有用的社会成员重新融入社会当中。虽然这时医患关系看似变得简单起来,但西格里斯认为,这层医患关系当中实际上也包含着更强的社会因素。"在处理病人的病史时,医生要努力构想病人的生活和工作状况,他和家庭以及其他社会群体之间的关系,因为疾病是间接或直接地由于错误的生活模式或是社会失调导致的。"①医生及其所治疗的病患是个体,但同时他们又是社会的一员。治疗是存在于社会关系的不断修正之中的。西格里斯对重塑病人的关切是期望根据社会的资源以及能力来尽可能为伤残人士提供工作,必要情况下甚至要诉诸政府行动,为病患提供一些这样的岗位。他认为,"以美国现在高度专业化和技术化的社会状况,不同程度的残疾人士都可以接受再培训,这样他们就可以继续完成有用的工作,保持自己的尊严和经济地位"。②

西格里斯给我们留下了强烈的医学讯息,即要通过努力构想病人的生

---

① H. E. Sigerist, "The Place of the Physician in Modern Society," p. 278.
② H. E. Sigerist, "The Place of the Physician in Modern Society," p. 277.

活、工作习惯以及病人可能的社会关系,来了解疾病发生的始末。如果我们清楚古希腊医学史的相关知识,便很容易联想到古希腊医生希波克拉底(Hippocrates)开创的预后术。事实上,西格里斯在跟随导师祖德霍夫进行中世纪手稿研究的工作时便受到古希腊医学的耳濡目染,与奥斯勒一样,他们都坚信西方医学文明中所有传统和有影响力的观念都来源于古希腊,并认为希腊人为现代科学整体上的发展提供了原始的想法。① 希波克拉底重视调整病人治病时的心态,在此基础上,西格里斯将这一理论升华,为我们展现了宏伟的健康蓝图及其对人类福祉的重要意义。"健康的心理寓于健全的身体(Mens Sana in Corpore Sano)"依然是人类社会进步的口号,但在当时,若想要将人类健康更进一步地提升,那就需要将健康置于社会层面进行考量。"健康的人是指他能够很好地调节自身的身体与精神状态,并且也能很好地调整自己以适应于周围的自然环境和社会环境。对于自身身体和精神的各种状况,一定要很好地予以掌控,只要环境的变化没有超出正常规范,人们就可以很好地适应环境;并且能够根据自身的能力,为社会的福祉做出贡献。因此,健康并不仅仅是不得病:它凸显了积极的一面——那就是愉悦的人生态度,以及欣然接受生命所赋予个人的责任。"②

西格里斯杰出的医史学思想产生了巨大的影响,以至于1948年成立的世界卫生组织的指导宣言也融入了西格里斯的医史学思想,"健康是人们身体、精神上,以及在社会中表现出的完美状态,并不单单指没有疾病和虚弱现象"③。此后,莱威尔(Hugh R. Leavell)和克拉克(Gurney E. Clark)提出的"预防等级"(Level's of Prevention)逐渐为人熟知,成为预防医学中的经典案例。事实上,莱威尔也曾坦言自己的"预防等级"在很大程度上继承了西格里斯的医学思想。④

西格里斯将"健康的提升"置于医学功能的首位,但从他的著作中我们能

① Elizabeth Fee, *Making Medical History: The Life and Times of Henry E. Sigerist*, pp. 136—161.

② H. E. Sigerist, *Medicine and Human Welfare*, p. 100.

③ H. E. Sigerist, "An Open Letter to UNESCO," *Bulletin of the History of Medicine*, vol. 22 (1948), pp. 213—218.

④ H. R. Leavell, "Textbook of Preventive Medicine," *American Journal of Nursing*, 1954, vol. 54, no. 1(1954), p. 11.

够看出,这一功能对于绝大多数注重药物疗法的医生来说是难以接受的。或许只有当我们更好地按西格里斯在《医学与人类福利》一书中提到的,以历史学角度和科学的方法论来综合分析和审视人类健康及医学功能论,才能对西格里斯卓绝的医学思想感同身受,因为这是一项勇敢而富有创新精神的成就。

四、国家健康保险计划

医学不仅仅与知识和实践、治疗和护理有关,它还与权力紧密相连。"无论是战争年代还是和平时期,医学都涉及到医生、病人的权力,以及教会、慈善组织、保险公司、制药厂家尤其是政府这样的机构的权力或职能。"[1]回顾20世纪上半叶,同诸多有识之士一样,西格里斯对医学科学的发展,医疗服务范围的扩大和政府职能的加强更有信心。他不但敢于打破当时临床医学与预防医学之间的界限,更是一位敢于践行科学化医护改革事业的先行者,终其一生都在为人类福祉做出贡献。

20世纪三四十年代,西格里斯深深地介入到美国医学政治当中,他逐渐成为"国家健康保险"(National Health Insurance)的主要代言人。西格里斯认为,"国家健康保险"是历史前进的必然,相较于早先自费就医(Individualistic Fee-For-Service)方式的盛行,来自于民间医学团体和私人医生的医疗力量已然乏力,由国家税收和保险支持运营的国家健康保险不但能解放医学纵深发展的经济束缚,也更易提高医疗服务质量,从而将医学福利覆盖至全体公民。国家健康保险是一种创新性的医疗服务手段,它完美地将新兴的医学科学知识应用于新型医学社会当中。

但这种医疗服务手段并非被所有医生理解。20世纪30年代的经济危机对德国医学界有很大影响,因为"德国在社会福利上的开支日益削减,医生收入不断降低,许多医生对国家健康保险心生怨念,他们想要坚持以往的个体化医疗实践模式以保障自己的收入"[2]。西格里斯认为这些医生目光

---

[1] 罗伊·波特:《剑桥插图医学史》,张大庆译,第199页。
[2] Elizabeth Fee, "The Pleasures and Perils of Prophetic Advocacy: Henry E. Sigerist and the Politics of Medical Reform," p.1638.

狭隘,因为他们只顾及自己,没有在真正意义上履行好医生这一神圣职业的使命。如果医生这一职业的价值需要拿每一次医疗服务所带来的金钱去衡量的话,就会变得毫无意义,医生也就在某种程度上变成了和"杂货店主"价值相等的一类人。此后西格里斯迫于法西斯主义势力的崛起而移居美国,他着眼于美国医学护理组织的改革,认为美国应该从混乱无序且过时的个体化医疗实践中走出来,由政府对医学服务进行干预。他主张医学应当像教育行业、司法行业以及牧师行业一样,必须从经济的束缚中解脱出来。西格里斯拥有在欧洲国民健康保险体系工作的亲身经历,他曾对欧洲当下的医疗保险制度表示担忧,因为"它仅仅涵盖一部分人群,并且由于医生不能从传统的束缚中解放出来,仍然坚持病患为每一次医疗诊断和服务进行付费,因此这样一个极度复杂的记账和管理体系需要大量的工作人员进行管理"。①

西格里斯对于"国家健康保险"计划的另一突出贡献在于,他对国家健康保险计划的资金来源进行了充分论述。西格里斯曾认同由八个主要基金会组成的美国"医护开支委员会"(the Committee on the Costs of Medical Care)所主张的"按制度层级和区域划分"组织公共医疗,通过保险、税收或二者兼容的方式支付其他公共医疗服务的这一方法;与此同时,他还大力倡导美国民众积极参险。当大众仍对健康保险心存疑虑时,西格里斯说道:"美国是保险公司的乐土,这里的人们都在积极地参保以防止自身受到任何危险的侵袭,而保险代理商则不计其数地蜂拥在群众身边。"②保险成为主宰大多数美国医学服务市场调控的一部分。

1943年,西格里斯在参与瓦格纳国家卫生法(Wagner-Murray-Dingell bill)运动的中期就提到如何使资金有效运转从而提高医疗服务质量:"在当前国家的经济和社会状况下,国家健康保险与公共健康服务的延伸或许是最有可能实施的举措,如果由国家税收支持,资金用于发展健康中心的团体医疗保险,如果医疗服务转化为公共服务,其质量是可以提高的,公民也可以免费享用。"③西格里斯认为,保险不仅应当涵盖雇佣劳动者及其家庭成

---

① H. E. Sigerist, *American Medicine*, New York: W. W. Norton, 1934, p. 183.
② H. E. Sigerist, *American Medicine*, p. 192.
③ H. E. Sigerist, "The Realities of Socialized Medicine," *Nation's Business*, vol. 26, no. 4 (1986), pp. 15—18.

员,还应当涵盖个体户。国家应当提供涉及完整医疗服务的各类型的健康专业人士以及机构。

20世纪40年代,西格里斯所倡导的"国家健康保险"已成为美国街头巷尾热议的话题。除了对"国家健康保险"这一医学服务形式进行提倡,西格里斯还倡导与之相适应的医学科学——临床预防医学。临床预防医学需要全科医师和专家采取预防医学(Preventive)和药物疗法(Curative)相结合的方式,如此"培养临床医学的技艺肯定会和之前大不相同。现在每个医学案例都必须得到医学化以及社会化的分析,所以得到的结论必须能够对未来有所启示——须教会人们如何在未来预防相似的疾病"。[1] 在实际工作中,这些医生不仅是治疗专家,同时他们还扮演着科学家和社会工作者的角色,但不管这两种角色如何转变,他们都将会受到政治活动的调和。这些立场受西格里斯科学政治化和医学科学化思想的影响,而最终的解释落到了"社会主义"——这一能让全民享受科学成果所带来的好处的社会形式之上。如果在当下政治环境中无法为健康的生活提供基本条件,那么医生这时至少应该帮助病人"适应"他们所处的社会环境和身体状况;但对于一些慢性病而言,它需要更多的是医护照顾而非改变社会和环境。进行社会和经济根本性变革的需求与运用科学技术,特别是科学化医学使医护服务触手可及的需求,西格里斯一直想要弥合横亘在这二者之间的断痕。

西格里斯曾多次强调追求医学知识的本质并非医学亟待解决的问题,"没能将医学知识所带来的成果平均分配,同时医学无限的技术可能受制于市场的力量"[2]才是未来医学最让人担忧的。美国就是极好的负面例证。美国医学技术发达,但它却没能将这些优势完全用在医护改革之上,造福人民。举例来说,解决贫穷的方法在于将科学知识应用在农业生产上。他认为苏联在十月革命后对农业重新整顿的举措可以立为世界标杆,因为它或可终结饥荒和作物歉收。正如科技能够帮助提高土地肥力和谷物质量,它也能向人们展示如何能在丰年对粮食进行合理分配,防止饥饿。然而在美国,"粮食被大量地生产出来,却得不到合理分配;无序的经济体系最终导致在大萧条时期

---

[1] Milton Terris, "The Contribution of Henry E. Sigerist to Health Service Organization," *Journal of Public Health Policy*, 1995, vol. 16, no. 2(1995), p. 184.

[2] H. E. Sigerist, "Medical Care for All the People," *Canadian Journal of Public Health*, vol. 35, no. 7(1944), p. 256.

数以百万的动物被屠杀"①。科学知识一定要用来解决诸如战争、贫穷、犯罪等社会问题:就像贫穷和犯罪一样,战争也是一种社会疾病。我们这个社会仍然存在战争,它提醒我们,野蛮实际上就离我们不远。它还提醒我们,我们尽管掌控科学,甚至可以研造杀人的科学武器,但也仍然不能真正触及社会生活的基本问题——那就是科学化的生产、分配以及消费。

从大量资料可以看出,西格里斯的医学史观始终与科学和社会进步紧密相连,不得不说科学知识才是人类前进的不竭动力。我们惊奇地发现,西格里斯将科学应用到社会中的主张其实是与马克思主义哲学惊人相似的:马克思主义哲学是建立在自然科学和科学经济学的基础之上形成的理性观念。只有在这种哲学观盛行的背景之下,科学研究才能得到最大程度的发展。西格里斯认为苏联科学的两个最主要特征"就是理论和实践之间差别的消失,或者说纯科学和应用科学之间的界限已经消失,其二就是科学研究得以在全国范围内进行"。② 因为对医学护理的有效组织和利用,以及对医学技术力量的科学分配,极大地仰仗理性的政府做出的合理重组,这实际上就是为了让美国向苏联医学护理学习。因为二者应用科技的目的是一样的——都是为了造福人民。

西格里斯最著名的社会学著作,当属1937年出版的《苏联的社会化医学》(*Socialized Medicine in the Soviet Union*)。书中展现了苏维埃的医学体系,这一体系始于希腊,经过漫长的改革后,最近在俄国付诸实践。西格里斯努力想要理解这个巨大的历史创新,世界上首个全方位社会主义医学体系:"五千年的医学史已经做出了很多成就,第一个时期是治病医学时期。现在在苏维埃共和国出现了新纪元,就是预防医学时期。"③这本书被认为是有关苏维埃医学体系的初级读物,向年轻的医学工作者们介绍了社会主义,但其中也表现出了对苏维埃体系过分乐观的支持。就连西格里斯自己都解释说,他不想"浪费时间"在描述苏维埃公共机构的不足和低效率上;他选择只强调"积极的成就",并且坚信这些成就会"丰富这个世界"。④

---

① Charles Rosenberg, "Disease and Social Order in America: Perceptions and Expectations," *The Milbank Quarterly*, vol. 64, no. 1(1986), pp. 34—55.

② H. E. Sigerist, *Socialized Medicine in the Soviet Union*, New York: W. W. Norton, 1937, p. 292.

③ H. E. Sigerist, *Socialized Medicine in the Soviet Union*, p. 308.

④ H. E. Sigerist, *Socialized Medicine in the Soviet Union*, p. 308.

有学者认为西格里斯渐渐地将自己视为一个马克思主义者,并"不可避免地"走上了苏维埃道路,极力倡导富有"社会主义色彩"的改革方式。① 除了加入各种社会主义团体和其他进步组织的运动,西格里斯在倡导普遍健康保障和社会化医学的斗争中是拥有超凡魅力的、鼓舞人心的中坚力量。即便罗斯福政府考虑到"反改革势力依然存在于医学职业、医院以及保险企业中",从而将"国家健康保险"计划推迟,但西格里斯的实践经历却影响着美国医学护理界的方方面面。自20世纪30年代起,许多在西格里斯感召下的开明医生继续从事着这项事业,并开发出多种地方医疗护理形式。

也许有人会说,西格里斯坚信的是科学和技术的发展水平而不是经济和政治组织的形式,决定着医学护理的结构。② 然而在当时那个战乱不断、经济动荡的年代,人们难免会受到当时混乱时局的左右。作为一名医学史家,西格里斯看到了科学知识以及社会医学对医学服务形式的提升,深信这些将会引领我们走向理性、平等和美好的社会,这些都无时无刻体现着他对公正社会的美好愿景及其医学思想的难能可贵,如今我们更应当尊重和认可西格里斯对于医学社会史所作的一切卓越贡献。

结　　语

西格里斯是他那个时代新型医学秩序的伟大构建者,也是现在发展蔚为壮观的医学科学事业的先驱。也许当时有人并不理解西格里斯的所作所为,认为这是一项"有风险"的事业,但凭借着对过去历史的更好理解,西格里斯为当时的社会现实问题找到了一剂良药。他使公共健康和医学护理的益处惠泽大众,使他们有机会享受保障性的健康和安全,享受创造性的工作和娱乐。西格里斯所强调的能重塑病人社会身份的医学社会史,使全民享受医疗的国家健康保险,都极大程度地提升了社会公平和健康层次。

毫无疑问,西格里斯创造了历史,他对医学史,甚至是人类社会所作的

---

① John Harley Warner, *Locating Medical History: The Stories and Their Meanings*, pp. 153—154.

② Elizabth Fee, "Henry E. Sigerist: From the Social Production of Disease to Medical Management and Scientific Socialism," pp. 127—150.

一切贡献,都有助于我们更好地应对和处理当代医学以及卫生护理方面涉及的哲学、道德、政治问题,我们也只有对其一生的医学社会史思想及实践进行理解和把握,才能对当时那个生动、多样的医学时代略窥一二。

〔郝树豪,西安工程大学学工部科员,西安710048〕

医学人类学研究的经验与感悟
——王建新教授访谈录

王建新　李如东

编者按：王建新教授是兰州大学民族宗教文化领域的知名学者，对西部少数民族医疗文化、医患关系、医学人类学等诸多方面进行过深入而系统的研究，创获颇丰，形成了鲜明的学术个性和治学风格。本文系李如东副研究员对王建新教授之医学人类学研究经验和感悟的访谈①，具有一定的理论指导意义。

李如东：王老师，您好！感谢您抽空接受我们的访谈。首先想请您聊一聊，您大概是在什么样的背景下开始医学人类学研究的？

王建新：我从上世纪80年代后期开始研究维吾尔族的宗教教育，后来跟维吾尔族宗教人士接触得比较多，观察到他们中的精神治疗。疾病病因不清楚，去医院也治不好，人们就会找宗教人士念经治疗。他们有自己编的类似于经文的册子，记载了为治病编制的小短文。

在持续的调查中，我发现，有一个庞大的知识体系在支撑这种治疗行为。首先是它继承伊斯兰教从穆罕默德开始就已经使用的精神疗法的一些东西，同时又跟当地的地方性医疗知识，以及类似于念咒语的巫术性治疗方法结合在一起。总体来说，就是一个非常庞大的民间知识体系吧。这个知识体系的主导内容是伊斯兰教正统的精神治疗法，而在治疗的过程中，会使用各类民间医疗的土方法。

进入90年代，我写了一些文章，进一步发现这种治疗方法与自然崇拜、山神、水神等自然神灵有联系，同时跟本土的萨满信仰、"灵魂出窍"的宗教

---

① 这次视频访谈完成于2017年4月17日下午。

文化、跳大神治病有关,与算命、看相等一系列宗教民俗也都有密切联系。我的硕士论文做的是南疆维吾尔族的宗教文化,它整合了各类不同的宗教信仰系统,形成一个综合性文化复合体。它的上层是伊斯兰教,中下层包括麻扎崇拜、自然崇拜、萨满教①等内容。后来到了读博士阶段,我把主要精力放在维吾尔族宗教人士的伊斯兰宗教教育上,里面有很大一块,是关于他们精神治疗方面的研究。

我正式开始做医学人类学的研究,是2002年前后,在这之前我还是做西北少数民族,如维吾尔族、回族、哈萨克族的宗教文化研究。2002年的年底,当时我在中山大学人类学系工作,国内发生了非典疫病,也就是SARS。首先在广东地区发生,后来传到香港,又传到中国内地。SARS发生以后引起了很大的恐慌。当时医院里都设立了发烧门诊,中山大学校医院也设立了,老师和学生都得到那里去检查,只要发现发烧的病人就马上隔离。

到了2003年3月份以后,疫病传到内地,我们每天能看到很多报道。病人大批地出现,大家都在关注隔离治疗。我在学校办公室里写东西,值班同学过来问我:"王老师你在那干什么呢,大家都回家了。学校也放假了,已经停课了,外面发生疫病,情况比较紧张。"这时候我才认识到问题非常严重,开始关注疫情的发展及相关问题。

后来我认识到,疫病不光是对人们的身体有伤害,对人们的精神也有伤害,甚至造成大规模的社会恐慌。所以,疾病及其治疗与文化关系非常密切。特别是到了非典后期,出现了很多谣言。在广东生活的北方人说,当地人吃果子狸、穿山甲等动物,食物太杂,引起这种疾病。而广东当地人则说,感染非典的北方人居多,他们不太注意洗澡。广东地区天热潮湿,当地人有

---

① 萨满教:萨满是西伯利亚和乌拉尔-阿尔泰各民族的宗教体系以及全世界其他许多民族的类似宗教体系中据说能治病并与世外世界相通的人。萨满教最完整的表现形式见于北冰洋和中亚地区,但萨满教作为一种现象并不限于这些地区。有些宗教以萨满式思想和技巧为主,另一些宗教则以萨满教内容为辅助现象,两者应当加以区分。萨满为人治病,主持社团祭祀,护送死者灵魂到世外世界。他做这些事情靠感情升华术,也就是说他能够在类似昏迷的状态下让灵魂离开躯体。在西伯利亚和东北亚,萨满或是世传或是"蒙选"。偶尔也有人由本人决定或由氏族请求而成为萨满的。但是,人们认为,自任的萨满在能力上逊于世袭的和超自然力所选定的萨满。另一方面在北美洲自愿"请求"萨满能力却是主要的遴选方式,不论以哪种方式产生,萨满必须经过一系列考验和拜师求教才能获得正式承认。治病是萨满在一种文化形态中的最重要功能。萨满活动是原始宗教特有的奥秘经验。参见钱伟长等编译:《不列颠百科全书》(国际中文版第15册),北京:中国大百科全书出版社,2007年,第269页。

冲凉习惯,一天要冲好几次。北方人不习惯冲凉,身体卫生不好,一些人认为是北方人不注意卫生引起的非典。当时情况下,产生了许多诸如此类的地域攻击性话语。

　　人们把事情说成这样,产生了诸多不同的理解或误解,也说明疾病和治疗与文化有密切的关系,这方面需要研究。2003年夏以后,我开始设计相关课题,跟广州市儿童医院的医生合作展开调查研究。当时,一位姓杨的主治医生对我们的工作非常支持,他多次跟我说:"王老师,你们人类学应该多关注这方面的问题,做这方面的研究。我们医院里的工作太忙,出个门诊每天都要接待上百病人,每位病人只能给几分钟的时间。所以,与病人患病治疗相关的许多背景性情况,我们无法去了解。现在医患关系比较紧张,这里面很多事情跟文化有关系,跟人的心理、感觉、认识都有关系。但是,我们当医生没时间做这样的事情,如果你们能参与这样的专门研究,那局面就会不一样了。"

　　在设计课题过程中,我还听取了广东省中医院等其他一些医疗机构医生朋友们的建议和意见。从2003年到2006年,我在中山大学申请到了两个课题。一个是校内的985课题,还有一个是广东省教育厅的课题,都是关于珠三角地区医患关系及地方医疗文化的研究课题。我带着两个硕士生在广州市儿童医院和广东省中医院展开了课题研究,后来一些博士生也参与了研究活动,产生了几篇毕业论文及其他相关论文。我的医学人类学研究就这样开始了。

　　李如东:从您的讲述里,我们可以看到,疾病或者对疾病的认识,以及疾病本身所引发的社会问题并非简单的病理学、医学的问题,它其实还有很多文化因素参与到其中。您刚才提到,您在广东接触到"非典",由于一些契机转入到比较正式的医学人类学的研究,(但我)同时也注意到,(您)比较多地集中在医患关系的研究上面。我想知道您当时的研究具体从哪些角度切入,使用了什么样的研究框架或理论?

　　王建新:最初,在医院医生朋友们的建议和启发下,我开始对医患关系感兴趣,觉得这个问题重大,应该去研究。但是,我当时还没有从医学人类学领域的角度去考虑相关问题,也就是说,没有把相关问题放到医学人类学的学科框架中去考虑。在探索阶段的研究中,我们查阅当时涉及医患关系的研究情况，发现有研究医患矛盾起因的，也有与医疗条件关联的，有医疗卫生制度层面的，也有社会人际关系方面的。我们在图书馆、网上把相关研究检索一遍后，发现从文化认知、认知人类学①或者是从医患的认知差异角度去做的研究非常少。

我感觉，认知人类学的认知与文化的关联性研究可能会为我们的医患关系研究提供理论方法上的支撑。20世纪中后期，认知人类学研究在国外发展得非常好，影响非常大。认知人类学主要是应用语言学语料分析的方法，对一些民族、地方性群体的分类体系进行整理研究，把基于地方性知识的传统的认知模式及与其相关的行为模式提取出来，再去探索认知与行为的关联规律。基于认知人类学的研究理念，我们当时设想，医护人员，特别是西医，接受了西方生物医学的知识体系，他们对疾病的认知是通常所说的科学认知。所以，他们的治疗方法也是基于科学认知，根据症状采取一系列科学的、生物医学的治疗方法，如动手术、用药等。而来医院看病的患者的文化知识背景非常不一样，他们生活成长的地域不同，受教育程度不同，民族宗教信仰不同。成长的社会文化环境和生活教育条件决定了，他们具有对疾病的不同于医护人员的认知状态，即基于他们自身的地方性知识的文化认知，这种认知会影响他们关于疾病的观念和治疗行为。

我们把医院看作医疗社区，这个社区里的主要成员是医护人员与患者，在某些场合下，医患之间会由于对疾病和治疗方案的认识不同而发生纠葛或冲突。从这个角度看，医患间疾病认知的不同，也会经常引起纠纷，甚至发展为医患矛盾。顺着这个思路，当时我认为，从民族学、人类学的角度应该能在医患关系研究中有所作为，这是我们研究起步阶段的考虑。

大概有3—4年时间，我们都在研读认知人类学的专业书籍。中文认知人类学的书较少，英文的特别多，都在大学城校区图书馆。我就把书分批借来，复印给同学们，逐步阅读消化。后来渐渐地，我们把认知人类学的体系和理论方法基本上搞清楚了，就开始将学到的知识用来指导研究实践。比

---

① 认知人类学：形成于20世纪50年代末，研究"人类文化与人类思维之间的关系"。华莱士、古迪纳夫等人的系统研究最终确立了认知人类学在人类学中的地位。认知人类学研究领域宽泛，大致分为语义学、知识结构、模式和系统、话语分析四个领域。与文化有关的认知模式和认知系统始终是认知人类学的焦点。参见庄孔韶：《人类学概论》，北京：中国人民大学出版社，2006年，第74页。

如,我们利用认知人类学语料分析的方法做研究,通过访谈收集能反映医患双方疾病认知、治疗行为的信息,并在各类医疗现场记录医护人员与患者的对话过程。通过采集到的病例信息和语料整理分析,搞清医护人员与患者在疾病认知层面的差异,他们各自的认知模式的文化知识基础,以及在具体治疗活动中的指导作用。最后结合纠纷形成过程中医患话语互动语料分析,对认知因素的具体影响进行评估。那些年,我们田野调查的重点是医患纠纷病例和医患对话的语料采集工作①。

截至2012年初,我们在中山大学完成的两个课题所涉及的医疗机构主要在广州市及周边,在广州市儿童医院、省中医院和广东省人民医院佛山分院设了3个调研点,参与人员主要是几个研究生和协作指导的医生护士。我们的研究人员在进入医院之前要办理手续,向医院的科研管理部提出调查申请,展示我们的研究方案。经过批准,约法三章,只能观察、询问和访谈,不能参与治疗活动。这些都要在和医院的合同里规定清楚,医院科室的主任负责为我们的学生提供医学指导等。幸运的是,医生们一般都很热心,愿意为我们提供支持和帮助,在诊室和病房里进行参与观察。所以,我们的学生在医院里面工作还都比较顺利。但尴尬的事情也有吧,有时候医生或是患者家属不耐烦,但大多数情况下还是相当配合的。这个时期,我们积累了在医院做田野调查的宝贵经验。

顺便提一下,我在中山大学人类学系工作期间,为了推进文化与认知研究,与哲学系教授合作向学校申请了一个二级学科的博士点——认知与文化博士点。当时,中大人类学系有4个博士点,即人类学、民族学、考古学和民俗学博士点,加上文化与认知博士点就成了5个。然后,从2007年开始招生,到2012年我离开中山大学共招了五届博士生。我指导毕业的学生有2位,加上其他教授指导的学生,一共培养出6—7位博士吧。我调离以后,这个博士点的具体培养情况就不太清楚了。

李如东: 王老师,从您刚才这个讲述里面我们了解到,珠三角地区的医

---

① 对在语言的实际使用中真实出现过的语言材料进行收集,形成语料库,承载语言知识的基础资源,真实语料需要经过加工(分析和处理),才能成为有用的资源。语料收集中应当遵循真实原则、数量原则、来源清晰原则。参见杨连瑞、杜敏、刘坤:《中介语语用学研究中的语料收集及原则》,《中国海洋大学学报(社会科学版)》2011年第4期。

患矛盾有些时候其实是两种不同的认知体系造成的。医生从科学的、生物学的角度对病人进行诊断,可是病人在理解自身疾病以及治疗的过程中,并非是从科学的、生物学的角度做出理解。两种认知类型的差异,导致了治疗过程当中的医患矛盾。您和您的学生确实开启了一种非常好的切入医患关系研究的视角,包括您刚才提到的,您的学生也深入到医疗社区当中进行这种调研。目前,您的研究转到了西北地区,您能将珠三角的研究和西部的研究结合起来聊一聊这之间的差异或者研究方面的变化吗?

王建新：在广州市做研究的时候,我们就发现很多医患间纠葛、冲突是来自于地方性医疗知识及经验与现代医学知识的不同。比如,有个孩子病得很重,住进了医院的重症监护室。孩子的父母亲到佛寺里求了个卦,把卦符带到医院里面来,把它放到了孩子枕头底下,希望它保佑孩子。护士长发现后非常恼火,说是搞迷信,对孩子的父母进行了严厉的批评。这让父母非常尴尬,争执起来,但他们不愿意把卦符收回去。对护士长来说,医院里面搞迷信是不允许的,这对孩子的病情没有好处;但对父母亲来说,这是他们的心愿,是他们孩子痊愈的条件之一,他们认为这种信念非常重要。另外,还有治疗方法方面的意见分歧。比如,广东地区每年3到4月间,是儿童脑膜炎容易发生的季节。有些父母会采用地方上的民间疗法,类似于巫术性的治疗法给孩子治病。比如,带孩子去巫师处求卦,用鸡蛋擦拭身体,请巫师念咒等仪式治疗。这个过程很容易耽误给孩子看病,病重再去医院就比较难处理了。有的家属即便到医院看病,医生说的不愿意听,坚持相信自己的生活经验。所以,医生有医生的看法,患者有患者的看法,起初是个人看法的不同,但在话语互动过程中形成误解,使纠纷升级。

我是2012年3月调到兰州大学工作的。我在兰州大学继续开展之前的研究工作。另一方面,我也回到老本行,做西部地区少数民族宗教文化研究;同时,我还兼顾医学人类学或者医疗福利保障及相关社会问题的研究。我指导的学生当中,有3位博士生、4位硕士生在做医学人类学相关研究。我后来发现,西北的问题和东南那边确实不太一样,非常有趣。比如说,在藏区医疗机构做调查,我们注意到,藏族民众身体有病,在去医院求医前,会找宗教人士打卦。他们会按照宗教人士的指导,具体决定接受治疗的医院和科室。在做手术或者决定具体治疗方法时,患者也会去咨询宗教人士,参考他们的指导,决定采取什么样的治疗。

在新疆医学院一附院泌尿科病房里,我们还观察到病人因为手术后的饮食与医生吵闹的事例。有位维吾尔族老人手术后,住院医生要求他吃几天流食,或者是医院所许可的其他食物,以保证身体尽快康复。但老人喜欢吃馕,吃牛羊肉,不愿吃流食。馕比较硬,牛羊肉比起鱼和鸡肉要难消化一些。医生发现他不按医嘱饮食后,对他进行了批评;但老人拒不接受批评,与医生吵闹,说医生刁难病人,要求科室主任调换负责医生。

在广州调查时,我们也观察到一些与宗教信仰和生活习俗有关的病例,但特点不太一样,似乎与算命、风水及巫术性治疗关系更为密切。比如,有一个十来岁的小女孩,习惯性地呕吐;但她总是蹲在地上,伸出舌头,做呕吐状,又吐不出来。父母带女孩到医院检查,医生判断是一种精神性好动症,或者在前期治疗中用药不对等原因形成的一种强迫性动作,可能是治疗不当引起的。女孩父母认为,这种病在老家被称为"lifeng"(谐音)病,要用拔火罐、按摩、针灸等地方上常见的方法治疗。由于当地的土方治疗法夹杂一些巫术性东西,医生不接受这种方法,认为不符合现代生物医学原理。但是,患者家属就是听不进去医生的解释,他们认为孩子的病没治好,是因为土方医疗法没有真正地实施到位,医生帮助他们实施到位就可以了。医生希望进行科学检查,准确地诊断,然后再对症下药。但是,孩子父母亲认为这样不经济,花了钱也不一定能治好病。后来,检查治疗无法进行,父母拒绝在医院治疗,就把孩子带走了。这是一个失败的病例。

这样的病例还有很多,疾病认知差异引起的医患纠纷多种多样。我感觉,东南地区注重风水占卜,巫术性的土方治疗很常见;到了西北民族地区,与少数民族的宗教信仰、生活习惯的关联性就比较突出。这也说明,地方性的治疗方法,就是基于地方性知识的民族民间医疗形态,它对患者认知模式影响非常大,而传统的认知模式又会影响患者对应疾病的行为。所以我决定,继续用认知人类学的理论方法做这方面的研究。后来到了2014年,我们在甘、新、宁、青等地陆续建立研究点,鼓励硕士、博士生做长期的田野调查,主要用认知人类学的方法去收集病例和语料,观察医患之间认知差异对医患关系所形成的具体影响。

研究工作开展了一段时间以后,特别是到了2014年夏季以后,我逐渐认识到,认知差异的研究很有学术价值,但是局限性也比较大。认知人类学利用语言学的方法进行分类体系的整理,然后从分类体系的整理中找出传统认知的一些既定模式,然后再去看这种认知模式对行为模式的影响。这种研究的视角比较局限,方法过于静态,容易忽视更为重要且急需研究的相关问题。我在指导学生的过程中认识到,认知人类学对基本认知模式的抽取分析有其局限性,需要及时调整。在当下,我们面对各种社会问题,如群体关系、资源分配、福利制度等,即便医患关系研究,问题发生和影响的范围也远超认知差异因素。所以,我就开始下功夫,把人类学实践理论和解释人类学①的一些东西揉进去,来处理动态的现实问题研究。

再顺便提一下,我在中山大学人类学时期指导的博士研究生中,有4位是用这种综合型方法做的博士论文。他们论文的前半段用认知人类学的方法把研究对象传统的认知模式做出来,后半部设定一些变量,比如经济交往、宗教活动、亲属关系、社会网络等等。一般来说,我们会设1—6个相关变量,然后到所设定变量发生的场域中去参与观察。观察的重点放在传统的认知模式在特定场域中的调适和变化。我们发现,具有既定传统的认知模式的研究对象,离开他们的母体社会以后,在各类人群杂处的社会当中,他们会折中地进行调试。接下来,我们观察和分析的重点就转向调试的路径、方法和规律的总结上面。这时候,我们就可以引入实践理论中的场域、惯习、文化资本等概念,或者解释人类学的社会话语分析②理论。这样一来,我们既能完成特定传统认知和行为模式等基础性的学术探究,也能展开现实问题的深入分析。年轻博士们后来都顺利撰写出论文,完成了他们论文的研究工作。

李如东:您刚才从东南和西北地区的医患关系的比较研究,逐渐拓展

---

① 解释人类学:又名阐释人类学,是象征人类学中的一种,由美国人类学家格尔兹提出。象征人类学中的一个关键词就是符号,格尔兹提倡从符号体系来解释人类行为,他认为文化不是封闭于人们头脑之内的某种东西,而是存在于公共符号中,透过这些符号社会成员彼此交流世界观、价值取向、文化精神以及其他观念,并传承给下一代。这一学派关注的是作为"文化"的载体,符号是如何运作的。参见庄孔韶:《人类学概论》,第75—76页。

② 话语分析:话语分析是针对社会文化知识和语法之间关系研究的主要领域之一,在话语分析中,会话推理起中心作用,这种推理是一种依赖于语境的解释过程。会话实践中的语外行为或者说话人的交际意图是话语分析研究的重点。话语分析往往被认为是民族学方法论的一个分支,但民族学方法论更注重分析日常活动的原因。参见庄孔韶:《人类学概论》,第188—190页。

到具体的场域里面的实践,我看到您的研究一方面除了具体地区有所变化之外,另外一条脉络就是您的研究跟整个人类学理论的发展基本上是一个相对同步的过程。我们知道,认知人类学之后,解释人类学有了更多的影响,到后来这个实践理论也流行起来了。总体来讲,您的这些研究都是和具体的民族志材料结合起来,在不停地往前推进或者是说不停地对具体经验做出解释。我看到您的研究体现出这样一个特点。那最近您在医学人类学这个领域又有一些什么新的拓展呢?

王建新: 大约在 2014 年夏秋季,有一些重要的学术经历刺激了我的思考。2014 年 7 月,受到德国马普学会①社会人类学研究所所长 Christopher Hann(中文名韩可思)的邀请,我去该所做了一个月访学。马普学会的社会人类学所坐落在柏林郊外一个不太远的、叫哈勒②的小城镇。哈勒这个城镇呢,过去是东德的地盘。小城镇主要是居民区,研究所处于镇里居民点中央一个街道里的大四合院内。院里共有三幢楼,两幢楼是研究所,一幢楼是招待所。研究所的地下两层为图书馆,藏书非常丰富。招待所为三层小楼,每层有两间客房,能住七八个外来的研究者。我住在一楼入口旁边的客房里,出入学习都很方便。

韩可思先生原来是英国肯特大学的教授,1999 年调到马普社会人类学所做了所长,是做东欧和中亚经济人类学、宗教及社会发展研究的专家。他夫人贝拉汉教授在丹麦哥本哈根大学历史专业任教,也是做东欧、中亚研究的,著有 19 世纪哈密社区社会史专著。夫妇俩 20 世纪 80 年代就带着两个孩子在新疆库尔勒、哈密等地做田野调查,发了一些新疆社会文化研究的文章,贝拉汉教授关于维吾尔语文字变迁的文章在国际学界影响较大。我年轻时读博士期间就读过夫妇二人的文章;似乎他们也看过我的英文文章,在哈勒相见,倍感亲切。

---

① 马普学会:全称为"马克斯·普朗克科学促进学会",是德国最重要的基础科学研究机构,拥有强大的创新能力和完善的科研体系,它的前身是 1911 年成立的威廉皇帝科学促进学会。马普学会是一个非营利的学术团体,总部位于慕尼黑。它的宗旨是提升人们的认知水平以改进人们对世界的总体看法,秉承哈纳克原则,即"让最优秀的人来领导研究所"。参见朱崇开:《德国基础科学研究的中坚力量——马普学会》,《学会》2010 年第 3 期。

② 哈勒市:位于德国中部萨勒河畔,是萨克森安哈尔特州的主要大城市之一,曾是原东德化工行业重要的基地。

我在哈勒访学，没有工作任务，所长就给我时间跟大家交流。当时，马普学会社会人类学所有三个专题研究群，韩可思所长带的是欧亚社会动态及社会支持研究。还有两个，一个是法人类学①课题群，另外一个是非洲社会组织研究，群体关系、社会冲突类研究。每个课题群都有十来个博士、博士后参与，都是来自世界各地的很有才华的年轻学者。

我7月初到了哈勒以后，就开始参加观摩所里的各项学术活动。我主要参加韩可思教授带的欧亚社会动态及社会支持研究小组的活动，偶尔也去观摩其他两个课题群的活动，收获颇丰。参加的活动有学术研讨会，也有博士答辩会，博士和博士后的研究开题报告会等等，学术活动挺频繁的。韩可思教授带领的团队有二十来个博士、博士后，来自全世界各地，都是搞社会支持这方面研究的，多数可以归在医学人类学下面。也有搞社会保障、老年人养护，儿童、弱势群体的健康医疗问题研究的。韩可思教授课题群里有三位中国去的女博士生，一位是搞西藏拉萨地区的医疗文化的，一位是搞云南地区的民族民间医疗文化的，还有一个是搞新疆北疆地区老年人养老问题的。那里的年轻学者们的研究都与 medical care, social care 或者 social supports 等关键词相关，有健康与医疗研究的，老年人、儿童健康问题、弱势群体的社会支持、少数民族的医疗文化等各类主题。

马普社会人类学所的访学，使我对自己从事的研究又有了新的认识。该所的研究者们所关注的问题，似乎可以归属到广义的医学人类学领域。传统的医学人类学研究领域可以包含两个方面，一个是与现代生物医学相关联的社会文化因素研究，也就是医学人文的研究；还有一方面是民族民间医疗文化及医疗民俗的研究。在马普学会那一个月，我收集了很多专业书籍和相关研究资料。不断的阅读学习使我感到，我们所关注的学术问题，特别是我感兴趣的许多问题已经超出了医学人类学的范畴。我有了新的认识，医学人类学只是一个学科切入口，而医患关系研究则是进入学科研究的一个技术路径。

---

① 法人类学：法人类学是法学与人类学的交叉学科，它伴随着西方社会文化人类学的产生而产生，其目的是通过对较小的、有着单纯文化的社会群体的研究，再通过与复杂的文明社会相比较，最终完善对"法"的认识。它研究的"法"的主要对象是非国家法。法人类学主要采用人类学"田野工作"和"参与观察"的方法进行研究。参见罗洪洋：《法人类学的理论与实践》，北京：中国政法大学出版社，2013年，第1—20页。

我开始考虑使用民族民间医疗文化、边缘群体民生保障、社会支持等研究主题，来规划进一步的科研工作。我逐渐认识到，这样规划设计，能使我们的相关研究真正深入到民间社会，使研究人员主动去农村、牧区和普通老百姓居住的社区里边去做研究。即便是医患关系研究，重新设定的主题和视角也有利于我们的研究向纵深发展。比如，聚焦患者的调查研究向家访和社区访问层面发展，去做较系统的患者口述史的访谈，全面了解其生活条件、生长环境、教育水平、人格形成及工作表现等各个方面情况。这样就能使我们的话题扩展到患者的社会关系、社会网络以及生活成长的社会文化背景里边去，我们的研究就能深入到地方性知识的探究。2014年7月底，我从德国访学回来以后就开始整理学习所带回的书籍资料，9月份一开学就组织研究生们学习吸收新的知识，同时吸纳更多年轻人加入我的研究团队。

目前，我们的学习研究已经初见成效，我们团队成员产出的作品展示了向更为广阔学术领域发展的趋势。比如，有学生在兰州市大型国企退休工人居住的社区里做调研。退休工人们在医疗保障条件差、福利制度不完备、社会支持条件不好的情况下，利用家庭、家族以及社区内外亲朋好友等传统社会组织，发挥自救性作用，解决自身养老问题。这方面的诸多问题和解决问题的民间智慧需要研究和挖掘交流。还有学生在甘南藏区做农村低保制度实施和精准扶贫研究。能够享受低保待遇的人群比较有限，但政策执行过程中存在很多问题，使国家的精准扶贫贯彻不到位，相关问题需要深入调查研究。另外，还有学生在尼姑寺里做调研，关注处于藏区社会最底层的尼姑群体的健康医疗卫生方面的问题等等。

2014年末以后，我们的科研团队在继续从事医患关系研究的同时，研究主题不断拓展。在医疗机构里的研究，区域范围正在向甘青宁新等西北地区展开，聚焦的主题也从医患关系，向各类慢性病研究领域发展。同时，在农村、牧区边缘群体中的研究，我们也开始聚焦少数民族、妇女儿童群体、老年人养护等问题，关注底层民众的医疗保障、健康和疾病治疗等涉及国计民生的诸多问题。

李如东：刚才您提到2014年的转变，和以往有一个很大的不一样。就是说，以往您的研究主要集中在医疗社区，也就是医院这样的一个社区，然后把这样的研究拓展到更宽广的社会网络，甚至进入到了患者的生活中，而且关注的主题也从一开始对医疗的认知的不同类型到医患关系,然后转入到社会支持,也就是您刚才谈到的 social support 这样的议题上来。可以讲,这样的一个转变,除了传统的人类学范畴之外,我们看到它其实已经带上了一定的人类学(应用)实践的味道。也就是说,人类学能够为医疗的改善或者为社会保险,比如您刚才说到的低保,在这些事情上面能够做些什么。这和前一段时间大家谈得比较多的 Engaged Anthropology(担当的人类学)有什么样的关系呢?

王建新: 应该说有关系吧,这也是发展人类学的一个分支。目前,发展人类学有几种不同的立场。有的人主张以观察、总结经验为主,因为人类学家还是一个观察者、研究者;还有的人认为研究者应该直接参与发展,直接影响且贡献于研究对象所在社会,推动其发展。实际上,二者是一个问题的两个不同方面。从这个意义上说,我们研究各类社会问题,把问题的发生、发展和转化机理搞清楚,在政策管理、对策制定方面提供咨询,就已经直接贡献于社会发展。我们应该尝试更多的应用转化意义较大的研究工作。

我再整理一下上面说过的内容。我参与医学人类学研究到现在,差不多也有十五年了。虽然一直在做,我还是感觉精力不是特别集中,成果也不是特别多。这两年来,相关杂志论文的刊发才多起来,也有编著出版,可以说在总结和推广方面有一定进展吧。我个人认为,医学人类学是我们科研工作学科名目上的归属,提医学人类学容易被行内人理解,实际研究工作远超出学科范畴。在医患关系研究方面,我们现在已经把研究重点调整到了患者身上。以前我们是患者、医生一起做,主要运用认知人类学的方法,做他们的疾病认知差异、话语博弈等研究。现在,我们逐渐转向患者主位的研究。这跟我们的科研不断拓展深入有关,也与同国际国内科研机构的专家们交流学习、受到启发后的视角方法调整相关。

我们现在认识到,医患关系研究中,患者是主要矛盾一方。确定研究的聚焦点时,要抓主要矛盾。医生的生物医学认知模式和知识体系,相对来说比较系统明确,容易理解和把握;但是,患者则千差万别,不同生活地区、不同民族和宗教信仰、母语和文化背景也不同,他们的问题全都不一样。而且,医患关系的影响因素中,除认知差异外,还有医疗需求、经济条件、社会关系、政策制度等方面的诸多因素。医患矛盾形成过程中,患者对医疗条件的看法、对医生的看法,都是重要的参考因素,患者的作用是非常突出的。

我和学生们总结出一个提法,叫做"患者主位的分析视角"。这种视角能帮助我们把主要精力放在对患者的分析上:患者的病情,对疾病的认识,患者对疾病的体验和话语表述等。

这样一来,我们就可以顺利地引入叙事医学的理论方法。围绕疾病和治疗,医护人员与患者之间会产生两种不同的话语表达,一种是医生的疾病叙事,另一种是患者的疾痛叙事。我们发现,疾痛叙事的内容丰富多样,需要深入挖掘和探究。在就医或养病过程中,患者要编制关于疾病给自身造成痛苦的叙事话语,叙事医学称其为疾痛叙事。疾痛叙事中的话语表达能帮助患者进行社会角色的修复,或者是对自己的人格进行保护和再造。作为病人,患者的社会角色发生了改变,身体和心理状态也随之发生了很大变化,造成了巨大心理负担。他要制造各种疾痛叙事,用有利于自身的话语来应对危机,调整缺欠的身体状况,修复自己损伤的人格等等。患者他要做很多事情,他们的疾痛叙事包括精神层面、身体层面以及他们多样的医疗需求等。

患者主位的视角,能使我们把研究精力放在患者疾痛叙事的分析上,使我们不仅关注患者的疾病认知,还要关注其精神和医疗需求、经济条件、社会关系等诸多层面。患者主位视角还能将我们的研究与民族民间医疗文化研究关联起来,综合考察地方性医疗文化的多样性和复杂性。这样一来,我们的研究就自然拓展到民族民间医疗文化领域,展现出更广阔的可能性。我们课题研究的学科定位是医学人类学,现在我更想用"健康、医疗与文化"来表述我们研究的对象范畴。这也说明,我们需要综合利用医学、民族学、人类学、民俗学、经济学、历史学、符号学、政治学、心理学、精神分析学甚至文学等学科的理论方法,将跨学科研究的学术理念贯彻到科研工作当中去。

李如东:也就是说,您和您的团队的研究其实从一开始关注疾病、医患关系到现在在西部进入到以社区为主的研究,已经总结出两个相对来讲比较成熟的经验。一个是在对医患关系的研究方面确立了一个以患者为主位分析视角的研究方法,然后,在社区研究方面又开始进入到一个更广泛的社会网络和认知人类学、传统的民族知识等综合的、交叉的研究方式。您的研究,也开始比较广泛地拓展到健康、医疗与文化。这种研究已经越来越开放,更多的学科、更多的团队都能够参与进来,这对于我们以后或者是医学人类学的研究,或者是传统人类学的地方知识的研究,民族知识的研究以及社区研究等等,都有非常多的启发和借鉴。

王建新：我再补充一点。最初开展医患关系研究时,我还没有明确的医学人类学研究的意识,只是用认知人类学的理论方法实施相关研究。那时,我还不觉得,我们进行的科研工作是医学人类学关联的研究。几年过去后,我感到学科建设和培养科研队伍的重要性,逐渐形成了医学人类学的学科定位意识。后来,又经过几次调整,到现在,我认为,我们做的就是有关健康、医疗与文化的研究。我个人认为,这种定位能让我们关注到更广泛的问题领域,健康、医疗与文化的研究使我们的研究越来越靠近运用。从学科建设的角度,我们研究的学科归属可以定位为医学人类学,但我们需要拓宽视野,在具体科研工作中贯彻跨学科综合研究的学术理念。

目前,作为健康、医疗与文化研究的延伸,我们团队也在国计民生的应用层面推进科研工作,主要包括三方面内容。一个是边缘群体的民生问题研究,如城市退休职工、妇女儿童群体、农牧区底层社会所面临的健康保障及生存现状的调查研究等。第二个是西北地区国家的民生福利制度建设研究,特别对国家福利保障制度顾及不到的地区所面临的问题和解决路径的研究,包括各类地方性社会组织、传统文化习俗所能提供的社会支持的理解和利用等。第三个,国家民生福利政策的调适,包括精准扶贫和脱贫研究。我们国家是人口大国,制度建设需要较长时期的积累;但在有些地区和社会群体中,不一定要花多少钱,只要政府的政策调适得当,把地方社会及民间的智慧和能量激发出来,情况就可以得到改善。以上三个方面的研究工作,我们正在逐步推进,希望能为政府提供有价值的政策咨询吧。

李如东：非常感谢王老师接受这次访谈,我们看到一个非常认真的学者长期从事一项研究,而且是不停地在探索创新,从一开始比较理论的研究,到近来关注民生、关注运用的研究。我们也看到了一个学者应有的社会担当,非常感谢您能接受这次访谈。谢谢!

〔王建新,兰州大学历史文化学院教授、博士生导师,兰州 730000;李如东,陕西师范大学中亚研究所副研究员,西安 710119〕

书　评

我们对自己的身体具有所有权吗？
——评《手的失窃案：肉体的法制史》

高建红

1993 年，法国著名的瑟伊出版社出版了一本学术畅销书《手的失窃案：肉体的法制史》(*L'Affaire de la main volée: Une histoire juridique du corps*)。十年后，该书被翻译成意大利语(2003 年)和日语(2004 年)出版。2014 年，作为"法治文化史丛书"中的一本，《手的失窃案：肉体的法制史》中文版由华东师范大学出版社推出。

《手的失窃案：肉体的法制史》一书作者让-皮埃尔·博(Jean-Pierre Baud)是一位法史学家，主要研究法制思想史及其与科学史的关系。1943 年让-皮埃尔·博出生于靠近瑞士的法国小城安纳西(Annecy)，成年后就读于里尔大学法律系，获法史学和私法学学位，1966—1969 年在亚眠大学法律系任助教，之后转入巴黎第十大学，并于 1971 年获得该校法学博士学位。1972 年他获得法学高校教师资格，1973 年开始在斯特拉斯堡第三大学任讲师，1975 年起任该校教授，1999 年后任巴黎第十大学教授，直至 2012 年去世。除了《手的失窃案：肉体的法制史》一书，让-皮埃尔·博还著有《炼金术审判：科学法制导论》(*Le Procès de l'alchimie: Introduction à la légalité scientifique*, 1983)和《生与死的法：生命伦理的考古学》(*Le droit de vie et de mort. Archéologie de la bioéthique*, 2001)。前者通过对炼金术的考察，揭示了中世纪的知识等级秩序；后者则指出，生命伦理只能在西方历史的全球视野下才能得到解释，从而试图重新思考西方文明的根基。

作为一部涉及法学、医学、历史学和神学的跨学科研究之作，《手的失窃案：肉体的法制史》把身体问题置于全书讨论的中心，以罗马法、教会法和法国《民法典》等对身体问题的解释与处理为线索，将西方法律思想发展的一个侧面生动地展现在读者面前,同时,也为我们理解身体的历史提供了一种新的思路。

一、切入点:一个虚构案件给法学家们提出的难题

与一般的学术著作不同,《手的失窃案:肉体的法制史》的切入点十分吸引人。在一开头,作者让-皮埃尔·博首先虚构了一桩失窃案:一个男子在做木工活时,一不留神,手被锯断了。此时,手虽然脱离了身体,但还有生命,可以寄希望于断手再植技术使其恢复原状,因此还不能认定他为断手者。但是,接下来作者设想,该男子有个仇敌一直在寻找机会实施报复,他在下手后不顾受害者痛得昏死过去,仍然断其手并将血淋淋的断手扔进锅炉里毁掉。那么,应该如何看待这种不法行为?

作者列举出了三种解决方式。第一种解决方式是认定切除有罪。这一认定是站在受害者的立场上的,其理论前提是"无论是连着身体还是被切除,手都是人的一部分",偷盗断手的行为与切除手的行为并无本质上的不同,因此"偷盗断手不单是一种盗窃行为,还是一种对肉体的伤害行为"。根据《刑法典》第309条的"致人伤残罪",该行为可处以五年以上十年以下的徒刑。第二种解决方式认定偷盗有罪。持这种立场的人把脱离身体后的手完全归入"物"的范畴,认为它与普通的"物"并没有什么两样。而如果认定被切除的手是"物",那么根据《刑法典》第379条,抢夺它就构成盗窃罪。第三种解决方式是无罪释放。依照法国的主流学说,肉体即人格,肉体的各部分从脱离身体的那一刻起才成为"物",它将成为最早拥有它的那个人的所有物,因此偷盗断手的人只能被无罪释放。

可见,对窃手案的判决,实际上涉及到人体在法律上的地位问题。正是由于在肉体是否为物、人对自己的肉体是否具有所有权等问题上存在不同理解,才会出现以上三种可能的判决。而在让-皮埃尔·博看来,绝对不能默许"借人的尊严之名让人承认对自己的肉体具有所有权",他写作此书的初衷就在于此。

通过一个虚构的案件引出全书所要探讨的主题,既表明作者具有鲜明的问题意识,也能激发读者极大的阅读兴趣,的确不失为一种聪明的写法。

二、历史梳理与真实案例分析:身体究竟属于谁?

为了回答人的肉体究竟是否为"物"等问题,作者通过追溯西方法学思想的演变和对真实案例的分析,对肉体是如何被排除到罗马人的市民法之外、后来又是怎样重新进入到法学家视野之中以及为什么最终要将肉体纳入"物"这一范畴进行了考察与分析。

关于"人"和"物"的基本划分,早在两千多年前的古罗马时代就已经出现了。但在罗马民法的学术体系中,肉体是一个被回避的话题。肉体之所以会被民法学家的礼仪所排斥,主要是因为肉体兼具神圣性和卑俗性。作者用相当多的篇幅论述了肉体被民法排斥之后神学和医学对肉体的规训,特别是专门辟出两章阐释了教会法对肉体的定义。作者指出,医学在中世纪的学术合法性体系中处于劣势,由于神学对医学的排挤,对肉体的规训首先带有宗教性的色彩。那些被民法学家有意避开的肉体领域,教会法学家作出了补充,比如教会将兽奸、同性恋视为最严重的罪行,其次是自慰行为。除了在与性有关的领域作出了规定,教会还对基督徒实施自残的行为进行了思考,如严厉谴责自杀行为、禁止切割自己的肢体。在格拉提安(Gracian)看来,即便是为了强制保持禁欲,也不能进行自我阉割,阉割应被视为和杀人相似的行为。但由于基督教本身又是一个以牺牲和殉教为基础的宗教,因此在迫不得已的情况下,以治疗为目的所进行的切割可视为合法行为。教会还认为,疾病只有借助他人的肉体才能得以治愈①,比如圣遗物具有治疗功效,这就意味着教会对脏器移植并不持反对意见。

在身体的所有权这个问题上,作者的论述较为分散,但却贯穿全书。从早期基督徒圣保罗给婚姻所下的定义中,我们看到的是对于他人肉体而不是自己肉体的权利:"妻子不拥有按照己愿支配自己肉体的权利,但丈夫拥有这个权利。同样,丈夫不拥有按照己愿支配自己肉体的权利,但妻子拥有

---

① 身体可以用于治疗疾病这种观念,不仅仅存在于西方,在其他文化中也同样存在。比如,江绍原在《发须爪》一书中就提到,中国传统药学书中有很多用人的头发、胡须、指甲治病的方子。

这个权利。"(《哥林多前书》第 7 章第 4 节)而中世纪的教会法认为，人对肉体拥有权利是因为肉体是"物"，这个权利受到限制是因为这个"物"是神圣的。到了 20 世纪，庇护十二世(Asylum XII)则反复强调说，对自己肉体的权利不是"所有权"问题，而是"用益权"或"使用权"问题。显然，教会对身体所有权采取的是一种回避态度。

民法学家为了推进法律的非肉身化，将肉体委托给了教会法和医学制度，但后来教会法本身却又受到了非肉身化的民法的影响，而社会环境的变化也日益要求人们解决与肉体相关的法律问题。我们知道，自近代以来，工业化大生产造成越来越多的职业病和工伤事故，再加上其他由机械造成的伤害比如交通事故等，工业社会对身体所造成的暴力越来越多。同时，随着生命科学的发展，特别是器官移植、代孕等辅助生殖技术的进步，在法律中如何对待肉体包括使用自己的身体如卖淫等成为法学家们不得不面对的一个问题。尤其是在以经济利益为导向的现代商业社会，来自人体的产物一旦变得有利可图，我们对自己的身体是否具有所有权就成为一个亟待解决的法律问题和经济问题。

有关肉体的基本法律最先是围绕输血这个话题展开的。1952 年 7 月 21 日，法国颁布了输血领域最早的一部法律，肉体因为输血法而再次进入到法学家们的视野之中。而在此之前的 1945 年 4 月 25 日，法国已经出现了关于受血者因输血而导致感染梅毒事件的判例。当时，输血方式是手臂向手臂，巴黎上诉法院站在医生的职业责任的法律立场而不是财产的立场上认为，问题的关键不在于血液的性质，而在于献血者的健康状况以及对该健康状况进行确认的医生的草率态度。但当 20 世纪 40 年代人体血液在体外单独保存的技术出现以后，血液的法律性质就不能不考虑了。在制定输血的法律时，法国对血液及血液制品的分配确立了无偿赠送和禁止获利的原则，这也就意味着血液与血液制品不属于商品。但在实践中，有一些血液制品，比如药店中的血液派生物免疫球蛋白却被当成了商品来处理，这与法律制定的初衷背道而驰。

那么，人类的身体究竟应该属于谁？它是人类的共同遗产还是属于个人抑或研究者所有？书中提到一个发生在美国的真实案例：约翰·摩尔是一位癌症患者，医生在为他治疗的过程中，发现可以从他体内提取、保存、繁殖出一种新的细胞。患者得知此事后，向法院起诉请求返回自己的细胞。

1988年7月31日,加利福尼亚上诉法院判决约翰·摩尔胜诉,从而认同了人对于从自己肉体中提取的东西有完全的所有权这一原理。但是事情后来却发生了逆转,1990年7月9日加利福尼亚高等法院推翻了上诉法院的判决,以人的尊严为名,判定:约翰·摩尔不是自己肉体的所有者,从其肉体上提取的细胞将成为创造了其商品价值的人的财产,允许对这个细胞实行专利证注册,进行商业开发。

这样一种判决,一方面承认人的尊严,一方面又将身体看作是商品,似乎有些自相矛盾,也难怪作者认为这是一种"嘲弄",本书开头所虚构的手的失窃案也因此具有了非同寻常的意义。而如果本案由法国的法院来审理的话,此事件会被视作刑事犯罪来处理,因为法国的主流法学家们一直拒绝承认肉体的现实性,始终坚持认为不能将肉体商品化。在他们看来,未征得患者同意的情况下提取细胞就是对患者肉体的伤害。从历史上来看,这样一种观点是有一定合理性的。因为早在18和19世纪,法国就存在人体交易的行为。当时由于巴黎墓地过于密集,盗尸行为猖獗,大量的尸体被搬进解剖实验室,于是工作人员开始把无法处理的人体脂肪卖给珐琅加工者、珍珠仿制品制造商、江湖医生、马车夫、蜡烛制造商等。人的皮肤也被交易,用于书籍的装帧。这种令人震惊的做法,无论是放在哪个时代,无疑都必须严加禁止,否则难免会出现为牟利而违反道德习俗乃至法律的行为,比如器官买卖等。

应该说,在人的肉体的所有权这个问题上,从出发点来看,即拒绝将肉体商品化,法国的法律学说是有其积极意义的。但是,作者指出,法国的学说体系具有内在的矛盾性:一方面认为肉体是人格,不能将肉体贬低至财产或物的级别;另一方面又以民法典中对于不可交易的物所阐释的条文作为论据,其结果是等于承认人的肉体是"物"。既"不能对肉体进行充分保护",也"完全没有连贯性",因而结果与目的是相背离的。作者认为,将肉体定位为"物"、认可对自己的肉体的所有权,是保护肉体不受那些想把人体的产物商品化的人侵害的最佳办法,如果拒绝承认个人对肉体的占有,那么分离出来的肉体的组成部分就将成为无主物,人人都可以占有。但同时他又指出,为了防止由于过分维护人的尊严而造成某些不良发展,将肉体和人格视为同一的理论在某些情况下或许还是需要的。

此外,作者还批评了法学界的一些已有看法,特别是对当时在法国占统治地位的学说提出了不同意见。比如,针对法国著名的哲学家和法制史家米歇尔·莱维(Michel Villey,1914—1988)的观点,让-皮埃尔·博就认为,后者理论中的最大错误在于将人格的概念与个人概念相等同,没有认识到人格的出现是法律非肉身化的产物这一基本事实。

三、哲学和社会学维度的缺失:关于本书的研究方法和材料

《手的失窃案:肉体的法制史》一书主要是从一个法史学家的视角来探讨身体的法制史,兼及医学和神学。作者让-皮埃尔·博曾师从法国法史学家和精神分析学家皮埃尔·勒让德尔(Pierre Legendre,1930—),后者研究罗马法和教会法,受过雅克·拉康(Jacques Lacan)这一派的精神分析训练,创建了一门新学科"教条人类学"(anthropologie dogmatique)。让-皮埃尔·博受到导师的影响,在进行法学讨论时会援引精神分析和人种学的知识以及导师的观点,这在本书中亦有体现。不过,由于身体问题本身所涉及的领域极为广阔,在研究方法和材料上,《手的失窃案:肉体的法制史》仍有很大的拓展空间。阿里亚纳·兰茨(Ariane Lantz)就批评说,作者"对罗马(查士丁尼)的文本或者教会法词典进行了评论,但是却从未提及哲学家或者社会学家(例如,海德格尔或福柯就没有被引用),其所参考的历史资料也很不全面"[1]。

我们知道,"身体"问题早在西方的古典时代就受到哲学家们的关注。自古希腊的苏格拉底开始,哲学研究就从自然转向人自身。从柏拉图的灵魂-身体二元论到第一位基督教神学家保罗提出的"中性身体"概念,从罗马帝国晚期教父哲学家奥古斯丁主张压制对身体的欲望,到中世纪经院哲学家托马斯·阿奎那提出"人是由灵魂和肉体组成的统一体",对身体的讨论始终没有中断。到了近代,笛卡尔开始持一种机械论的身体观,将身体看作是一部机器,身体和心灵成为两个毫无联系的实体。现代哲学的开创者尼采则将身体推上了至高无上的地位,认为身体具有重估一切的价值。进入20世纪,法国哲学家梅洛-庞蒂创立了以身体为基础的存在现象学,诠释

---

[1] *L'Homme et la société*, N. 109, 1993. Sciences sociales et travail. pp. 141—143.

了身体在世界构成中的奠基作用,进一步提升了身体在当代思想中的地位。尼采身体哲学的忠实信奉者德勒兹将身体看作是一部巨大的欲望机器,福柯则将身体与权力、话语以及社会联系起来。

除了哲学,上个世纪80年代以来,随着社会经济结构的变化,身体社会学也逐渐兴起。1984年,英国社会学家布赖恩·特纳出版了《身体与社会》,此书成为身体社会学中具有奠基意义的重要著作。1995年,他又主编了《身体与社会》杂志。特纳把身体研究放在社会学研究之中,力图把对身体的研究从简单的肉体层面上升到社会层面。人类学家玛丽·道格拉斯认为存在着两种身体:物理身体和社会身体。前者是基础,后者是本质。社会学家约翰·奥尼尔则区分出五种身体:世界身体、社会身体、政治身体、消费身体和医学身体。此外,在人类学家、社会学家如马塞尔·莫斯、皮埃尔·布尔迪厄等人的著作中,身体问题也得到了一定程度的阐发。

显然,正是因为上面所提到的哲学和社会学维度的缺失,导致书中一些非常重要的问题只能一笔带过,比如人的尊严与论证身体是否属于自己密切相关,但是作者并没有展开阐述。实际上,"人的尊严"含义十分丰富。从古罗马时代的西塞罗到中世纪的阿奎那、文艺复兴时期的皮科,再到启蒙时期的康德,不同时代、不同思想背景的人对其都有不同的解释。之后,"人的尊严"作为一种哲学观念被引入当代法律制度,其价值在二战结束后被许多重要的法律文件如《联合国宪章》《世界人权宣言》所确认。在与身体相关的一些议题,如人工流产、安乐死、器官买卖、代孕等问题上,支持方和反对方往往都会把人的尊严作为己方的一个辩护理由。本书中提到的摩尔一案,高等法院就是以"人的尊严"为名义来支持对人体细胞进行商业开发,而这里的"尊严"究竟该如何理解,是颇值得讨论的。正是由于学界对于"人的尊严"的讨论存在种种模糊与分歧,以至于有些学者提出了"尊严无用论"。① 可见,"人的尊严"问题在身体的法制史中是必须要给予更多重视的。

在材料上,作者使用了法院的判决、国家行政法院的报告、《公共卫生法典》《查士丁尼法典》《神学大全》等一手文献,但或许是受到学科背景

---

① 参见韩跃红:《生命伦理学语境中人的尊严》,《伦理学研究》2015年第1期,第107—112页。

的限制,书中对历史资料的使用还很不充分,比如在讲到教会对切割肢体的态度时,就忽略了教皇卜尼法斯八世在1300年颁布的一个禁令:禁止取出死者的内脏、肢解身体或者把身体剁成块放在水里煮,以便去除血肉把骨头送回家埋葬。

虽然在研究方法和材料上存在缺憾与不足,译者周英在译后记中称该书"实乃震撼之作"也似有过誉之嫌,但总体来看,《手的失窃案:肉体的法制史》视角独特,观点新颖,其所论议题既有理论价值又颇具现实意义,称得上是一部兼顾学术性与可读性的上佳之作。

〔高建红,陕西师范大学医学与文明研究院博士后,华东师范大学出版社副编审,西安710119〕

一部跨学科的"科学化"著作
——《体罚的历史》评介

郭 超

乔治·莱利·斯科特(George Ryley Scott, 1886—1980)的《体罚的历史》,全名为《体罚的历史:历史人类学与历史社会学的鞭笞研究》(*The History of Corporal Punishment: A Survey of Flagellation In Its Historical Anthropological and Sociological Aspects*),于 1938 年问世,2010 年中文译本出版,书名为《体罚的历史》,2016 年再版,中文题名改为《体罚与人性》。斯科特是英国一位多产的作家,活跃于 20 世纪 20 年代到 70 年代。他常以英语字母"F. Z. S., F. R. A. I., F. Ph. S."[①]称呼自己,意思是动物学会会员、皇家人类学会会员、英格兰公共卫生服务会员。《体罚的历史》(下文简称《体罚史》)是斯科特应英国内政部之邀,全面考量英国司法实践中使用桦条和九尾鞭问题[②]的研究成果。斯科特研究了人类历史上各种类型的鞭笞,从心理学、精神医学和犯罪学等多角度考察了鞭笞体罚,认为体罚是有害的,应予以废除。

《体罚史》是一部跨学科多视野的历史研究著作。一方面,斯科特处在 20 世纪年鉴学派在历史研究中勃兴的时代,这使得《体罚史》的研究方法和研究对象充满了"年鉴"韵味,跨学科研究方法和关注社会生活的方方面面以及常被忽视的小人物心理是该书的突出特点。另一方面,近代以来自然科学所取得的巨大物质成就,给人们提供了充足的信心去凭借科学的方法认识人类自身。在《体罚史》中,现代心理学与医学分析被斯科特频繁使

---

① F. Z. S., F. R. A. I., F. Ph. S. 的全称为 Fellow of the Zoological Society, Fellow of the Royal Anthropological Institute, Fellow of the Public Health Service of England.
② [英]乔治·莱利·斯科特:《体罚的历史》,吴晓群、秦传安译,北京:中央编译出版社,2010 年,"作者序",第 1 页。

用,从某种程度上来说,这也表明斯科特怀有近代以来的"进步"和"科学"思想。但在现今反对科学化解构人类自身的后现代主义思潮中,《体罚史》的价值则稍显落伍并具有一定的时代局限性。

一、一部"心理学"与"医学"分析的社会史著作

《体罚史》运用大量笔墨从心理学和医学的角度分析了鞭笞体罚。首先在心理学方面,斯科特将体罚的起源归结为人类与生俱来的残忍心理。鞭笞体罚背后反映的是人类残忍的虐待心理以及从这样的虐待行为中获取愉悦感的变态心理。这种残忍行为是出于满足人们的权力欲望,其中也有虐待狂的性质。① 人们不仅从自己施行的残忍行为中获得愉悦,也在目睹他人施行残忍行为的过程中经历类似的愉悦感,例如罗马帝国的权贵让战俘、奴隶和罪犯进行角斗士表演,并以此为乐。② 在第二章中,作者从心理学分析的角度认为,疼痛感在某些环境下也是愉悦感的兴奋剂,例如性交。身体的疼痛感与愉悦感交织的状态被斯科特引入对宗教苦行鞭笞的分析中来。

在第十一章中,中世纪欧洲基督教的鞭笞者就成为斯科特心理学分析的对象。1260年在意大利发生的鞭笞者运动和黑死病期间的鞭笞者运动③都是一种带有戏剧性的宗教崇拜仪式。这种自我鞭笞表演让人在身体上产生痛苦的同时,在心理上也产生了宗教信仰的愉悦感。斯科特为求论证充分,将20世纪出现的电影院、电台及其他诉诸戏剧性的新生事物与传统的宗教礼仪,特别是基督教的鞭笞体罚仪式进行对比,认为能够产生心理刺激和想象情感的宗教仪式已经失去了竞争力,人们越来越多地涌入电影院等其他场合,而对教会提供的免费表演不感兴趣。④ 斯科特从心理要素分析,指出了鞭笞体罚或是其他相关宗教仪式在当今社会不再能吸引人的原因。

---

① [英]乔治·莱利·斯科特:《体罚的历史》,第8页。
② [英]乔治·莱利·斯科特:《体罚的历史》,第7页。
③ 关于此次鞭笞者运动,国内已有相关重要研究成果,参见李化成:《黑死病期间西欧的鞭笞者运动(1348—1349)》,《历史研究》2013年第1期。
④ [英]乔治·莱利·斯科特:《体罚的历史》,第109—110页。

在医学层面,作者充分研究了体罚鞭笞在该领域形形色色的问题,其中第四章就提到鞭笞带来的肉体疼痛感可以起到治疗身体疾病的药物效果。在原始种族的认识中,是邪灵造成了许多疾病,而棍棒本身被赋予了某种神奇的力量,可以驱邪治病;作者列举了《圣经·新约》中的例子,一个被污鬼附着的人用石头砍自己①以产生身体的疼痛从而达到驱除恶魔和邪灵的目的。② 古代很多人都认为使身体感知疼痛的鞭打可以治疗疾病,甚至古罗马的伟大医生盖伦也认为鞭打可以促使人长肉,奴隶商人鞭打自己的奴隶为的是促使他们长肉,以便卖个好价钱。鞭打还被认为可以治疗男人的阳痿和女人的不育等疾病。罗马人认为鞭笞可以让女人怀孕;古希腊也有妇女不生孩子就会去雅典神庙赤身接受鞭打的习俗。③

在分析惩罚犯人和矫治青少年犯罪这一问题时,作者更多的是医学与心理学并用。在原始野蛮社会,残忍的惩罚行为是作为一种威慑力量而产生的,但在文明社会中,作者认为,施加残忍的人身伤害不是为了惩处罪犯和伸张正义,而是为了满足人们的报复心理。鞭笞惩罚并没有起到预防和威慑罪犯的作用,反而不仅在成年人的肉体上留下痛苦的印迹,在精神心理上也留下了伤害。医学研究发现,身体某个部位受到伤害后会对其他部位造成不良影响,导致身体机能的失调。④ 在罪犯心理方面,鞭笞惩罚使罪犯变成一个"心怀怨恨、颜面丢尽、自甘堕落的被社会遗弃的人",有一位法官就认为皮鞭会将一个人变成一个魔鬼。⑤ 鞭笞并不能有效阻止和预防层出不穷的犯罪行为。

另外,鞭笞体罚也会对挥鞭行刑者造成不良的心理影响。法官、迫害者、刽子手是为了谋生,而不是为了伸张正义才从事他们各自的职业。对于自己实施的这些残忍行为,他们首先考虑的是未能履行职责将会被辞退,另外用来安慰他们良心的观点是:即使自己不这样做,也会由别人来做。到最后,那些法官、行刑者和目击者面对鞭笞惩罚场面,已经变得对残忍和痛苦(无论是人还是动物的)冷漠无情。⑥

斯科特认为鞭笞虽是比较好的惩罚措施,但是若在施行惩罚前,没有使

---

① 《新约·马可福音》第 5 章第 2—5 节。
② [英]乔治·莱利·斯科特:《体罚的历史》,第 18 页。
③ [英]乔治·莱利·斯科特:《体罚的历史》,第 19 页。
④ [英]乔治·莱利·斯科特:《体罚的历史》,第 134 页。
⑤ [英]乔治·莱利·斯科特:《体罚的历史》,第 135 页。
⑥ [英]乔治·莱利·斯科特:《体罚的历史》,第 16 页。

孩子或成人认识到鞭笞的公正，那么就会在他们身上唤起一种不公正的感觉，①没有起到教育和感化他们的效果，也未起到阻止和预防青少年犯罪的作用。体罚孩子的制度一视同仁地只规定一种惩罚方式，而忽视了孩子身心健康上的差异，并没有起到矫治孩子错误的目的，反而制造了一些孩子一生的悲剧。② 即使从目前来看，鞭笞是英国刑罚制度中不可或缺的一部分，但是在判处鞭笞惩罚时仍应慎重考量。目前的精神病学、医学和犯罪心理学认识到"环境条件和病理状态是少年犯罪的主要原因"，未来矫治青少年犯罪应该判断每个孩子的心理和身体状态、环境条件和父母的培养，并予以个别对待。③ 而在成人的鞭笞方面，依据医学人士、犯罪学家和性学专家的认识，这是完全错误的改造和救赎方法，会导致一种反社会心理的形成。④ 对于有人担心废除鞭笞会使犯罪率上升的问题，斯科特的回应是，废除对妇女和年轻姑娘的体罚并没有使女性犯罪率上升。总的来说，斯科特倾向于废除鞭笞体罚。

二、《体罚史》映衬出时代背景和学术思潮

首先，从英国近代刑罚体制改革的社会背景来看，19世纪英国废除了死刑等残酷的肉刑，转而产生了监禁、流放和缓刑等人道的刑罚。随着英国刑罚制度的整体变革，在18世纪和19世纪初，公开执行惩罚罪犯的鞭刑减少了，但私下的鞭刑却增加了。⑤ 从1861年起，鞭刑制度仅用于16岁以下的犯人。⑥ 19世纪的刑罚改革，开始关注犯人作为人的权利，多少体现了"天赋人权"的精神，反映了人类文明发展的进程，⑦这也推动了英国在20

---

① ［英］乔治·莱利·斯科特:《体罚的历史》，第185页。
② ［英］乔治·莱利·斯科特:《体罚的历史》，第145页。
③ ［英］乔治·莱利·斯科特:《体罚的历史》，第186页。
④ ［英］乔治·莱利·斯科特:《体罚的历史》，第186页。
⑤ 陆伟芳:《从19世纪英国刑罚的变迁看人类文明进程》，《扬州大学学报（人文社会科学版）》2012年第2期。
⑥ 陆伟芳:《从野蛮残酷走向文明人道——19世纪英国刑罚的变迁轨迹》，《学习与探索》2014年第5期。
⑦ 陆伟芳:《从19世纪英国刑罚的变迁看人类文明进程》，《扬州大学学报（人文社会科学版）》2012年第2期。

世纪继续推行更人道的刑罚变革。相较于 19 世纪,20 世纪的英国在保护罪犯人权方面又向前推进了一大步;而且 20 世纪也开始进一步保护儿童和青少年罪犯的权利。① 二战后,欧美国家的政治潮流是要求加强对个人自由的保护;并且随着心理学和精神医学的发展,对犯罪行为中个人责任的看法也产生了变化,刑罚从过去的报复主义思想中解放出来,朝向更加实用的思想转变。② 斯科特正是在这样的政治潮流下,从心理学和医学等角度分析,意图为废除青少年罪犯教育矫治中的鞭笞等不人道的刑罚提供充足的支撑。

其次,从学术思想发展的潮流来看,20 世纪历史研究的写作旨趣很大程度上受到年鉴派史学的影响。历史不仅仅只是政治史和经济史,而是包括社会生活方方面面的历史。处于年鉴史学研究方法的影响下,不仅《体罚史》运用了心理学、医学和人类学等跨学科的研究方法,在斯科特的其他多部著作中这样的历史写作思路也屡现身影。斯科特的另一部关于英国刑罚制度变革的著作《死刑的历史》(*The History of Capital Punishment*)同样是基于年鉴学派跨学科研究的角度,从心理学、社会学等方面综合性地探究了死刑刑罚的历史。③《体罚史》虽然明确带有为制定政治政策服务的目的,但是从内容上来看,斯科特将罪犯、妓女、行刑者、法官和青少年等之前几乎很少受到关注的群体,纳入到社会文明的整体发展进程中来考察,无疑体现了年鉴学派在选取研究对象时的倾向性。

最后,《体罚史》所选用的心理学和医学等跨学科研究方法,也体现了近现代自然科学的勃兴对历史研究科学化取向的影响。人们深受自然科学所取得的巨大进步的影响,对于彻底认识人类社会以及个人本身满怀信心。19 世纪形成的科学世界观,影响着当时许多新兴学科的建立。孔德在深受自然科学研究的启发后建立了"社会物理学",意图通过总结出"历史规律"来认识人类社会的宏观发展。西方现代的医学与心理学的诞生,则是要以

---

① 李培锋:《20 世纪的英国刑罚变革》,何勤华主编:《20 世纪外国刑事法律的理论与实践》,法律出版社,2006 年,第 233—242 页。

② 何鹏:《评英国刑罚制度的改革》,《吉林大学社会科学学报》1985 年第 1 期。

③ Howard E. Jensen, "The History of Capital Punishment, Including an Examination of the Case for and Against the Death Penalty. By George Ryley Scott," *Social Forces*, vol. 30, no. 3 (1952), p. 360.

科学的方法分别认识微观身体和精神两个层面。"19世纪的医学'发现了'自然科学,并且尝试将所有的人类机能都用机械的过程来解剖和分析",① 现代医学想要科学化地认识人的身体的目标昭然若揭。而心理学对此更是充满自信,行为主义的心理学视自身为"自然科学的一个纯客观的实验分支",力图获得"动物反应的一个统一的图式,认为人兽之间并无界线"。② 斯科特在《体罚史》中多个地方,特别是在论述身体的疼痛感时,就用大量动物的行为来类比和论证人类的行为和心理,完全以科学的心理学分析世间一切生物对待客观事物的统一心理感受。因此,斯科特《体罚史》的跨学科研究方法从某种程度上来说是对体罚的全方位"科学化"研究。

三、存在的不足

斯科特写作本书是为英国内政部提供材料和论据,以支持废除司法判罚中的鞭笞体罚,所以在一些细节论证上,并不是很充分。首先,对于古代社会的献祭,作者认为基督教中的"圣餐"观念起源于犹太教,基督教中吃耶稣的血和肉是对同时代异教食人信仰的逆转。③ 其实在基督教还未被罗马帝国接受的发展初期,当时同样有人指控基督徒吃小孩的血和肉。④ 而且在基督教的教义中,吃耶稣的血和肉是灵性层面上的意义。作者并未拿出任何充分的文献资料证明异教食人习俗与基督教中吃耶稣血和肉之间有直接的联系,只是进行一些相关性的推测论证,明显缺乏可信度。

其次,在第六章关于古代社会鞭打奴隶的论述中,作者对于宗教在古代体现的人道关怀缺乏些许关注。例如,在古罗马社会中,当时的女主人会随心情好坏肆意鞭打自己的女仆,而基督教会采取了一些措施对这样的现象进行遏制。作者并没有对基督教所采取的具有时代进步性的举措发表看

---

① Frank Huisman and John Harley Warner. *Locating Medical History*: *The Stories and Their Meanings*, Maryland: JHU Press, 2006, p.405.
② 景怀斌:《西方心理学百年发展的思路与思考》,《国外社会科学》1997年第5期。
③ [英]乔治·莱利·斯科特:《体罚的历史》,第5页。
④ [美]冈萨雷斯:《基督教史》(下卷),赵城艺译,上海:上海三联书店,2016年,第56页。

法，只是继续无关痛痒地评论为何没有关注男奴隶，并调侃似地说道，"那年头的基督教对于男性奴隶被鞭打至死大概并不觉得过分"。① 实际上，宗教或多或少体现出一些人道关怀，例如在更古老的犹太教的律法中规定："人若用棍子打奴仆或婢女，立时死在他的手下，他必要受刑。若过一两天才死，就可以不受刑，因为是用钱买的。"②"人若打坏了他奴仆或是婢女的一只眼，就要因他的眼放他去得以自由。若打掉了他奴仆或是婢女的一个牙，就要因他的牙放他去得以自由。"③所以，在犹太教中，并不总是像作者说的那样，古代人野蛮到麻木无情地剥夺他人的生命。

再次，对于鞭笞的色情性与宗教苦修性的关系，作者也并未给予充分的阐述。作者认为鞭笞会带来性兴奋，而中世纪教会和修道院的鞭笞记录中很少提及它的性刺激方面，这是因为中世纪的教会和政府阻止并删除了同时代文献的相关描写。④ 但是，新的研究已经证实鞭笞的色情性的确与中世纪教会的苦修性没有多大联系。对鞭笞进行色情方面的分析更多地是受到 19 世纪以来现代医学和心理学的影响，并且在这一过程中，一些反教权者将鞭笞作为批判教会的靶子，借用了一些近代色情小说家描写的奇闻轶事，渲染了鞭笞的色情性。⑤

最后，本书的很多章节都提到古代社会与中世纪的人们乐于将鞭笞应用到宗教方面与世俗惩罚方面，而对于近代社会人们对待鞭笞的态度转变却缺乏详细的论述，仿佛时间从古代和中世纪立刻跳跃到了 19 和 20 世纪。斯科特无疑受到近现代进步历史观的影响，无意识地将历史划分为古代的、中间的（中世纪），以及当前（近现代）。这使得作者对过去的事物——体罚——不自觉地生出鄙嫌之情，而当今时代正是美好的时代，对于古人落后的体罚因此就有确定的理由加以抛弃，以上因素使得斯科特的《体罚史》在论述古代旧事物时显得过于"自信"和缺乏宽容。

不过，上文提到的一些不足在总体上并不能掩盖《体罚史》的魅力。况

---

① ［英］乔治·莱利·斯科特：《体罚的历史》，第 52 页。
② 《旧约·出埃及记》21:20—21。
③ 《旧约·出埃及记》21:26—27。
④ ［英］乔治·莱利·斯科特：《体罚的历史》，第 152 页。
⑤ Niklaus Largier, *In Praise of the Whip: A Cultural History of Arousal*. New York: Zone Books, 2007, pp. 221—224.

且,这些小的不足也是因为受制于历史时空的局限,作者不可能拥有当代社会的学术视野。因此,我们也不能太过于苛求前人。总之,作者所涉足的领域与空间,可供我们继续挖掘和探索,而遗留的不足则需要我们去正视和解决。

〔郭超,北京大学历史学系博士研究生,北京 100871〕

麦克尼尔对医学史写作的超越
——评《瘟疫与人》

程子妍

威廉·麦克尼尔（William H. McNeill, 1917—2016）是美国著名的历史学家,全球史的奠基人。他一生笔耕不辍,写作了多部著作,包括《世界史》《欧洲史新论》《瘟疫与人》《权利竞逐》及《人类之网》等。麦克尼尔的世界史著述打破以往分别叙述各个文明历史的世界史写作传统,强调文明之间互动的历史,开创了其独具特色的全球史写作模式。中国学界早就关注到了麦克尼尔,其多部著作都已被译成中文,也有学者对麦克尼尔的作品进行评述。① 但麦克尼尔在1976年写作的《瘟疫与人》一书长期以来并未走进中国学者的视野,直到2010年才由余新忠、毕会成译成中文出版,与这本书相关的文章也寥寥无几。② 在笔者看来,《瘟疫与人》讲述了人与自然的互动,补充了麦克尼尔以往写作的只有人与人互动的世界史;将疾病史与全球视野相结合,开创了全新的疾病史写作模式,意义重大。

一、一部历史学家写作的医学史著作

20世纪医学史研究领域和历史研究领域的双重转向,使医学社会史成

---

① 如郭方:《评麦克尼尔〈西方的兴起〉》,《史学理论研究》2000年第2期;钱乘旦:《评麦克尼尔〈世界史〉》,《世界历史》2008年第2期;以及张广智主编:《西方史学通史》（第六卷）,上海:复旦大学出版社,2011年。

② 仅有两篇相关文章。其一是余新忠发表在《中国减灾》杂志2008年第9期的《瘟疫与人》,简单介绍了《瘟疫与人》这本书的内容。其二是黄红霞发表在《武汉大学学报》2013年第4期中的《论威廉·H.麦克尼尔科学化世界历史观的形成》,该文以《瘟疫与人》一书为核心,讲述了其中蕴含的生物学观念对麦克尼尔科学化世界史观形成的意义。

为学医的医学史家和学史的医学史家共同关注的焦点。麦克尼尔便是典型代表。

（一）医生对医学史写作的垄断及20世纪医学社会史的兴起

医学史写作的历史可以追溯到很久以前，"最早的医学史是仅由医生撰写，供其他医生阅读的，是讲述杰出医生及其成就的英雄式赞歌"。① 这样的医学史几乎是仅供医学界内部阅读，而非面向普通大众，医学史也并非一门独立的学科，写作医学史只是少数医生的业余爱好。直到20世纪30年代，医学专业出身的医学史家亨利·西格里斯（Henry E. Sigerist，1891—1957）提出要想理解医学史就必须了解当时的社会背景，"医学史在很大程度上是医患关系的历史、医学与社会的关系史、特定时期发病率的历史，换句话说医生们面对的永远是社会、经济因素带来的影响"，②才将原本孤立的医学史放入广泛的社会背景中去考察，提出了医学社会史的设想，打破了传统上仅由医生写作的赞颂伟大医生和医学成就的历史。

（二）历史学家回避疾病及20世纪70年代对医学史的探索

早在古希腊历史学家修昔底德的《伯罗奔尼撒战争史》中就已经出现了疾病的身影，但只是作为战争中发生的一个事件稍作提及。长期以来疾病一直是作为次要因素在史书中出现，并未得到历史学家的重视。这主要是因为人类希望历史是理性的、有章可循的，然而疾病却看似具有突发性和不确定性。20世纪上半叶年鉴学派开创了现代意义上的社会史，即"新社会史"，打破历史研究侧重政治史、经济史、军事史的局面，重视民众日常生活状况的研究。到了70年代，因为新技术的发展和其他社会科学概念和方法的加入，社会史研究又有了新的发展，最重要的发展趋势之一就是研究领域的空前扩大和学科间的交叉。③ 由此，历史学家也开始关注医学史。

---

① Frank Huisman and John Harley Warner, *Locating Medical History*, Baltimore: Johns Hopkins University Press, 2006, p.2.

② Henry E. Sigerist, "The History of Medicine and The History of Science," *Bulletin of the History of Medicine*, no. 4 (1936), pp.1—13. 转引自 Frank Huisman and John Harley Warner, *Locating Medical History*, p.153.

③ 徐浩、侯建新：《当代西方史学流派》，北京：中国人民大学出版社，1996年，第177—192页。

(三) 麦克尼尔的《瘟疫与人》将疾病纳入历史诠释的范围

在麦克尼尔笔下,疾病不再是孤立的现象,而是塑造历史的强有力因素。① 如麦克尼尔从疾病的角度解释了中国早期南方文明的发展晚于北方的原因。从自然地理条件来看,长江流域似乎比黄河流域更适宜人类居住,但其发展却远远晚于黄河流域。麦克尼尔认为原因就在于中国南方看似对农业发展有利的湿热环境使其比干冷的北方滋生了更多的寄生物,增加了人们罹病的可能,阻碍了南方的发展。② 又如麦克尼尔用天花的暴发来解释 16 世纪兵力悬殊下欧洲殖民者对美洲古老帝国的胜利,以及印第安古老信仰的消失殆尽。麦克尼尔在此强调的不仅是疾病引发的大规模死亡,更重要的是给受感染一方带来的精神影响。因为天花似乎只杀死印第安人,而对有免疫力的欧洲人无作用。印第安人只能将瘟疫视为神灵的惩罚,天花使其丧失了自身的文化自信,摧毁了印第安文明。③ 麦克尼尔从疾病的角度重新考察了人类历史,使人类和疾病共同成为历史的主角。《瘟疫与人》正是在此背景下著成。

二、疾病全球史理论的建立

麦克尼尔在《瘟疫与人》中将其全球史视野与医学史写作相结合,构建了疾病走向全球化的过程,笔者将其概括为"疾病全球史理论"。

疾病全球史理论由全球史观与疾病史写作相结合而来。在《瘟疫与人》出版之前,麦克尼尔已经写了多部作品,尤其是 1963 年出版的《西方的兴起》一书,"虽未以全球史为题,却被后来学界公认为全球史作为一个独立的史学研究领域诞生的标志"④。麦克尼尔聚焦于跨文化的交流和传播,打破了分别叙述不同地区文明的世界史模式,世界不再是由一个个孤立

---

① Brian Stock, "The Review of *Plagues and Peoples* by William H. McNeill," *American Journal of Sociology*, vol. 85, no. 3 (Nov. 1979), pp. 685—686.
② 威廉·麦克尼尔:《瘟疫与人》,余新忠、毕会成译,北京:中国环境科学出版社,2010年,第 53—54 页。
③ 威廉·麦克尼尔:《瘟疫与人》,第 125 页。
④ 张广智主编:《西方史学通史》(第六卷),上海:复旦大学出版社,2011 年,第 236 页。

的文明组成,而是一个联系的整体。《瘟疫与人》一书将麦克尼尔的全球史观融入到对疾病的认识中,不是着眼于某个地区的某种疾病,而是论述随着人类交往的全球化,疾病实现全球化的过程。医学社会史的开创者西格里斯曾说,医学史家在研究疾病史时,多限定在某一国家,导致不同地区的疾病史总是孤立的,医学史家应理清它们之间的关系,从世界的角度构建疾病的大历史。[1] 麦克尼尔是真正将这一主张付诸实践的第一人。

疾病全球史理论以微寄生和巨寄生之间的动态平衡为基础。寄生即生物都要以食用其他生物维生,世界可分为巨寄生和微寄生两部分。巨寄生物是我们肉眼可见的各种动物;微寄生物是病毒、细菌等微小生物体。[2] 在巨寄生层面上,人类早在远古时期就打败了除人类之外所有的肉食动物,因此只需要处理人与人之间的关系。而在微寄生层面上,人类一直被各种疾病缠绕,在现代医学发展之前,甚至都不知道这些微生物的存在。微寄生与巨寄生相互调适,维持着脆弱的动态平衡,微生物需要从人类宿主身上汲取能量,所以并不希望其快速死亡;人类的自我保护机制也会对以前接触过的疾病产生抗体。自然变迁和人类活动都有可能无意间打破这种平衡,使人类遭受疾病带来的生存威胁。

疾病全球史理论的核心是构建疾病走向全球化的过程。随着人类或和平或战争方式的交往以及生存范围的扩大,地方性疾病传播到新的地区,在初次接触新疫情、对致病微生物毫无免疫的地区引起大规模的人口死亡。存活下来的人对新的疫病产生了免疫力,新疫病逐渐转变为儿童病、地方病,这种缓和使得人口慢慢恢复甚至超过原有的数量,社会秩序渐趋稳定。人口增长后对资源的需求量增加,导致贸易、战争等人类交往活动再次兴起,新一轮的疾病危机随之暴发。人类交往不断扩大,微寄生与巨寄生的平衡经历了一次又一次的打破与重建。到了近代,全球大发现使人类交往愈加密切,世界开始连成一个整体,传染病也出现了全球化。

麦克尼尔将疾病走向全球化的过程分为六个阶段。一、人类狩猎阶段。人类居住分散,疾病较少。二、农牧阶段。农牧业的产生改变了人类生活方式,地方病和儿童病产生。三、亚欧疾病的大交融。公元前500年围绕古代

---

[1] Frank Huisman and John Harley Warner, *Locating Medical History*, p. 285.
[2] 威廉·麦克尼尔:《瘟疫与人》,第4—5页。

中东、中国、印度和地中海形成的四大疾病圈;公元前200—公元200年旧大陆各个文明之间的贸易往来使传染病肆虐;约公元900年人类逐渐适应存在于欧亚非的不同疾病,再次形成疾病的稳定模式。四、蒙古帝国颠覆旧有的疾病平衡。12世纪起蒙古人南征北战打破了疾病的天然屏障,鼠疫杆菌等致病病菌肆虐。① 直到15世纪后期新的平衡出现,人口大规模增长。五、疾病跨越大洋的交流。1500至1700年间,新航路的开辟导致疾病大传播,美洲首次被纳入旧大陆的疫病圈。六、近代医学实践影响下的疾病全球化。医学的进步使人类在与疾病的抗争中取得了一定的优势,但感染病原体为了生存而发生的突变也向人类发起巨大的挑战。②

三、研究方法及不足之处

麦克尼尔在《瘟疫与人》中运用了跨学科的研究方法和大量的推测。跨学科的研究方法和推测在帮助构建宏观疾病全球化过程的同时,也因麦克尼尔医学知识的欠缺和史料的不足而使疾病全球史理论的可信度有所降低。

近现代科学成果的运用为麦克尼尔的疾病史提供了科学依据。麦克尼尔将历史数据与传染病学、免疫学的最新研究成果结合在一起,重新审视疾病与人类历史。③ 如论述热带雨林地区为何没有发展出人类古代文明时,麦克尼尔引用了今天流行于猴子和树栖猿的传染病的例子,"除了各种跳蚤、壁虱、苍蝇和蠕虫之外,还寄居着一大堆原虫、真菌和细菌,以及150种以上的'肢节病毒'"。④ 这极可能与伴随远古人类祖先的寄生物种群相似,因此丰富多样的寄生物成为人类征服热带雨林的主要障碍。又如在探究寄生物同新宿主从激烈冲突到建立稳定关系的模式时,作者引用了1895

---

① 对鼠疫杆菌究竟从何而来学术界仍存在争议,麦克尼尔在《瘟疫与人》一书中采用了鼠疫杆菌由蒙古人西迁引发的说法。参见威廉·麦克尼尔:《瘟疫与人》,第95—99页。
② 这六个阶段的划分,从麦克尼尔《瘟疫与人》一书的章节划分而来。
③ Woodrow Borah, "The Review of *Plagues and Peoples* by William H. McNeill," *The Hispanic American Historical Review*, vol. 60, no. 1, (Feb., 1980), pp. 97–99.
④ 威廉·麦克尼尔:《瘟疫与人》,第12页。

年英国殖民者将野兔引入澳洲后,澳洲野兔感染多发性粘液瘤大量死亡,而后死亡率逐渐降低的科学研究成果。[1] 作为历史学家的麦克尼尔由此将历史研究与科学化方法相结合。

推测的大量使用是疾病全球史理论得以建立的重要前提。首先不得不提的是《瘟疫与人》中最重要的一个推测,即疾病对首次接触的人能够产生巨大的影响。麦克尼尔很多关于疾病影响人类历史的论述都以这个推论为前提,如上文中提到的麦克尼尔认为欧洲人身上携带的天花病毒造成美洲人大量死亡,在欧洲的征服中发挥了决定性的作用。微寄生与巨寄生的动态平衡以及疾病全球化也都与这一推论紧密相关。此外,《瘟疫与人》中还频繁地使用了"似乎"、"可能"等词。如在讲述早期中国疾病史时,麦克尼尔说,"根据这些不完整的史料,就新的致命传染病可能从海陆两途来到中国而言,公元纪元早期的中国疾病史与地中海国家颇为相似"。[2] 正因为有了这些合理的推测,世界各地的疾病特征才得以呈现在读者眼前,疾病全球史理论才得以构建。

医学知识的缺乏和史料的不足在一定程度上降低了疾病全球史理论的可信度。麦克尼尔作为从未系统地学过医学知识的历史学家,虽然在医学史写作中大胆地援引了医学领域的研究成果,但他对医学知识的缺乏也是显而易见的。如麦克尼尔错误地认为单凭奎宁就可以治愈疟疾。[3] 又如麦克尼尔在书中讲述的黑鼠传播鼠疫的理论,当今医学界对其普遍持否认的态度。[4] 麦克尼尔医学知识的欠缺,使书中出现了很多医学常识性的错误。构建庞大的疾病全球史理论需要大量的疾病史材料来支撑,但现实情况是关于疾病的历史记载很少,有也仅是只言片语。历史学家长期以来对疾病的回避态度使对疾病的历史记载寥寥无几,疾病自身不断变化也使古代记载的疾病难以辨认。况且,麦克尼尔将整个人类疾病史作为研究对象,其时间跨度之大、涵盖面之广必然导致没有足够的证据支持其结论。[5] 史料的

---

[1] 威廉·麦克尼尔:《瘟疫与人》,第35—36页。
[2] 威廉·麦克尼尔:《瘟疫与人》,第81页。
[3] Kenneth F. Kiple, "The Review of *Plagues and Peoples* by William H. McNeill," *The Journal of Southern History*, vol. 43, no. 3 (Aug., 1977), pp. 488—489.
[4] Stephen R. Ell, "The Review of *Plagues and Peoples* by William H. McNeill," *The Journal of Modern History*, vol. 51, no. 1 (Mar., 1979), pp. 118—121.
[5] Sue Bottigheimer, "The Review of *Plagues and Peoples* by William H. McNeill," *The Quarterly Review of Biology*, vol. 52, no. 4 (Dec., 1977), p. 462.

不足,使麦克尼尔对疾病的描述只能基于推测,有所失真。

结　　语

《瘟疫与人》为医学史的写作做出了巨大的贡献。它顺应了20世纪医学社会史兴起的潮流,符合70年代历史学研究转向社会史的趋势,从历史学家的视角写作了一部疾病史著作。其开创性的贡献在于将疾病史写作与全球史观相结合,构建出了疾病全球史理论。巨寄生与微寄生的动态平衡观点以及疾病走向全球化的过程向现代人类发出警醒。随着人类交往的全球化,疾病也实现了全球化。这一方面有助于科学治疗方法的传播,使人类在与各种疾病的接触中产生抗体,但另一方面也为新型疾病的蔓延提供了便利。在人类与微生物的抗争中,谁将取得胜利仍难以预测,在此过程中对生态造成的影响也不得而知。①

《瘟疫与人》中的不足还有待后人的完善,应对麦克尼尔医学知识的欠缺和史料的不足持宽容的态度。麦克尼尔作为历史学家已经尽其所能去理解医学,但肯定不可能像一名专业的医生一样精通医学知识。《瘟疫与人》中推测的大量使用在很大程度上是因为史料的匮乏。麦克尼尔自己也承认,"我提出的许多猜测和推论仍是尝试性的,它们的证实和修正还有待有关专家对古代文献作进一步梳理"。② 疾病全球史理论有待学医的医学史家对其中的医学知识进行纠正,学史的医学史家进一步补充史料。

〔程子妍,北京师范大学历史学院博士研究生,北京 100875〕

---

① Bernard Norling, "The Review of *Plagues and Peoples* by William H. McNeill," *The Review of Politics*, vol. 39, no. 4 (Oct., 1997), pp. 557—560.

② 威廉·麦克尼尔:《瘟疫与人》,第4页。

文献选译

星占四书·第一书[*]

[埃及]托勒密 著，F. E. 罗宾斯 英译，高阳 中译

1. 简介

纵观天文学的预测方法，有两种最为重要有效。一种在次序和效率上都居第一位[①]，即我们由此来理解太阳、月亮和星体彼此之间或者相对于地球运动的视位置；另一种是通过对这些星体相位本质特征的判断，我们可以观察到其对周围环境产生的影响。尽管第一种方法不能通过与第二种方法结合产生（预测）结果，但它有自己的科学，我将尽可能在另一篇论著[②]中以例证的方法来解释其完美性。现在我们用哲学的方式来讨论第二种不太充分（使人信服的）方法，它自身并不完善，在个体事物[③]的客观性方面具有缺陷和不可预测性，以至于追求真理的人从不拿它的预测性和第一种方法——永恒科学——的确定性做比较；（追求真理的）人们也不会去回避这样（星占学）的观察，因为当一切普遍的自然现象从天体方面寻找原因时，观察都在可能性范畴。由于一切难以获得的事物很容易受到大多数人攻击[④]，且上述两种科学中，反对第一种方法的论断很可能是文盲所做，而限制第二种原理的人则具有华而不实的理由——因为星占学预测的难度一定

---

[*] 本篇节译自 Ptolemy, *Tetrabiblos*: *Book I*, F. E. Robbins, trans., Massachusetts: Harvard University Press, 2001, pp. 3—117.

① 天文学专业(Astronomy proper)。

② 《至大论》(*The Almagest*)。

③ 继亚里士多德方法之后，托勒密与之截然相反，比起尘世物质客体持续且无法预测的改变，天体是不可改变且规则运动的，可以通过天文学方法预测出来。

④ 关于星占学的争论，见 Bouch Leclercq, pp. 570 ff. 卡涅内阿得斯(Carneades)的学园派发起对古人观点的攻击。正如 Boll(*Studien*, pp. 131. ff.)所示，托勒密在接下来两章节给出的答案，很大程度上来自于斯多葛派捍卫星占学的波塞多纽(Stoic Posidonius)。

程度上使人认为这种方法完全无法理解,或者是避开已知知识的难度①使客体被轻视为无效的——在提供对研究主题的详细指导之前,我们试着简要考察这些预测的可能性和有效性。首先看可能性。

2. 通过天文学方法获得知识是可取的,程度如何?

有些观点证明,永恒的天体物质②所散发的某种影响力被分散甚至渗入地球的每个角落,这种天体物质影响尘世元素的变化,火和空气受天体运动的影响而改变,反过来又影响和改变其他一切,如地球及水、土和动植物。太阳③,将周围的事物凝聚在一起,总是影响着地上万物,不仅通过一年中四季的变化,促使动物出生、植物生长、水流动和身体变化,而且通过它相对于天顶的位置和日常运动来产生冷热干湿的影响。月亮,也是离太阳最近的天体,对宇宙事物施加影响,④有生命的和无生命的事物都受月球影响而变化;河流随她的光亮而涨落,大海因她的出没而潮起潮落,动植物也因她的盈亏而变化。而且,恒星和行星穿越天空的痕迹表明气候状况——热、风和雪,宇宙万物也相应地受其影响。同时,星体彼此的相位⑤也通过其分布(位置)的交会与混合,产生复杂的变化。尽管太阳的作用力凌驾于所有秩序之上,但在具体位置上,其他天体会辅助或者对抗(太阳),月球(的影响)最为明显且持久,例如当她为新月、在四分位或满月时,以及行星(stars)⑥处于更大的间隔或者更加隐匿,如在其出现、消失和临近的位置。若是这样看待这些物质,那么万物都追随这样的定理,即不仅复杂的事物受天体运动的影响,而且种子的发芽和结果也要适应当时的天体性质。事实上,一个农民或牧人⑦越注意种子生长或播种时观察盛行风向,就越能收到想要的成果;我们一般认为,预测太阳、月亮和行星的方位越明显,结果也就越有意

---

① 普罗克鲁斯释义,"记忆中保留的所学知识的困难"。
② 天空或者五元素,与普通的四元素相对照;那是亚里士多德学派(逍遥学派)的学说。
③ Boll, *Studien*, p.133. ff.,大量类似的段落也出现在西塞罗等人的作品中,他们都受波多纽斯的影响。
④ ἀπόρροια,有另一个意思"separation",作为星占学的专业术语;见 c.24 与我的笔记 P. Mich. 149, col. iii, 33.
⑤ 天空中星体彼此相对的位置。相位的命名被托勒密所认可,见 i.13(pp.72—73)。
⑥ 本段中托勒密用"stars"指行星,而非恒星。这里 appearance 和 occultations 指的是太阳的升起与落下,πρόσνευσις通常指一个天体相对于另一天体的"临近(inclination)"与"到达(approaches)"。
⑦ 西塞罗:《论占卜》(*de divinatione*),i.112:医师、舵手、农民也进行预测。

义,尽管结果是靠那些占卜者的观察而不是技艺手段预知的。这些结果因更强大的天体力量和更简单的自然法则所致,例如,连无知者甚至愚钝的动物都能理解每年季节和风的变化;因为总体来说,太阳负责一切现象。然而,非寻常的事物则要被那些惯于观察天象的人所掌握,如水手根据月亮和恒星相对于太阳的视位置来判断特定时段出现的飓风暴。因为如果他们不能确切了解这些现象的精确时间和地点,以及行星的阶段性运动,他们在工作中将会错误频出。因此,如果一个人准确地掌握所有行星、太阳、月亮的运动,并且注意这些运动的时间地点;并且如果他能将自然现象视为先前持续观察的结果,即便他辨别不了本质,而仅仅可以辨别潜在的天体性质,如太阳的燥热和月亮的潮湿等;如果他能根据这些数据进行科学且成功的推测,(预测)所有因素会合产生作用力的显著特征,那么有什么可以阻碍他去辨别特定时间内相关现象发生时大气的特征,如变得更温暖或更湿润?一个人为什么不能从他出生时刻周围的环境感知到自己的性情特征,如他属于哪种体质和灵魂,会遇到哪些偶发事件,哪样的环境与他相协调并有助于自己成功,而哪样的环境阻碍他甚至导致自己受伤?从这些(困惑)乃至类似的争论中,我们足以理解天象知识的可能性。

接下来的讨论使我们察觉,批判(星占学)这项记录不可能性的科学,虽然显得貌似合理,其实没有意义。首先,有人(其实很多人)没有受过实践指导,他们期望用一种重要的、多维的艺术进行实践,他们的错误①会使人相信真正的预测取决于并不正确的机缘巧合。这种事情只能是实践者的一种无能,而非科学的无力。第二,为了获取天文学知识,大多数人以此之名②寻求另一种艺术,来欺骗普通人,因为他们被期望预测诸多事物,甚至是不可能被提前预知的事物,而对于有想法的人来说,他们通常对预言主体做出令人不满意的判断。其实不应该这样,哲学也如此,我们不该因为其中有些不懂装懂的冒犯者而废除哲学。③ 然而,即便一个人在咨询中使用星占术或者使星占精神合理化,他也会出错,不是因为上述理由,而是因为事

---

① 这段类似伪卢齐安(Lucianic)作品的第一部分,参见 Boll, *Studien*, pp. 151—153。
② 卡达诺(Cardanus)在 *geomantici* 给出许多例子(p. 104),根据一个人出生的具体日期这样纯粹的事实做详细的预测,通过推测一个人名字(arithmologist)中字母的意义来做预测。也参见柏拉图:《理想国》,495C。
③ 柏拉图:《理想国》,487D。

物的本质和他自身专业能力的限度。大体说来,处理主观关系的任何一种科学都具有推测性,并且不能被完全证实,尤其是由许多不可靠因素组成的事件,除了这样的事实之外,古人观察到的相位类似于我们现在所得知的(相位),根据这一基础知识,古代天体的方位①或多或少类似于现代的相位,但并不完全一致,因为所有恒星和地球会重新回到②相同的位置,除非有人不能理解这种经验;出于这样的理由,预测有时候是失败的,因为他们所依据的案例具有不一致性。对于大气环境的调查是非常困难的,因为天体运动背后没有其他原因被考虑在内。但是在对个人出生和总体环境的调查中,我们会看到一种至关重要的环境和举足轻重的特征,这会影响个人出生的特殊品性。起源(seed)的不同会表现在类别的特性上,而且,若环境和范围相同,每一个起源都会表现出自己的形式,如人、马等;出生的地点也产生多种变化。如果起源相同,那周围的环境条件也一样,例如人;反之,人的出生不同,身体和心灵的属性也会不同。③ 除此之外,(如果)上面所提到的环境都等同,那成长和后天的环境也会影响一个人生活的具体方式。除非检验每一种因素,包括来自周围一切的原因,尽管后者(后天环境)妥协于最大的影响(环境是万物成为本身的原因之一,而万物反过来不会影响环境),否则对那些相信万物可以被理解的人来说,这会产生很大的困难,尽管万物并不完全处于天体独自运行的掌控之中。

　　既然如此,排除这些特征的所有预测并不合适,因为有时候预测可能是错误的,但我们也不应该因为天体技艺的错误而怀疑(星占学预测);当这些知识是伟大的或者神圣的时候,我们应该接受这些可能性,并感到欣慰。此外,我们在黑暗中摸索,不应该苛求一切技艺,而是应该学会欣赏它的美,尽管这些事物不能提供充足的答案;就像当医生检查病人时所说

---

　　① 根据不同的古代作者,迦勒底人的观察涵盖了470000—720000年,参见Boll-Bezold-Gundel, pp. 25, 99。

　　② "斯多葛派认为,当行星返回到宇宙初生点所在的经度和纬度时,在固定时刻会产生事物的形成和毁灭,宇宙开始转到一种新的环境中,随着行星再次以同样的方式运动,先前时刻发生的任何事物被再次重现。他们认为,苏格拉底和柏拉图将会再现,普通人,如友人与国人也会重现。同样的事情将会发生,他们会遇到同样的运气,处理同样的事情"等(Nemesius, *De natural hominis*, 38, p. 309, Matthaei)。

　　③ 在第二书前三节中托勒密讲述星占人种学(ethnology),在iv. 10中,托勒密指出在所有一切出生图中,对民族和年龄的普遍考虑优先于其他特殊的细节。

的疾病本身和病人特质,我们无法发现他的错误一样,我们也不能反对星占师们用这种理论来计算民族、国家、(个人)成长或者其他存在的偶然性质。

3. 预测也是有益的

通过简要形式的介绍,已经证实用天文学方法进行预测有多么可取,这种预测除了对人的环境和结果产生影响,更重要的是,它也关系到身体与灵魂的属性和活动,关系到他们遇到的疾病及其持久性,此外,所有外在环境也与一个人的天赋本性有直接且本质的联系,如物质上的财产、婚姻,灵魂上的荣耀、尊严,这些最终都会依次发生在人们身上。① 接下来我们简单寻找一下天文学预测的有用性,②首先,我们应该区别如何且用什么来界定有用性这个词的意义。因为如果我们认为灵魂的美好比预言的本质更有助于幸福、快乐和惬意,那我们可以由此得出人类和天命事务的全面观点吗?如果我们亲自寻找美好的事物,如高级知识,那我们将会理解什么对一个人的性情和属性最为合适。如果这不能帮我们得到财富、名声和欲求上的帮助,我们则认为它与哲学一样,因为哲学不能提供任何与科学本身相关的事物。然而,我们不应该因此谴责哲学与星占艺术,并无视其优点。

那些想要以预言无用论挑剔错误的人没有看到最重要的东西,而是仅仅认为对任何事件的预测都是多余的;事实上,预测是坦诚的、无偏见的。因为,首先这些无法预料之事的发生容易引起过度恐惧与狂喜。但实际上,预测会通过遥远且无关事件的经验使灵魂得到安抚和冷静,而且预测会使人们以冷静而坚定的态度迎接接下来发生的事情。第二,我们不应该相信,孤立的事件作为天体影响的结果并不会关照人类,其实会的,就好像它们最初就通过无法更改的天命被安排给每个人,或者通过无法妨碍的必要性预定发生一样。事实上,天体永恒地根据天命这一不可更改的预定而运动,而尘世间万物的变化则服从于自然多变的天命,根据上面所说的第一条理由,万物被随机(安排)或按自然顺序受天命统治。而且,一些事情通过普遍的大环境而非个体自身的习惯来影响人类——例如,人类可能大多数毁灭于

---

① 在这句中,托勒密指的是第三、四书章节中所涉及的主题。
② 据西塞罗:《论占卜》,ii. 105,迪卡阿库斯(Dicaearchus)写了一本书证明占卜无用;普鲁塔克在一篇文章中采取另一种方法,这篇文章现在只保留了框架。

可怕的且不可抗拒的环境剧变,如大火、大流行病或大洪水,通过灾难性的、无法避免的大环境变化来施加影响,因为较小的原因总是屈服于更强更重要①的原因;然而,其他偶然事件则通过次要的、偶然的环境变化影响个体自身的性质。因为,如果产生这些区别,那么很明显:不管事件取决于总体还是个体原因,不可抗拒且比对抗力更强大的第一因一定会发生;相反,当事件(的性质)不符合这种特征,提供可抗拒力的因素很容易被避免,而提供不可抗拒力的因素则遵从首要的自然原因,这确实仅仅是由于疏忽而不是由于全能之神力的必然。有人可能就会发现,无论自然原因是什么,所有事件中存在共性的东西。对于石头、植物和动物,对于受伤、灾祸和疾病的发生,有些是作为必然实践的一种本性,另一些则仅仅是没有对抗性因素的介入。因此,人们应该相信自然哲学用这种特征的预见来预测将要发生在人类身上的事情,并且在表达错误的情况下将不能完成预测;一些事情是不可避免的,这是因为它们的有效原因是巨大的、强有力的,而其他由于相反(弱小)原因的事情是可避免的。同样,确诊出疾病的医师总是清楚哪些是致命的,哪些是可治愈的。其中,只有星占学家才能调和这些关系。例如,当星占师说在某种环境特征中,某种性质的基本比例增加或减少时,某种影响将会发生。同样地,当医师说一种疼痛将会蔓延并且引发腐败时,我们应该相信医师,就如同磁石吸铁一样的原理,如果我们忽视了对抗力,那么事情将会不可避免地随着最初的自然强制力发展,但如果我们接受预防治疗,疼痛将不会蔓延并腐烂,就像磁石被大蒜摩擦不能吸铁;②正确的遏制措施有其本质上的对抗性;在其他案例中,如果未来发生在人身上的事情是未知的,或者人们知道但却没有采取补救措施,事情将会随着最初的进程发展;但是如果人们提前预见到并且采取补救措施,将会适应自然发展与命运。大体说来,既然天体对总体和特殊事物的作用力都是相同的,那么有人就会怀疑,在宇宙事物中,在保卫人类自身的利益中,为什么所有的人都相信预测的有用性(大多数人承认自己可以预知季节、星座的意义以及月相,总有

---

① "个体总是从属于总体之下。"托勒密谨慎区别总体与个体或者本命星占学。前者处理的是影响整个人类和种群、国家的星占学,见第一书至第二书;后者个体的属性,见第三书至第四书。

② 现代观点参考 Thorndike, *History of Magic and Experimental Science*, I, p. 213,这种例子出现在普鲁塔克的作品中。

保护自己的先见,他们总会创造以冷制热和以热抗冷的环境,并且总是以中和环境为目标。更进一步,为了确保季节和航行的安全,他们在月相位于满月时观察星象①,没有人认为这种实践是无用的、不切实际的);但另一方面,在特殊的事件以及取决于其他性质(如多与少、冷与热以及个体性情)的预测中,有人认为预言既不可能,也不应被考虑。很明显,在总体上,如果我们以冷抗热,将会很少遭罪,同样的措施可以证明对抗特殊强制力的有效性,这种特有的作用力会给比例不协调的热量增加特殊的性质。出错的原因是个体预测的困难性和不一致性,其他情形下的理由也会产生错误。由于我们很少发现性情完美的人(事物),所以大体上对抗力的性质并不预示着某种预兆,并且在考虑原生的本性时,自然的强制力会无障碍地任其发展,因而人们会认为未来所有事件的发生是不可避免的。②

而我认为这些预测即使不绝对可靠,它的可能性也有很高的价值,在防御实践中,即使它不能补救一切事物,但不管它在一些实例中的地位有多轻微或不重要,我们至少都应该接受它在特殊意境中的有用性。

接受这一技艺的人,如埃及人,已经完全将医学和星占学预测结合起来。如果他们认为未来之事不可改变,他们就从不想办法来转移某些灾难、守护自己或者补救总体与个体环境。而事实上他们是采取了一些办法,通过有秩序的自然手段将对抗性置于天命之中,并且通过所谓的星占医学(iatromathematical)系统(医学星占学),理解预测的可能性,他们用天文学方法,成功学习分析事物性质、了解未来环境变化发生的事件及其原因,没有这些知识作为基础,大部分救助措施将会失败,因为一种事物不适合所有的体质和疾病;③另一方面,通过医学手段,以他们所掌握的顺势或对抗性事物的知识,人们采取谨慎的措施对待即将来临的疾病,并为已存在的疾病

---

① 赫西俄德:《工作与时日》,383 ff. (ed. Flach),证明在托勒密上面所提到的联系中,像昴星团(Pleiades)、猎户座(Orion)、天狼星(Sirius)、大角星(Arcturus)和至点(Solstices)这些恒星和星座是如何在日常生活中被观察的;也见于航海(618 ff.),有利和不利的日期在769ff被计算。

② 托勒密的语言是浓缩并隐晦的;翻译只是给出大意。Proclus' *Paraphrase*, pp. 31—32. "这样一种假设的理由是个体情况中预言的困难性、处理这些关系的精确性和真实性,因为我们很难发现性格完美的人,总体上对抗强制力的属性并不意味着有某种预兆,这使得未来事情的发生变得无法避免。"

③ 可能是"影响",πάϑος是更普遍意义的化身。

进行可靠的治疗。

我们用这些概括性的陈述来勾勒一下基本轮廓。做完简介①之后我们要进行讨论,以每种天体与自身影响力的特征为开端,附有古人对天体的自然观察,首先我们来看行星、太阳和月亮的力量。

4. 论行星的力量

太阳本质的积极影响力是热且干。② 因此很容易理解太阳在形状和季节变化上比其他天体更具有统治力,因为它越接近天顶(Zenith),越会以此种方式影响人类。月亮的影响力是潮湿,因为它离地球最近并且散发湿气。③ 因此它的活动会引起形体主体的软化和腐败,但它也由于接收太阳光线而适度地散发热力。

土星系的星体(Saturn's)④最主要的性质是冷而干,因为它离太阳热力与地球散发的湿气最远⑤。通过观测其他行星与太阳和月亮的相位,发现它们如土星一样具有影响力,因为它们会以某种方式改变某种环境周围的条件。

火星系的星体干燥且灼热,正如它炽热的颜色和与太阳接近的缘故,太阳正好照射于它们。

木星系的星体散发积极的能力,因为其位于土星的冷却与火星的灼热影响之间。其热而湿;由于其具有潜在的热力,所以送来和风。

金星系的星体具有木星一样的力量和特征,但却以相反的方式作用;她带来温暖主要是因为离太阳近,但如月亮一样,她更多为潮湿的性质,这是因为其自身的光线程度和接近地球周围散发的潮湿大气。

水星系的星体性质在某一时刻表现为干燥且吸收湿气,干燥是因其在

---

① "Introduction"或者系统地初步论述,在古代是一种常见的文学形式。尼科马霍斯的《算术入门》(Nicomachus, *Introduction to Arithmetic*)就是一个很好的例子。"art"是一种类似的论述形式,可以处理任何艺术或者科学。

② 这章中托勒密用了星占学四元素,热冷干湿(如 De generatione et corruptione, ii. 2. 3)。参见 Boll-Bezold-Gundel, p. 50。

③ 如泰勒斯一样古老的学说,认为出现在地球上的湿气滋养天体;参见 Diels, *Doxographi Graeci* (Berlin, 1987), p. 276; Burnet, *Early Greek Philosophy*, London, 1920, p. 49。

④ 托勒密一般倾向于说"土星系的(星体)"、"木星系的(星体)",而很少说"土星"、"木星"等等,这种语法一般是为了区别行星与其名字所属的天体。另一方面,他不使用希腊语名词。

⑤ 托勒密所谓的天体顺序是土星、木星、火星、太阳、金星、水星、月亮;参见 Boll-Bezold-Gundel, pp. 107—108。

纬度上从不偏离太阳；潮湿是因其紧挨着月亮，离地球最近；并且其性质变化非常迅速，这是因为其运动中受太阳周围环境的影响。

5. 论吉星和凶星

如前所述，四体液中有两种是积极有利的，热和湿（万物通过它们聚集在一起并且生长），有两种是消极有害的，冷和干，由此万物被分离和毁坏，古人认为这两种行星，木星和金星，与月亮一起，因其良好的本质和热且湿的组合而变得有利，土星和火星则产生相反性质的效果，一个过冷，另一个过干。然而，太阳与水星（积极和消极）两者作用力都有，因为其性质相同，判断其影响力要根据它们与什么样的行星组合。

6. 论阳性行星和阴性行星

行星还具有两种其他的性质：阳性和阴性，潮湿呈阴性，因为在万物中这种元素占很大比例，反之则是阳性。由此，我们认为月亮和金星是阴性行星，因为她们更潮湿，太阳、土星、木星和火星是阳性行星，金星一般为中性，因为他们产生热量，同样产生湿气。行星的阴阳性也根据它们离太阳的位置（来判断），当它们是晨星①且先于太阳升起时，为阳性行星，当它们为夜晚行星且随太阳落下时，则为阴性行星。而且这也根据它们和地平线的视位置；当行星位于中天（mid-heaven）②的东部或者从西方回到中天的低点时，因其东方而呈阳性，但在另外两个四分之一区（quadrant），即西部行星时，则呈阴性。

7. 论昼夜③行星

同样，两个明显的时间间隔，白天由于其热力和积极的能量为阳性，夜晚因其潮湿和剩余的能量为阴性，传统认为月亮和金星是夜星，太阳和木星为昼星，水星呈两性，当为晨星时即昼星，当为暮星时即夜星。他们也把两个凶星划分到昼夜行星类别中，这并不是依据它们的性质有多类似，④而是

---

① 或晨星（matutine），即当太阳升起时行星位于地球之上；晚上或者黄昏行星随太阳而落。卡达诺（p.127）说，当行星与太阳的距离小于6个黄道宫，为阴性行星，位于西方，当大于6个黄道宫时，为阳性行星，位于东方。

② 卡达诺（l. C.）指出有人不接受这种观点，而是将低于天顶至高点的行星称为阳性行星，高于天顶最低点的为阴性行星。行星的阴阳性也由其所占据的阴性和阳性黄道宫而定；参见 Bouché-Leclercq, p. 103。

③ 为太阳和月亮相对应的类别；参见 Vettius Valens, ii. 1, iii. 5; Rhetorius, ap. CCAG, i. 146。

④ 如一句希腊谚语"物以类聚"；如 Odyssey, 17, 218.

依据相反的性质;当同类型的行星与性质良好的行星会合时,产生的有利影响将会增加;相反,如果异类行星与凶星会合时,产生的杀伤力将会最大程度地被削弱。因此人们将冷性的土星分配到白天的温暖中,将干性的火星分配到夜晚的潮湿中,以此方式来中和比例,产生温和。

8. 论太阳相位的作用力

现在,同样请注意,根据与太阳的相位,月亮与三大行星(木星、土星和火星)①的作用力会发生增减。例如,从新月到上弦月,月亮渐渐变亮,产生更多的湿气;从上弦月到满月,产生更多热力;从满月至下弦月,产生燥热,从下弦月至新月产生凉气。在东部相位的行星从日出点到第一运动点(first station)②产生湿气,从第二运动点到日落点产生凉气。当它们彼此相会合时,在我们的周围产生多种性质变化,每一种作用力多数情况下会坚持自己的性质,但也会通过星体参与会合的作用力发生数量上的变化。

9. 论恒星的影响

接下来我们依次详述有特殊力量的恒星性质,类似于行星性质的说明,我们将阐明他们观察到的(恒星)特征,首先介绍那些在黄道带③自身占据不同方位的恒星。

白羊宫头部的恒星,具有火星和土星混合作用的影响;嘴部的恒星具有水星的力量,也具有一定的土星力量;位于后脚的恒星具有火星作用的影响;在尾部的恒星具有金星性质的作用力。

沿着金牛宫④分割线的恒星具有金星性质,一定程度上也具有土星的性质;在昴宿星团的恒星具有月亮和木星的性质;头部的恒星,毕星团中明亮且略微发红的一颗星被称为火炬星团(Torch)⑤,具有火星的性情;其余部位的恒星具有土星及适当的水星性质;牛角上的恒星作用力类似于火星。

---

① 土星、木星和火星;这种结果的注解见 MSS 和卡梅拉留斯(Cameraius)的文本(见注)。

② "rising"意味着偕日升(heliacal rising)。"Stations"是行星在开始消退之前仍旧运动的位置。托勒密以本轮(epicycles)理论来解释运动的无规则性。参见 Bouché-Leclercq, pp. 111—123。

③ 严格来讲是指"黄道自身的周围",正确来讲,黄道宫为 ζωδιακός,黄道是太阳经过黄道带最中间的线,即"黄道宫或黄道带最中间的圆圈"。

④ 金牛座仅仅呈现公牛的头部和身体前部。

⑤ 毕星五(Aldebaran:金牛座中的一等星)。

双子宫脚上的恒星分担了水星的气质,在某种更小程度上具有金星的性质;大腿上的亮星,具有土星性质;头部①的两颗亮星中,前面的一颗星性质类似于水星,也被称为阿波罗星团(Apollo);后面的一颗具有火星性质,也被称为武仙座(Hercules)。

巨蟹宫眼部的两颗恒星产生类似于水星的作用力,在较弱程度上,具有火星气质;蟹钳部的恒星作用力与土星和水星相同;胸部的云状星团被称为秫槽星团(Manger)②,作用力与火星和月亮的相同;两侧的称为驴星团(Asses)③,性质与火星和太阳的相同。

狮子宫头部的两颗恒星,作用方式与土星相同,较弱程度上具有火星的气质;喉部的三颗恒星作用力与土星相同,较弱程度上具有水星的气质;心脏部位的亮星称为狮子座的一等星(Regulus),④气质与火星和木星相似;臀部及尾部⑤的亮星,性质类似于土星和金星;在大腿部位的恒星性质与金星相同,较弱程度上也具有水星的气质。

处女宫⑥的恒星中,头部和南翼尖上的性质与水星相同,较弱程度上具有火星的气质;翼上及腰带上的其他亮星具有水星性质,较弱程度上具有金星的气质;北翼的亮星被称为室女座 ε 星(Vindemiator)⑦,性质类似于土星和水星;所谓的室女宫主星(Spica)⑧,性质与金星相同,较弱程度上也具有火星的气质;脚尖和服饰(Train)⑨上的像水星,较弱程度上也具有火星的气质。

天蝎宫⑩钳部极其有力部位的恒星,会产生与木星和水星类似的影响

---

① 即Castor("前面")和北河三(Pollux;星名。即双子座 β 星,意思是"拳术师"。全天第17亮星,夜晚最亮的是大犬座的天狼星,视星等1.14等,绝对星等1.09等,距离33.7光年)。

② 蜂巢星团(Praesepe),更通俗来讲是蜂窝。

③ 北方驴(Asinus Borealis)和南方驴(Asinus Australis)。中译者注:中国古代称鬼宿三与鬼宿四。

④ 中译者注:狮子座 α 星,中国古代称轩辕十四。

⑤ 五帝座(β Leonis;狮子座的第二亮星)。

⑥ 处女座以挥着翅膀左手握着麦秆的女性形象呈现,头部以最亮的恒星角宿一著称。

⑦ 中译者注:中国古代称东次将(太微左垣四)。

⑧ 中译者注:中国古代称角宿一。

⑨ 普罗克鲁斯(Proclus)在纽伯格遗稿中添加了解释,即"of the garment"。

⑩ "蝎钳"最早是天秤座(Ζυγός)的名字,后来在1世纪基督诞生之前广泛应用。托勒密使用二者。

力;蝎子中间部分的恒星产生与土星相同的作用力,较弱程度上也具有火星的气质。

天蝎座身体部位的恒星中,前额的亮星影响方式与火星相同,一定程度上类似于土星;身体部位的三颗恒星,中间一颗黄褐色且相当耀眼的恒星被称为天蝎座 α 星(Antrares)①,性质与火星相同,一定程度上具有木星的气质;关节部位的恒星性质与土星相似,一定程度上具有金星的气质;刺上的恒星性质类似于水星和火星;所谓的云状星团,性质与火星和月亮相同。

射手宫②弓箭尖部的恒星产生类似于火星和月亮的影响;在弓及其把手上的恒星性质类似于木星和火星;前额的星团性质与太阳和火星相似;斗篷处和后背的恒星,性质似木星,较弱程度上具有水星的气质;脚部的恒星,性质与木星和土星类似;直至尾部的四边形,与金星相似,较弱程度上具有土星的气质。

摩羯宫③角上的恒星,产生类似于金星的影响,某种程度上似火星;嘴部恒星性质类似于土星,某种程度上似金星;脚和腹部同火星和水星;尾巴上的似土星和木星。

水瓶宫肩部及左臂、后背上的恒星,产生类似于土星和水星的影响;大腿上的恒星很大程度上性质似水星,较小程度上似土星;水流部位的性质似土星,某种程度上似木星。

双鱼宫④南侧鱼头上的恒星,产生类似于水星和土星的作用力;身体部位,性质似木星和水星;尾巴和南侧束带上的恒星,性质似土星,某种程度上似水星;北侧鱼体和脊骨上的恒星,性质似木星,某种程度上似金星;北侧束带上的恒星,性质似土星和木星;在连接处的亮星,性质似火星,某种程度上似水星。

黄道带北部天空的恒星中,位于小熊星座(Ursa Minor)的亮星,具有类似于土星的性质,较弱程度上具有金星的气质;在大熊星座(Ursa Major)的似火星;熊尾巴下方的后发座星团(Coma Berenices)性质如月亮和金星;天

---

① 中译者注:中国古代称心大星。
② 以一个准备拉弓射箭的人马怪形象呈现;肩膀后面和上面披着斗篷。
③ 以一个有山羊头和前足以及鱼尾巴的怪物形象呈现。
④ 南侧的鱼(不能与后面提到外黄道宫星座"extrazodiacal constellatio"南鱼座"Piscis Australis"混淆)朝向水瓶座;两条鱼以从尾巴到尾巴相连接的形象呈现。

龙座(Draco)的亮星,性质如土星、火星和木星;仙王座(Cepheus)的恒星同土星和木星;牧夫座(Boötes)恒星性质同水星和土星;黄褐色亮星被称为大角星(Arcturus),性质同木星和火星;北冕座(Corona Septentrionalis)①恒星性质同金星和水星;Geniculator②的同水星;天琴座(Lyra)③与天鹅座(Cygnus)的恒星性质同金星和水星;仙后座(Cassiopeia)的同土星和金星;英仙座(Perseus)的同木星和土星;剑柄上的星云,性质如火星和水星;御夫座(Auriga)④的亮星同火星和水星;蛇夫座(Ophiuchus)的恒星产生似土星和金星的影响力;巨蛇座(serpent)的恒星性质似土星和火星;天箭座(Sagitta)的同火星,一定程度上似金星;天鹰座(Aquila)⑤的似火星和木星;海豚星座(Delphinus)的似土星和火星;飞马座(Horse)⑥的亮星似火星和水星;仙女座(Andromeda)的似金星;三角星座(Triangulum)的似水星。

黄道带南部天空的恒星中,在南鱼座(Piscis Australis)⑦嘴部的亮星,作用力似金星和水星;鲸鱼座(Cetus)的似土星;猎户座(Orion)⑧肩膀上的恒星作用力似火星和水星,其他部位的亮星同木星和土星;波江座(Eridanus)亮度最弱⑨的恒星,影响力似木星,其余似土星;天兔座(Lepus)的似土星和水星;大犬座(Canis)嘴部的亮星⑩,性质似木星,一定程度上似火星,其余部位的同金星;南河三(Procyon)⑪亮星,性质似水星,较弱程度上似火星;九头蛇座(Hydra)⑫的亮星,性质似土星和金星;巨爵座(Crater)的恒星,性质似金星,较弱程度上似水星;乌鸦座(Corvus)的似火星和土星;南船座

---

① 中译者注:译者参考了百科词条"八十八星座",推测此处应为北冕座。网络来源:八十八星座:https://baike.baidu.com/item/八十八星座/279569#3_10,北冕座:https://baike.baidu.com/item/北冕座,2019年5月8日。
② 如武仙座。
③ 织女星(Vega)是天琴座最亮的恒星。
④ 五车二(Capella)是御夫座最亮的恒星。
⑤ 牛郎星(Altair)是天鹰座最亮的恒星。
⑥ 飞马座(Altair)。
⑦ 最亮的恒星是南鱼座α星(Fomalhaut:北落师门星)。
⑧ 参宿四与参宿七,猎户座α星(中国古代称参宿四)和β星(中国古代称参宿七),是这一星座最亮的恒星。
⑨ 波江座亮度最弱的恒星是α星(Achernar);中译者注:中国古代称"水委一"。
⑩ 天狼座(Sirius),位于大犬座。
⑪ 中译者注:小犬座α星。
⑫ 最亮的恒星是星宿一(Alphard)。

(Argo)的亮星,①性质似土星和木星;位于人马座(Centaurus)人体部位的恒星,性质似金星和水星,马身上的亮星同金星和木星;天狼座(Lupus)的亮星,似土星,较弱程度上似火星;天坛座(Ara)的似金星,较弱程度上似水星;南冕座(Corona Austrais)的亮星,性质同土星和水星。

以上即先辈们对恒星影响所做的观察。

10. 论四季和四角的影响

一年春夏秋冬四季,春季由于寒冷离去温暖来临而显得非常湿润;夏季由于太阳最接近天顶而显得非常燥热;秋季由于经过炎热季节湿气被吸干而显得干燥;冬季严寒是由于太阳离天顶最远。据此,尽管黄道十二宫没有一个自然的开端,而是一个循环圈,但我们认为春分从作为万物起点的白羊宫②开始,黄道十二宫的第一部分使春季变得湿润,就好像一个新的生物,接下来是保持的季节,因为在所有生命的早期③,如春天,产生大量的湿气,变得更加柔嫩美妙。第二个阶段如生命的青年阶段,如夏天,热力旺盛;第三个阶段经历了生命的旺盛期走向衰退的边缘,如秋天,非常干燥;最后一个阶段接近消亡,如冬天,异常寒冷。

同样地,在地平线的四个区域和四个角中,自基本点(cardinal point)④产生风,东区的一部分干燥,当太阳在此区域时,所有在夜晚变湿润的物体都开始变得干燥;由此吹来的风,被统称为东南风之神(Apeliotes)⑤,没有湿气且起干燥影响。南区最热,因为太阳经过中天带来异常强烈的热量,而我们居住的地方更偏南。由此吹来的风统称为南风之神(Notus),炎热且具有使万物稀少的影响力。西区潮湿,因为白天被太阳干燥化的东西由此变得湿润;同样,由此吹来的风被统称为西风之神(Zephyrus),清新且湿润。

---

① 分别为老人星(Canopus)和 Var。
② 参见《至大论》,iii.1(p.192,19—22),托勒密将一年定义为太阳从二分二至点的回归。白羊宫被界定为春分的起点,但是事实上黄道宫不等同于星座。这种争论首次表达见奥利根(Origen)。参见 Boll-Bezold-Gundel, pp.131—132; A shmand, *Ptolemy's Tetrabiblos*, p.32, n。
③ 托勒密列举生命的四阶段,就像宣扬数字 4 的毕达哥拉斯学派数论学派(Arithmologist),如 *Theologoumena Arithmetica*, p.20 Ast。后来托勒密宣讲七个阶段(iv.10)划分到每一个行星;数论学派有一系列关于数字 7 的宣传,如 Philo, *De mundi opificio* 36。他也列举了年龄是由年的七天化(hebdomadic groups)组合而成。
④ 托勒密意指风来自基本点或者其周围。
⑤ 通常的希腊用法;"来自太阳吹来的风"。

北区最冷,根据我们居住世界的方向,北区远离太阳产生热量的顶点,仿佛太阳处于热量的低谷;由此吹来的风被统称为北风之神(Boreas),寒冷且起凝结作用。

以上这些事实的知识有助于人们对个体案例的不同性质做出完整的判断。人们认为,综合四季、年龄或方位的条件,行星属性则潜在地发生相应的变化,并且若行星顺应环境时,则其性质被更纯化,作用力也更加强大,如在热力环境中本性热的事物更热,在湿润环境中本性湿润的事物更湿润。而处于相反环境下,则其作用力变得复杂而虚弱,如处于寒冷环境中的性热事物与处于干燥环境下的性湿事物,其本来的性质都会越来越弱,其他情形也类似。

11. 论冬夏至、春秋分,固体及双体(Biocorporeal)黄道宫

解释完上述问题之后,接下来介绍传统留存下来关于黄道十二宫的本质。尽管它们的普遍特性①类似于所处②的季节,但根据它们与太阳、月亮和其他行星的远近③,也会出现某些特性。因此接下来我们首先介绍黄道宫自身的混合作用力,分单独和彼此相对的作用两种情况来解释。

第一个区分即所谓的春秋分、冬夏至、固定及双体宫位④。有两个至点宫位,夏至的第一个30度为巨蟹宫,冬至的第一个30度为摩羯宫;因在其宫位所发生的事情而得名⑤,太阳在此发生转变,引起纬度变化,进入巨蟹宫开始的夏天和摩羯宫开始的冬天。两个春秋分宫位,一个是白羊宫开始的春分,一个是天秤宫开始的秋分;同样也因在其宫位所发生的事情而得名,太阳在此时昼夜长度相等。

接下来的八个宫位,四个被称为固定宫位,四个被称为双体宫位。固定宫位,金牛宫、狮子宫、天蝎宫和水瓶宫,跟随着二分二至点宫位;它们的得名是因为太阳在其位置时,在之前宫位开始的湿热干冷的性质被强化,天气

---

① "mixtures";星占学上组合(resultant)的性质源自不同影响混合的复杂特性。
② 太阳处于这些宫位。
③ 也作"相似性",是一个普通的星占学术语,表明黄道宫位置或者行星在宇宙中的相对位置,如相位。
④ 事实上,处女宫被作为双体宫位。作为一个博学的作者,托勒密很少关注黄道宫之于地上、水中、四足的神话虚幻的划分(尽管他也提到过这些),而是更关注天文学划分。
⑤ "出现转折",现代天文学称其为至点(solstitial)代替回归线(tropic),因为回归线指的是地球上的圆圈,巨蟹宫和摩羯宫的回归线。

不再性情不定,而我们已经适应了这种天气,并且更能感知到其影响。

双体宫位为双子宫、处女宫、射手宫和双鱼宫,紧随固定宫位,处于固定宫位和二分二至点宫位之间,即处于开始和结尾的宫位之间,具有两个季节的性质,由此得名。

12. 阳性黄道宫与阴性黄道宫

再者,我们以同样方式分配六个具有白昼性质①的阳性宫位和六个具有夜晚性质的阴性黄道宫。其阴阳性依次交替,因为白天总与黑夜轮回,阴阳性也如此。上面提到白羊宫被作为四季的起点,现在同样也被作为具有统治和主导地位的阳性,因其积极的力量总优先于消极力量。白羊宫和天秤宫被认为是阳性、白昼的,另一个原因是赤道圈经过它们完成最初的、最强有力的宇宙运动②。正如我们所讲,黄道宫相继按顺序完成协调一致的运动。

然而,同样地根据阳性和阴性宫位的顺序,可以解释为什么要将正在上升的黄道宫作为阳性宫位,称其为上升天宫(horoscope)③。这就好比有人将月亮的黄道宫作为夏至的开端,因为月亮比其他星体可以更迅速地改变运动方向;所以人们将上升天宫作为阳性宫位的开端,因其离东方最近;此后有人使用黄道宫的交替顺序(划分阴阳性宫位),其他人则将整个天宫进行四分,早晨的、阳性的黄道宫被划分到从上升点到中天的象限,及从下降点(occident)到下中天的象限。夜晚的、阴性的黄道宫被划分到另外两个象限。此外,人们也据形状描述黄道宫,如"四足的(four-footed)""陆地的(terrestrial)""命令的(commanding)""多产的(fecund)"等称谓。我们认为这数不胜数,因其理由和意义可以直接被挖掘,也因为对于有利的预测,可以用这些形状产生的性质来解释。

13. 论黄道宫的相位

黄道带中彼此相一致成相位④。对分相(opposition)包含两个直角、

---

① 行星与黄道宫一样,也被分为阴阳两性。
② (根据托勒密及其他古代系统)天体的一般运行,恒星及其他天体。
③ 在这样一个系统中,既定的黄道宫并不总是具有一个(阴阳)属性。
④ 相位属于天体的几何关系。托勒密认为有四个相位——对分、三分、四分、六分,没有将合相作为一个相位,尽管《星占四书》通篇提到。据说开普勒根据360°可以整出的部分进行划分,4/3,1/5(quintile),3/2,2/5(biquintile)等(Ashmand, pp.40—41);天体相位有四种划分方法。

六个黄道宫及180度;三分相位(trine)包含三分之四个直角、四个黄道宫及120度;四分相位(quartile)包含一个直角、三个黄道宫及90度;最后是六分相位(sextile),包含三分之二个直角、两个黄道宫及60度。

我们可以从下面了解到为什么要考虑这样的间隔。很明显,对分相是因为引起黄道宫在一条直线上相遇。但如果我们采用音乐中的两个单数划分(fractions)和两个复数(superparticulars)划分,当1/2和1/3应用于由两个直角构成的对分相时,则1/2会将其分为四分相,1/3可将其分为六分相和三分相。对于复数划分,如将3/2(sesquialter)和4/3(sesquitertian)①应用于由一个直角构成的四分间隔,则3/2可使四分相变为六分相,4/3可使三分相变为四分相。其中,三分相和六分相是和谐相位,因其由同类黄道宫构成,完全为阴性或者阳性黄道宫;四分相和二分相是不和谐相位,因其由性质相反的黄道宫构成。

14. 论命令和服从黄道宫

同样,"命令"和"服从"②的命名应用于黄道带的分隔,这些黄道带与春分或者秋分宫位的距离相等,因为它们在相等时间段内且相等的纬线上上升。夏天半球③的称为命令宫位,冬天半球的称为服从宫位。因为当太阳位于夏天半球时,日长夜短,在冬天半球时,日短夜长。

15. 论对望黄道宫和等力量的黄道宫

以冬夏至为界的每对黄道宫,具有同样力量④。因为太阳进入其中时,昼与昼、夜与夜的长度和时间都相等。因每一对黄道宫都升起并下降于地平线的相同地方,称之为"对望"宫位。

16. 论分离(disjunct)黄道宫

"分离"与"外围(alien)"的命名适用于上述所说的没有任何关联性的

---

① 尼克马霍斯的《算术入门》(Nicomachus of Gerasa, Introduction to Arithmetic),i.19,将复划分定义为"包含自身及所有尼姆数(nimber)的一种尼姆指数"。音乐中最重要的两个复划分是前两个,即3/2和4/3,分别对应五度音程(diapente),四度音合参(diatessaron)。

② 命令和服从宫位的对应(指挥在前):金牛—双鱼,双子—水瓶,摩羯—巨蟹,狮子—射手,处女—天蝎。

③ 夏天半球的宫位:白羊、金牛、双子、摩羯、狮子、处女;冬天半球的宫位:天秤、天蝎、射手、摩羯、水瓶、双鱼。

④ 这些分别是双子—狮子,金牛—处女,白羊—天秤,双鱼—天蝎,水瓶—射手,巨蟹和摩羯无法配对。

黄道宫。既非"命令"和"服从"宫位的划分，也非"对望"和"等力量"宫位的范畴，更非上述所说的对分、三分、四分和六分相位，它们被一个或者五个黄道宫分割；被一个黄道宫分离是因为它从一个转向另一个，尽管那是两个黄道宫，但包含一个黄道宫的角度。被五个黄道宫分割，则整个黄道带被划分为不等份，其他相位则将其等分。

17. 论诸行星的天宫

行星与黄道十二宫的关系为天宫（house）、三宫组（triangles）、跃升（exaltations）和界（terms）①。整个天宫系统具有如下性质。黄道十二宫最北面的，离我们的天顶最近，最盛产热力和温暖，为巨蟹宫和狮子宫，它们被分配给最大的、最强有力的天体，即发光体。狮子宫作为太阳的宫位，呈阳性；巨蟹宫作为月亮的宫位，呈阴性。为与此保持一致，人们假定从狮子宫到摩羯宫的半圈是太阳的（solar），从水瓶宫到巨蟹宫的半圈是月亮的。因此对每个半圈，一个黄道宫被分配给与它相对应的五个行星之一，一个与太阳成相位，另一个与月亮成相位，并与其运动的半球②和自然特性保持一致。土星寒冷，与热力相对，且占据离发光体最高、最远的轨道，被分配给与巨蟹宫和狮子宫相对的星座，即摩羯宫和水瓶宫，另一个原因也是这两个黄道宫寒冷而为冬天半球，更因为它们呈对分相，不符合善行。木星温和，在土星轨道之下，被分配给多风而肥沃的射手宫和双鱼宫，且与发光体成三分相③，处于和谐有利的位置。火星干燥，且占据木星轨道之下，被分配给与之具有相似性质的天蝎宫和白羊宫。在与发光体成四分相④时，火星的毁灭性和不利性暴露出来。金星温和，在火星轨道之下，被分配给肥沃的天秤宫和金牛宫。这些保持了六分相的和谐性，⑤另一个原因是金星在任何方向都从未远离太阳超过两个黄道宫。最后，水星在任何方向都从未远离太阳超过一个黄道宫，且在哪个方位都

---

① termini，字面意义上是边界，参见第18节三宫组与黄道宫三合（triplities），第19节的跃升。

② 按与宇宙中心即地球的距离顺序运动。

③ 射手宫与狮子宫呈三分相位，水瓶宫与巨蟹宫也如此。三分和六分相位的"和谐"性质与四分、六分的不和谐刚好相反。

④ 白羊宫与月亮的宫位摩羯宫呈四分相位，天蝎宫与狮子宫呈四分相。然而它们有时候也呈三分相。

⑤ 金牛宫与巨蟹宫、狮子宫与天秤宫呈六分相。

离两个发光体最近,被分配给紧挨着发光体的剩余两个黄道宫,即双子宫和处女宫。

18. 论三宫组(Triangles)

三宫组性质如下。由于等边三角形是最和谐稳定的,因而黄道十二带也被三个圆圈界定,即赤道和两条回归线,黄道十二宫也被分为四个等边三角形。其中第一个三宫组经过白羊、狮子和射手宫,由三个阳性黄道宫组成,包括太阳、火星和木星的天宫。这一三宫组被分配给太阳和木星,因为火星不属于太阳的一类。白天归太阳管辖,夜晚归木星。此外,白羊宫接近春分圈,狮子宫接近夏至圈,射手宫接近冬至圈。这一三宫组在北方显赫,因为木星在此参与管辖,而木星肥沃多风,且与北风性质接近。然而,由于火星的宫位,这一三宫组遭受混合的西南风,且由 Borrolibycon 组成,因为火星会带来这种风,也因其属于月亮的一类,且在西方有阴性气质①。

第二个三宫组经过金牛、处女和摩羯宫,由三个阴性黄道宫组成,被分配给月亮和金星,夜晚归月亮主管,白天归金星。金牛宫接近夏至,处女宫接近秋分,摩羯宫接近冬至。由于金星的主宰,这一三宫组在南方显著。金星通过其热而湿的作用力产生性质相同的风,但也夹杂东南风(Apeliotes),这是由于土星之天宫摩羯宫也包含在内,由与第一三宫组性质相反的 Notapeliotes 构成,因为土星产生类似的风,且与太阳同属一派而与东部相关。

第三个三宫组经过双子、天秤和水瓶宫,由三个阳性黄道宫组成,其宫位与土星和水星相关,与火星无关。在此,白天归土星主管,夜晚归水星。双子宫接近夏至,天秤宫接近秋分,水瓶宫接近冬至。因为土星,这一三宫组主要在东方显著,也混合东北风,因为这一类型的木星类似于土星,都为白昼的。

第四个三宫组经过巨蟹、天蝎和双鱼宫,被分配给剩余的行星,即与天蝎宫相一致的火星;由此,根据这些宫位的阴性属性,夜晚的月亮与白天的金星,是共同主宰者。巨蟹宫接近夏至,天蝎宫接近冬至,双鱼宫接近春分。这个三宫组因由火星和月球主导而在西方显著,但由于金星的统治,也混合了西南的影响。

19. 论行星跃升

所谓的行星跃升②解释如下。太阳,处于白羊宫时,转向北方和更高的

---

① 西区的特征是潮湿,被视为阴性气质。
② 跃升与近日点、远日点无关,指的是行星在这些位置作用力的提升和陷落。

半空;位于天秤宫时,则转向南方和更低的半圈。人们将白羊宫作为太阳的跃升(宫),因为在此白天的长度和热力开始增加,而由于相反原因,天秤宫为(太阳的)陷落宫。

土星,由于其所在的天宫①与太阳位置相对,所以人们将天秤宫视为其跃升宫位,白羊宫为其陷落宫。因为在白羊宫,热力增加而寒冷消散,在天秤宫热力减少。太阳在白羊宫跃升时,月亮与之合相展示其第一阶段,开始增加光亮,且高度位于其所在三宫组的第一宫,即跃升的金牛宫,相反位置的天蝎宫是月亮的落陷。

产生丰裕北风的木星,在巨蟹宫的最北端,充分发挥其影响力;因此将巨蟹宫视为其跃升宫位,摩羯宫为落陷宫。

火星燥热,在摩羯宫热力更强,因其处于最南方,所以很自然地将摩羯宫视为跃升宫位,与木星相反,巨蟹宫是其陷落宫。

金星本性湿润,在双鱼宫力量增强,潮湿开始的地方预示着春天的来临。金星的双鱼宫跃升,在处女宫陷落。

相反,水星是风象的,相对其他行星来说水星在本质上是上升的,在处女宫跃升,预示着干燥秋天的开始,在双鱼宫陷落。

20. 论界的分配

关于界,流行的有两种系统;第一种是埃及系统②,主要根据天宫的主宰;第二种是迦勒底系统,主要根据三宫组的主宰。但目前普遍接受的是埃及界系统,尽管其在秩序及数量上根本无法保持一致。首先,在秩序上,人们有时候将第一宫分配给天宫的主星,然后才是三宫组主星,有时也是跃升主星。例如,如果根据天宫主星为第一宫,那为何天秤宫被优先分配给土星,而不是金星?为什么白羊宫被优先分配给木星,而不是火星?假如根据三宫组主星,为何摩羯宫被优先分配给水星,而不是金星?如果根据跃升主星,为何巨蟹宫被优先分配给火星,而不是木星?如果根据行星占据这些条件中最大的数量,为什么水瓶宫的上升天宫被优先分配给自己三宫组中的水星,而非既有主宫又有三宫组主宰的土星?此外,为何摩羯

---

① 土星位于与太阳、月亮位置相反的黄道宫。
② 神秘的法老(Nechepso)和祭司(Petosiris)系统;西顿的多罗修斯(Dorotheus of Sidon)系统。

宫被优先分配给与该黄道宫无关的水星？我们也会发现这一系统其他部分的类似问题。

第二，显然，界的时间数量并不一致。因为将行星在十二宫的界数量相加所得的数目，与行星在生命之年①的分配，表现得并不一致。但根据界数的总和，对比埃及人的解释，我们会发现总数是一致的，尽管这些总和在黄道宫之间以不同方式频繁发生变化。有人认为在所有季节，按上升顺序分配给每个行星的时间加起来总数相等，这种华而不实的论断其实是错误的。首先，他们遵循并不接近真相的普遍方法，依据上升宫位的平均增数。据此方法，在经过下埃及的纬线上，将处女宫和天秤宫每一宫上升38又1/3倍②，狮子宫和天蝎宫上升35倍，尽管表格显示后两者上升多于35倍，而处女宫和天秤宫少于35倍。更进一步，那些努力建立这一系统的人几乎没有遵循被普遍接受的界之数目，且被迫作出错误描述，为了验证其假设，甚至使用分数的分数部分，我们认为这不是真正的方法。

根据古代传统，一般普遍接受的界系统如下：

埃及系统的界

白羊宫：木星=6，金星=6，水星=8，火星=5，土星=5；

金牛宫：金星=8，水星=6，木星=8，土星=5，火星=3；

双子宫：水星=6，木星=6，金星=5，火星=7，土星=6；

巨蟹宫：火星=7，金星=6，水星=6，木星=7，土星=4；

狮子宫：木星=6，金星=5，土星=7，水星=6，火星=6；

处女宫：水星=7，金星=10，木星=4，火星=7，土星=2；

天秤宫：土星=6，水星=8，木星=7，金星=7，火星=2；

天蝎宫：火星=7，金星=4，水星=8，木星=5，土星=6；

射手宫：木星=12，金星=5，水星=4，土星=5，火星=4；

摩羯宫：水星=7，木星=7，金星=8，土星=4，火星=4；

水瓶宫：水星=7，金星=6，木星=7，火星=5，土星=5；

双鱼宫：金星=12，木星=4，水星=3，火星=9，土星=2。

---

① 每一行星的界数之和决定了在它影响之下衍生出来的生命时间。
② 一"倍"(time)是一种时段，采用赤道离地平线的一个度数。

21. 论迦勒底界的系统

迦勒底界之方法①为一种简单、确定且更可信的顺序,尽管三宫组主星并不被充分认可,但没有图表人们也可以很容易地理解。在第一三宫组中,白羊宫、狮子宫和射手宫,与埃及宫位划分相似,三宫主星木星②,首先为界;然后是另一三宫主星金星为界主;接下来是双子宫三宫主星,土星和水星为界主;最后是其余一组三宫主星火星。对第二个三宫组,金牛宫、处女宫和摩羯宫,同样以黄道宫划分,金星最先,土星其次,水星、火星相跟,木星最后。剩余两个三宫组③亦如此。然而,如果同一三宫组有两颗主星,土星和水星,按亲属关系白天土星主宰,夜晚水星。每一宫界数的分配也很简单。为使每一行星的界数比之前少 1°,与最初被分配的下降顺序相应,人们总将第一个分配为 8°,第二个为 7°,第三个 6°,第四个 5°,最后一个 4°,每宫总共 30°。这样分配给土星的度数总和为白天 78°及晚上 66°,木星 72°,火星 69°,金星 75°,水星白天 66°晚上 78°,共 360°。

现存的界之方法,埃及模式更可信,在埃及作者收集的形式中,因其实用性而具有记录的价值;也因为界中所包含的大部分数据与记录的出生命盘案例一致。然而那些作者却无法解释其理由,他们不能在界系统描述中达成一致,因而降低了其可信性。最近人们发现了一份损毁严重的遗稿,其中有对界的顺序和数目达成一致的解释。同时,在如前本命盘中提到的度数及数目总和,与古人列表一致。该书表达辞藻过于华丽,且损毁程度使人无法阅读。所以我很难获得总体支撑的观点,尽管在书的结尾保存了较好的界列表。界的总体分配如下。在每一黄道宫内的分配,跃升、三宫组和天宫都被考虑。因为总体上,在同一宫有两个主宰关系的行星被置于首位,尽管它是凶星。但这种情况并不存在,凶星总被分配在最后,跃升最先,三宫组其次,接下来是天宫。同样,有两个主星的,则优先于在同一宫位只有一

---

① 迦勒底方法比埃及或托勒密方法的可靠性更低,因为它分配给凶星更多的界数,并且在各宫都居于首位。

② 太阳为这一三宫组白天的主星,但没有被分配界。同样月亮在第二、第四三宫组没有被分配界。

③ 行星顺序总是相同的,然而当三宫组主星进入下一三宫组时,第一个变成最后一个。因此每一宫界的数目为 8、7、6、5、4,迦勒底系统根据每一三宫组宫位精确分配界数。

个主星的界。界未被分配给发光体,然而,巨蟹宫和狮子宫,作为太阳和月亮的宫位,被分配给凶星,因为它们被剥夺了在界顺序中的参与,巨蟹宫(被剥夺的)是火星,狮子宫是土星;其中,适合它们的顺序被保存下来。对于界的数目,没有发现有两个主宫,或者在自己的黄道宫,或者位于紧跟其后的象限中。分配给吉星,即木星和金星,7°;分配给凶星,即土星和火星,5°;分配给中性星,6°;共30°。但由于金星总有两个特权,单独时为金牛宫三宫主星;无论在同一宫还是在其后的一个象限内,月亮不参与界的分配,所以这种情况下没有一个(行星)被分配,金星额外加1°。但由于有两个特权而被加的度数,要从其他只有一个优先权的行星那里带走,也通常为土星和木星,因其运动较慢。这些界如下:

托勒密关于界的分配模式

白羊座:木星=6,金星=8,水星=7,火星=5,土星=4;
金牛座:金星=8,水星=7,木星=7,土星=2,火星=6;
双子座:水星=7,木星=6,金星=7,火星=6,土星=4;
巨蟹座:火星=6,木星=7,水星=7,金星=7,土星=3;
狮子座:木星=6,水星=7,土星=6,金星=6,火星=5;
处女座:水星=7,金星=6,木星=5,土星=6,火星=6;
天秤座:土星=6,金星=5,水星=5,木星=8,火星=6;
天蝎座:火星=6,金星=7,水星=8,木星=6,土星=3;
射手座:木星=8,金星=6,水星=5,土星=6,火星=5;
摩羯座:金星=6,水星=6,木星=7,土星=6,火星=5;
水瓶座:土星=6,水星=6,金星=8,木星=5,火星=5;
双鱼座:金星=8,木星=6,水星=6,火星=5,土星=5。

22. 论宫位和度数

有人甚至采用比之更微细的主宰关系划分,使用"宫位"和"度数"。人们根据行星所占黄道宫的顺序,将宫位定义为一个宫的1/12,或者2又1/2度。也有人采用不合逻辑的顺序;他们将每个开始的"度数"分配给每一黄道宫内行星开始的位置,以便与迦勒底模式相一致。这些关系貌似有理但却是不真实且无根据的,我们应该忽略这种个人观点的争论。然而,我们应该关注下面的事实,即以二分二至点①作为黄道宫的开始是合理的,一部分是因为作者已经解释得很清晰,主要是因为从先前的证明中,我们观察到其性质、力量以及"一致性"作为二分二至日出现的理由。如果有其他的起始点,那么我们将不再被迫使用这些宫位的性质来预测,或者我们会错误地使用,因为赋予行星力量的黄道带将会转移到别的地方②且变得分散。

23. 论面、战车及其他

行星与黄道宫之间有紧密联系。当行星与太阳或月亮保持同样的相位,即行星天宫为发光体的天宫时,我们称行星处于"合适的面"③;如金星与发光体成六分相位时,它位于太阳的西方,月亮的东方,这与最初的天宫安排相一致。④ 当行星刚好与其在上述两个或更多地方被发现的位置一致时,我们称它处于自己的"战车"和"宝座"⑤等等;因为通过包含行星的黄道宫的相似性与合作性,其力量得到加强。对于包含行星的黄道宫,即使其与行星并没有任何一致性但同属一派时,我们称之为"喜面(rejoice)";在此,交感间接表现出来。然而,行星以相同的方式表现一致性,相反,当发现行星处于相反一派的外围区域时,大部分作用力消失,因为黄道宫不一致性引发的作用力,会产生一种复杂多样的特征。

24. 论聚合(Applications)、分离(Separations)及其他力量

总体上,优势的行星⑥据说会"聚合"⑦跟随的行星,当二者间隔不大时,跟随的行星被优势"分离"。这种关系发生于行星合相或者处于传统相

---

① 托勒密的黄道带是由每个30°的范围组成,以二分二至点的回归线测算,完全不同于由实际星座决定的黄道宫所组成的黄道带。由于二分点的运动进程并不一致,且由于黄道宫的作用力源自它们与二分二至点的关系,因此托勒密认为先前黄道宫的定义更可取,参见10—11节,二分二至点黄道宫、固定黄道宫、双体黄道宫便由此而来。

② 理论上的白羊座现在几乎完全位于水瓶宫。

③ 研究托勒密的学者说,除了托勒密方法,处于合适之面的行星也一定处于自己的天宫或者与发光体处于必要的相位。

④ 金星的白昼天宫天秤宫位于太阳天宫狮子宫的六分相位右侧(托勒密认为是朝西),它的夜晚天宫金牛宫位于月亮天宫摩羯宫的六分相右侧(朝东)。

⑤ 战车是行星跃升,行星陷落被称为"监禁",对于宝座,指行星具有皇家般盛大的权力,在监禁位置的行星具有相反的力量。

⑥ 如更加西方的。

⑦ 指更加接近经线(子午线)的行星。反义词为"分离",指"聚合"之后两个天体各自的运动。

位。为了使所有路径都通过黄道宫的一侧,除了看天体的靠近和分离,也要观察其纬度。然而,在相位靠近和分离的情况中,这一实践显得很多余,因为在考虑天体接近和分离时可以观察其经度,而在相位接近和离开的情况下,这种做法是多余的,因为所有光线照射并从各个方向汇聚到一个点上,即地球的中心。

由此可以很容易看出,检验每一种行星的性质,都要考虑其自身本性及包含它的黄道宫性质,也包括它与太阳的相位,据此进行解释。首先要解释行星的性质,在东部速度加快,因为此时力量最强,在西部速度变慢,因为此时力量最弱。其次考虑行星相对于地平线的位置,当其在天顶或接近天顶时,力量最强,下来就是当其处于地平线之上或者随后的天宫时,力量也强;而当行星位于东方时,力量最大;当其处于地平线之下或东部其他相位时,力量变小;如果行星与东部上升点根本不成相位①,则完全没有作用力。

〔高阳,河南大学历史文化学院博士后,开封475001〕

---

① 即它们是分离的。

放血入门书①

[意]米兰的兰弗朗克 著,迈克尔·R.麦克沃 英译,刘娟 中译

盖伦的生理学认为,身体不断地从食物中制造血液。这些血液储存于静脉中,并被身体的各个器官按需吸收。若身体产生的血液超出它所能够消耗的范围,那么就会发生一种医学上的危险状态,即多血症,并导致体液腐化和发烧。因此,定期放血被视为一种预防性的措施。在患病期间,如果饮食和药物等方式未能将体内的致病物质驱除出去,那么放血可以作为一种极端的排泄措施。此外,放血还可以将致病物质从身体的某一部位转移至另一部位,以便将其驱除出去,或尽量使其避开身体的主要器官。

米兰的兰弗朗克②是13世纪意大利新"理性外科手术"的首倡者之一。1290年左右,或许是出于政治原因,兰弗朗克结束了在米兰的工作,移居至法国,先是去了里昂,大约在1295年又迁往巴黎。在巴黎,他在医学院教授一门外科课程。下面有关放血的讨论是取自兰弗朗克于1296年完成的《大外科学》(*Chirurgia magna*)一书。

一、米兰的兰弗朗克之经院放血术

放血是一种人工减少静脉中存留血液的方式。你们应该了解,尽管由

---

① 本篇节译自 Lanfranc of Milan, *Magna chirurgia*, tract 3, doctrine3, c. 16, trans., Michael R. McVaugh, in Faith Wallis, ed., *Medieval Medicine*: *A Reader*, University of Toronto Press, 2010, pp. 281—288.

② 中译者注:米兰的兰弗朗克(约1250—1306年),意大利著名外科医生。他极力主张外科手术的科学性,认为医学理论能够造就更好的外科手术,这种思想在其著作中也有所体现。

于我们自身的傲慢,放血这项工作经常由理发师来施行,但这曾经是医生,尤其是外科医生的工作。噢,上帝,为何今日医生和外科医生之间会有如此显著的差异?也许是因为医生放弃了这种人工操作,而拱手让与外行人?或如一些人所说,他们鄙视用双手工作的人?或者正如我认为的那样,因为他们不了解必要的操作方法?由于早期外科手术的废弃,这种错误的区分是如此根深蒂固以至于一些人认为,一个人不可能同时精通两者。因此,应该让每一个人都明白,完全不懂外科手术的人是不可能成为一名优秀医生的。同时,忽视医学的外科医生也是一无是处的,他们必须对医学的诸方面知识了如指掌。

通常来说,我们实施放血是出于三种目的:维持健康;保护身体免受疾病的侵袭;以及通过以上两种方式(看起来很相似,但是两者是不同的)中的一种,祛除身体中存在的疾病。放血术极具选择性,因为我们可以为病人选择放血的时间和时长、气候或具体安排,将许多特殊因素考虑在内,并等待理想的放血时机。尽管我们考虑到了必要的诸多细节,但是有时候也会遗漏其他细节,我们只坚持以[病人]体力的强度为准则。实际上,有时候当病人体质虚弱的时候,这种必要性会迫使我们对其进行放血,但是之后我们会再进行三次或四次的手术,而体质强健之人做一次足矣。通常,我们会对以下人群进行放血:摄入过多肉食且饮用上等酒之人;身体造血能力较强,产生大量血液之人,即使是健康的血液;还有极少参加锻炼之人,尤其是那些已经习惯如此的年轻人和老人。这种治疗方法与保持健康相结合。其次,我们为那些患有关节疼痛、持续发烧(synocha,稽留热)、扁桃体炎、胸膜炎或间歇性疼痛的人进行放血。在疾病发作之前,借助放血手术,上述这些情况均能够避免,因此这种方式称为预防疗法。第三,对于头部剧烈疼痛且无发热症状,因扁桃体炎、胸膜炎、肺炎及内部器官的热性脓肿,或者任何其他因血液过多而引起的疾病之人,放血可以治疗初发或已发疾病,这种方法被称为治疗法。通常来说,放血对于上述这三种常见的治疗是很有必要的;不过,对于个人来说,相对于暴饮暴食、缺少锻炼而需要进行放血的情况来说,遵行充足的锻炼和适量的饮食、有节制地适度生活的养生之道来管理身体要好得多。我认为,泻剂的功效实际上也是如此。

现在我会提出三个普遍的放血话题,在此我将安排该话题相关的主题教学。首先,什么样的人能够成为放血执行者,以及他应该如何实施放血;

第二,哪些人需要放血;第三,哪种静脉可以实施放血,以及每种静脉的切开方式等问题。

首先,针对第一个问题,放血术的执行者应为年轻男性,不可为男孩或者老人;手法稳健且身体强壮;拥有良好而敏锐的视力,能够识别出静脉,并将其与神经和动脉区分开来;还应该熟知静脉所处的不同位置,以确定放血应该选择的开口位置,并清楚如何避免接近神经和动脉的静脉切口位置的所有危险。此外,放血执行者还应该拥有几把光亮且干净的钢制柳叶刀(phlebotomos),这些柳叶刀的形状各异,其中一些应该较细些,另一些要稍微大些,一些长一点,另一些较短,这样的话,当需要切开大的静脉并做大切口的时候,可以用稍微大些的刀子,而在相反的情况中,则可以使用较小的刀子。放血者应该用右手的拇指和食指握住柳叶刀,事先大胆地触诊静脉,找到放血的最佳位置;然后,用这两根手指,将柳叶刀插入想要切开的静脉。

至于第二个问题,应该了解的是,儿童在青春期之前不应施行放血,除非是在紧急情况下——比如,如果某人因为血液过多而产生窒息,出现呼吸短促、颈部的颈静脉充血、面部通红,或者面部肿胀,体液充盈,及其身体举止异常等状况。在这样的情况下,在对其进行放血之前,请按照如下内容告知他的父母和朋友:"不要说我劝告你对孩子进行放血,因为我并未这样说;但是我认为要让他活下去,必须进行放血。如果他放血之后可能死亡的话,那并不是放血的缘故;但如果他痊愈了,只能是放血的原因;如果他是我的孩子,我会让他放血,因为没有其他的方法。尽管如此,还是由你选择你或者他人认为最好的方式。"因此,在任何不确定的情况下,当进行危险的操作时,你都应该这么做。同样地,老人不适合进行放血,尤其是年纪较大的老人——尽管这条规定也时有违反,因为有些老人的体质比一些年轻人要强得多。此外,大病初愈的人不适合进行放血,尤其是当他们处于良好且充分的转换期时;怀孕期的妇女也不宜放血,尤其是处于怀孕前三个月和最后三个月,即使她们已经习惯了在身体不受伤害的情况下定期放血,即在胚胎形成之前和之后(胎动初觉?)的经期失血。面色苍白、胡须稀少且脆弱、静脉细微且难寻的青年,不适合进行放血;此外,那些体内粗糙和黑胆汁体液、体内健康血液较少的人,同样不适合进行放血,而应该保护好这些珍宝似的血液。在这方面,法国人做出了许多有害的事情,因为当他们体内充满恶劣的寒性腐败体液时,便自行放血;他们看到从体内抽出的腐败体液时,认为清除这些血液于自身有益。理发师外科医生会这样说，"看，你多么需要进行放血；你很有必要近期再进行一次放血"；但是经常去理发师那里放血的人将会被放血摧垮。因此，对他来说，保存自己的血液而通过其他方式将体内的腐败体液疏散出去是较为有益的。同时，患早期白内障的病人同样不宜放血，实际上是不宜减少血液，尤其是使用放血杯进行放血。但是，对于之前提到的那些情况，放血是十分合适的，如果一个人摄入大量的肉食并饮用了过多的葡萄酒，其他的情况也较为符合的话，那么他的情况是十分危险的。他有可能会罹患多血类疾病，或者是突然死亡。但是如果他进行了放血，他的健康便可以维持得久一些。同样地，长期患有多血性风湿病的病人，在病发之前若进行充分放血的话，便不会再受疼痛的折磨，除非自身做了其他对身体有害的事情。所有因体内血液过多而导致的疾病皆是如此。对于经常发烧的人来说，有必要进行放血直至病人昏厥，在放血后的第四天之前，不仅能消除发热，而且会极大减少体内留存的致病物质，这样剩余的致病物质也不会腐败；但是如果该病人没有进行放血，那么他体内的血液会因高温沸腾而进入胸腔，并大量集聚，鉴于此地的空间较小，病人会因此而窒息。有时候会出现胸腔或肺部静脉破裂的情况，如果血液因此无限制流出的话，病人将会因此死亡——除非他体内的自然能量能够调节血液流量，这种情况时有发生……因此，通常情况下，放血对于治疗多血类疾病是十分有益的，若不进行放血，病人几乎或很少能够痊愈。

第三，这些由分支静脉分离出来的静脉，源自肝脏曲线处（门静脉和腔静脉），并继续进行了多次分化，尽管许多人已经广泛地描述过病人的切口位置，但为了简洁起见，在此我将仅讨论仍在使用的静脉切口位置。在人体的两条胳膊上，有三处经常进行放血的特殊位置。首先是头静脉，通常在其两个位置上进行放血，即接近肘部弯曲处及其稍上方。放血者必须在此位置上方将胳膊绑住，然后轻微地按压直至静脉出现，这时应该在此切开一个宽口，因为窄的切口会引发多处脓肿。放血者必须格外小心以防碰触到临近的肌肉。在拇指和食指之间的静脉处，也可进行放血，如两者连接处或略高的位置。通常情况下，对该位置进行放血用于治疗热性头部小疾，以及颈部和胸骨以上的器官所患疾病。对贵要静脉的放血通常在上肢的下部，即靠近肘部弯曲处；它位于大动脉上方或极其接近动脉处，因此必须格外小心以免触及。在两手的小指和无名指之间也可进行放血，在此处放血对胸骨以下器官所患的轻疾，以及预防头部小疾是十分有益的。中央静脉位于贵要静脉和上述的头静脉之间，同样地，在肘部附近的上肢下方进行放血；放血者必须小心谨慎，不要触碰它所处两条静脉中的任何一条。当你打算疏散体内残余物时，放血是十分有益的方式，它有助于治疗心脏轻疾和胸部器官疾病，但一旦确定患上这些疾病便十分困难——因为在患病之前从贵要静脉进行放血更为有效。放血对于治疗头部的早期疾病十分有益，即这些还未正式确诊的疾病，因为在确定患病之后，正如前文所述，最好从贵要静脉处进行放血。此外，从拇指处静脉放血有益于治疗头部轻疾；同样地，从贵要静脉处以及拇指处静脉进行放血也有同样的效果，然而，在拇指上进行放血对病人的影响较小，并且在放血时不会出现失误……我曾经诊治过一名女性病人，她患有几乎无法承受的头痛，我从她的手部进行放血，同时还对其身体进行了催泻，但是毫无效果；她的头部前方依然存在大量物质，（前额处的）静脉异常凸起，因此我将其打开进行放血，她很快便痊愈了。若要从这条静脉处进行放血，应收缩颈部，并纵向切开静脉。有时，也会在这条静脉的最高点处切开；这对于硬化头部溃疡，比如萨帕提（saphati）、血红癣十分有益，若流出的血液浸透头部，则效果更佳。

对头部两侧太阳穴的静脉进行放血可用于治疗头痛和眼部轻疾。我曾经治疗过一位年轻人，他患有持续的热头痛，我对他反复进行催泻和放血，尽管他感到病情有所减轻，但仍然受到相同症状的困扰。然后我打开了他头痛一侧的血管（arteriam），并进行烧灼（以免它进一步加强），此后他的疾病便彻底治愈了。同样地，从耳背的静脉进行放血对于面部疼痛和头痛十分有益，而切开舌部静脉放血对于治疗扁桃体炎、舌头或咽喉部脓肿（在贵要静脉处进行放血之前）、急性眼部风湿（rheum）、痒疹、鼻疮和眩晕十分有效，无论何时，只要这些病症皆因多血而起。有时，当担心因体内多血而窒息，或引发麻风病时，可以从颈静脉处进行放血；而从下唇的静脉进行放血有利于治疗口腔热疮，以及牙龈处的脓肿和热性疾病。在人体脚部，经常对每只脚的三处静脉进行放血：一是位于膝盖下方，此处放血可用于治疗子宫类疾病，并引发行经——这条静脉会极大地疏散全身的残留物；二是位于足跟和脚踝之间的静脉内侧处（称为隐静脉），此处进行放血可用于治疗女性子宫类疾病以及男性睾丸脓肿——通常在相反位置对贵要静脉放血之前进行；三是位于外侧的臀静脉，相似地在脚后跟和膝盖之间的外侧进行放血，如前所述,这可以用于治愈坐骨神经痛。

　　需要注意的是,在某些情况下,若你打算在同一位置进行二次放血(即你需要从身体中放出大量的血液,但是不敢一次放尽的情况),那么在放血时,可以将切口切得宽一些,这样的话伤口不会很快愈合;[当你想要再次进行放血的时候]绑住肢体,揉擦伤口,使其再次流血即可。同样地,如果想以放血的方式将体内的血液转移至另一侧时,当排出想要转移血液的三分之一时,将手指放置在伤口上,这样血液不会再流失,并让病人唾吐;然后再次让血液流出即可。这样连续做三四次,因为这种方式能够使血液很好地转移到另一侧,同时也能够很好地保存病人的体力。同样需要注意的是,假如病人在放血的时候经常昏厥,那么可以让其躺卧进行放血;在放血之前吃一口石榴红酒浸泡的干面包对病人也是十分有益的。所有的静脉应该沿着肢体纵向切开,尽管有些人持相反的看法,若脚部静脉过细而血液无法通过纵向切口流出,则应该横向切开。当从由颈部延伸出的头部静脉进行放血时,按照上述要求,应该收缩颈部直至静脉显现,并牢牢绷紧直到放出所需的血液量。当在胳膊处静脉进行放血时,应该在放血点四指以上的位置对胳膊进行捆扎;但是不能绑得太紧(一些人会这样做)而使胳膊失去知觉。如果想对手脚部的静脉进行放血,应该将其置于热水中暖至一小时,并在手腕或脚踝上方束紧;将手部继续置于热水中直至放出想要抽取的血量。

二、"黄道人":放血疗法的占星指导

　　("黄道人")形象来源于一种微型的对开星历(folding almanc),通常悬挂于医生的腰间。这些历书包含了医学信息,如不同尿液颜色诊断意义的摘要,以及日历、天文及占星资料。后者因其医学相关性而被选用。第八章的官方资料详细解释了占星术在医学理论与实践中的作用;而"黄道人"形象将医学占星术用于放血实践。它所依据的基本观念是,如同海洋中的潮汐一样,身体中的血液运动同样受控于月亮。当月亮通过黄道宫的十二星座完成每月运行周期,会引起身体特定部位的血液增加。例如,当月亮位于白羊宫,头部血液增加;当其移动到金牛宫,喉咙的血液增

加;当其依次穿行到双鱼宫,脚部血液扩张。医师在进行放血之前应该确定月亮在黄道宫中的位置,因为在血液扩张的身体部位执行这一(放血)操作可能是危险的。"黄道人"形象展示了相关受影响身体部位的星座图景。下面是星座图所附文本的译文。历书的其余部分是一些表格,注明了月相及其在黄道宫的位置。

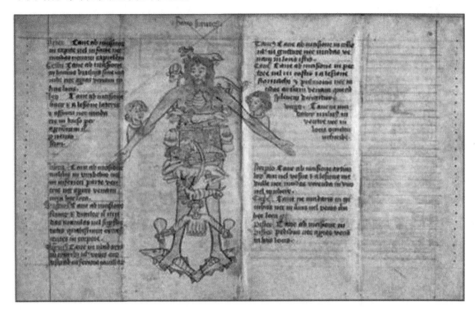

白羊宫:注意头部或脸部的切口,也不应在头部大静脉处切口。

金牛宫:留意脖颈或喉咙处切口,也不应在这些部位的大静脉处切口。

双子宫:注意胳膊或手臂处切口,也不应切开这些部位的大静脉。

巨蟹宫:注意胸部或肋骨处切口,以及胃部或肺部伤口;也不应在通向脾脏的动脉处切口。

狮子宫:注意(心脏部位)肌腱处(sinews)切口,以及骨头和两侧身体的伤口;也不应在背部通过放血或杯吸切口。

处女宫:注意腹部及其内脏受伤处切口。

天秤宫:注意肚脐或腰下部受伤处切口;也不应打开这些部位附近的静脉。

天蝎宫:注意关节、肛门或膀胱处切口,留意骨髓处伤口;也不应在人体私密部位切口。

射手宫:注意大腿部或手指处切口,也不应切开伤疤或放出身体任何部位流出的剩余物(superfluity)。

　　魔羯宫:避免在膝盖及其附近的肌腱和静脉处切口。

　　水瓶宫:避免在小腿及其静脉处直到脚踝部位切口。

　　双鱼宫:注意脚部切口,也不应在这些部位的静脉处切口。

〔刘娟,中国人民大学历史学院博士研究生,北京 100089〕

学术活动纪要

"人类历史上的传染病与社会"系列讲座纪要

编者按:2020年4月28日至5月24日,陕西师范大学医学与文明研究院联合南京大学医疗社会文化史研究中心、上海大学马斯托禁毒政策研究中心,举办了"人类历史上的传染病与社会"系列公益讲座。该系列讲座为陕西师范大学医学与文明研究院"新型冠状病毒肺炎'疫情与社会'研究"计划的重要组成部分,旨在启迪当下、服务社会,推动各界对人类与疾病的关系、社会与自然的互动、共同命运与消弭偏见等问题的深入了解和思考,进而推动我国公共卫生事业的长远发展。

为期一月的系列公益讲座共开设十一讲,来自国内十余所知名高校及科研机构的专家学者通过腾讯会议及同步直播系统面向社会各界人士开讲。系列讲座内容贯通古今,融汇中西方历史上的各类传染病,发掘瘟疫与人类社会的互动及其影响。各位主讲人立足于自身的学科特性和学术旨趣,对人类历史上的重大瘟疫进行了既相对独立又互为关联的系统性讲述;不同学科的交叉融合、同类论题的多维度切入,展现出了不同学者特有的学术个性和学术洞见,共同汇聚成对传染病与人类命运之关系的长时段、整体性关注。本纪要撷取与会专家报告精要汇集成锦,与读者共享学术盛宴。

疫情期间的史学担当与社会服务

李化成(陕西师范大学历史文化学院医学与文明研究院院长)

"人类历史上的传染病与社会"系列讲座的举办,缘于我们的一个疑问:面对社会的重大问题,历史学家可以做什么?我们认为,除了依据个人所学为国家的疫情应对献言献策外,还要让学术研究面向社会,走入大众,开启智慧。一方面,面对重大疫情,社会各界既有知识探求的渴望,也有舒缓压力的需要,而这两者又是相辅相成的,只有提供全面、准确的知识,才可以起到心理慰藉的作用。在这一点上,历史学家责无旁贷。因为疫情的发生是医学问题,也是社会问题。而历史学的主要研究对象就是人类社会的发展。因为人类社会是不断延续的,所以我们既要通过以往的历史演进启示当下,也需要根据当下的情势和需要叩问历史。另一方面,网络时代先进的多媒体传播技术极大地便利了专业学者服务社会的工作,线上共时直播和交流的方式冲破了大学的物理院墙,让课堂教学、学术探讨和知识传播三位一体。故而,我们采取网络会议及直播的方式,邀请国内相关领域的专业学者,对自古以来人类历史上的重大传染病进行梳理。这种讲述是否有积极的效果?我们针对此次讲座展开了一系列的反馈信息收集工作,通过初步的分析来看,这些知识的传播的确有利于听众培育起更加通达的世界观。我们也会把此类的工作继续开展下去。

学术对话:全球化视野中的疫病流传、社会应对与多层反思

对话人:闵凡祥(南京大学历史学院副教授)

2019年新冠病毒肺炎疫情的暴发与大流行,促使我们要对都市文明进行必要的审视与反思。

城市发展的历史和人类疫病史告诉我们,较高密度的人口聚集、频繁的人口流动、远程商贸往来等城市社会经济特点,使城市极易成为疫病的暴发和传播中心,从而遭受沉重打击。

既有的城市建设和各种配套设施,都是立基于人类对疫病威胁的已有认知和相应化解办法与手段之上的,应对的是各种常态问题,对各种突发性非常态问题总是表现得考虑不周,准备不足,措手不及。就医疗方面而言,我们对目前的医疗技术与治疗手段时常抱有过分的自信与乐观,但历史事

实是,对随时可能来袭的新型疫病及其可能带来的破坏,我们并没有相应的预警能力和防范应对知识、手段和措施。所以,一旦新型大规模传染性疾病来袭,城市即会迅速"沦陷",陷入极度混乱甚至崩溃状态。

在新型大规模急性疫病面前,城市特别是大型城市暴露出明显的脆弱性和巨大劣势。在未来的城市改造与建设中,我们应该认真从历史中吸取教训,努力寻找一些规划方案以降低疫病破坏程度,降低大都市疫中混乱状态,增强大都市极限承压能力和发展韧性,提升大都市在突发大规模新型急性疫情下维持自我运行与生存的能力。

对话人:张　俊(湖南大学岳麓书院教授)

现代化与全球化既带来发展机遇,也带来潜在风险和挑战。社会必要劳动时间缩短,流动性加快,人类面对突发危机(如瘟疫)的应急反应时间也缩短了。

近五百年的世界历史是一部全球化的历史,大致可以划分为前后两波。第一波全球化浪潮始于"大航海",殖民主义是其基本政治特征,早期工业革命推动的资本主义生产要素的全球流动是其重要经济特征,其顶峰是19世纪大英帝国世界霸权的形成,亚非拉地区皆被纳入西方殖民主义的世界秩序中。20世纪上半叶两次世界大战打断了这波全球化,二战后形成了美国引领的第二波全球化浪潮——主要经济特征是跨国资本主义和全球市场的形成,政治特征则体现为后殖民时代民族国家为主体的全球国际秩序的形成,新自由主义成为主导意识形态。苏联解体后,在历史乐观主义(启蒙进步主义)的鼓舞下,这波全球化逐渐达到巅峰。近年随着中国的崛起,新自由主义的世界主义梦想破灭,这波现代化浪潮逐渐走到尽头,英美保守主义尤其是美国民族保守主义兴起,开始逆全球化运动。新型冠状肺炎(COVID-19)的大流行,加速了这波带有乌托邦色彩的浪漫主义全球化浪潮的衰退。全球化不会终结,但却无法再回到从前,除非新的世界中心形成并开启第三波全球化浪潮。

对话人:张树剑(山东中医药大学中医文献与文化研究院教授)

从香港鼠疫到新冠肺炎,百余年来中西医在瘟疫现场或多或少都在争论,从表面上看是学术权力之争,其背后却是政治权力与文化权力的消长冲突。香港鼠疫时,殖民权力借助瘟疫的治理,逐渐蚕食了中医在东华医院乃至香港的治疗空间与话语权力,但与文化权力之间互有让渡与妥协,所以中医在这次疫情中保有了部分学术权力。东北鼠疫带来的成果是近现代防疫制度的建立,但引发了中医在现代公共卫生中的全面退却,学术权力大幅让步,学术合法性也遭到质疑。上世纪 50 年代流行性乙型脑炎疫情中,在政治权力与文化权力的合力下,中医的学术权力得到了伸张。非典与新冠肺炎疫情中,中医的参与度很高,政治权力对中医的支持很大,但是与上世纪 50 年代相比,社会文化权力对中医有负面的影响。疾病尤其是大规模的瘟疫,其影响更是无处不在。中西医之间的关系,从一开始就是近现代中国社会一个重要议题,几乎涉及社会的每一个层面。百年之前的瘟疫由于政治与文化权力的合力,造成中医从社会的信任中退出,现在中医的学术权力明显上升,政治权力也在尽力保障,但是文化权力却形成阻力,中医学术权力的争取任重道远。

雅典瘟疫的医学寻踪

白春晓(武汉大学历史学院副研究员)

医学史研究者普遍重视公元前 430 年暴发的雅典瘟疫,首要的原因在于它是欧洲历史上第一次有详细记录的大规模瘟疫,而留下这份珍贵史料的人是修昔底德。但在此之前关于瘟疫的零星记录是有的。在古希腊,荷马、赫西俄德和索福克勒斯都描述过瘟疫。而且,他们对瘟疫的描述有某种相似性——都是神因某些人的过错而施予众人的痛苦。然而,在修昔底德笔下,瘟疫的产生与神力毫不相干。他对瘟疫的观察和记述,既具有科学的现实主义精神,同时又饱含着历史学家对人类命运的深切关怀。

不过,雅典瘟疫到底是哪种疾病呢?运用现代医学来分析修昔底德笔下的雅典瘟疫,可以确认它是一种强烈的传染病,有明显的发热、呕吐、腹泻和出疹症状,除了在人与人之间,还很可能在人与动物之间传播,致死率高,但仍有很多疑点无法确认。

1994—1995 年,人们碰巧在古代的墓葬区凯拉米克斯挖掘出一批埋葬混乱的尸骸,而他们的死亡时间正是雅典瘟疫时期。这批尸骸提供了骨头和牙齿,尤其是牙髓,来做 DNA 检测。雅典大学医学院教授帕帕格里戈拉基斯等人对尸骸进行了检测。2006 年,他们在《国际传染病学杂志》上发表论文,认为伤寒很可能是导致雅典瘟疫的原因。

"查士丁尼瘟疫"与拜占庭帝国的医疗体系建设
刘榕榕(广西师范大学历史文化与旅游学院教授)

541年,地中海世界暴发了一次大规模的流行性传染病。在之后的三年时间中,瘟疫迅速扩散至以地中海为中心的欧亚非三洲。受到疫情影响的区域几乎均处于拜占庭帝国统治之下。受到科技水平和医疗条件的限制,病患难以得到有效治疗,由此导致帝国居民大量死亡。大规模瘟疫的暴发不仅是引起早期拜占庭帝国经济、政治、军事等领域危机的重要原因,也成为社会文化变迁的重要影响因素。

在瘟疫的威胁下,以查士丁尼一世为首的拜占庭政府通过加强医院的建设、增加医生数量等举措,加大了医疗救助这项平日未受到统治者关注的事业的建设力度。客观来看,查士丁尼一世在位后期对医疗救助体系的投入在一定程度上为地中海世界医疗事业的发展打下了基础。然而,拜占庭帝国政府在疫情暴发后所采取的相对"被动"的医疗举措在很大程度上成为疫情严重地区衰落的助推器,从而加速了地中海地区从古代晚期向中世纪的过渡。

近代英国鼠疫的流行与消失
邹翔(曲阜师范大学历史文化学院教授)

鼠疫是现代之前对人类造成最严重危害的传染病之一,人类对历史上的鼠疫有刻骨铭心的恐怖记忆。从古典时代的雅典鼠疫,到中世纪的地中海鼠疫和骇人听闻的黑死病,再到近代早期频发的西欧鼠疫,每一次鼠疫的暴发都使得经济、政治、文化等的正常发展受到冲击,社会秩序也岌岌可危。

近代早期的英国,鼠疫呈现出频发性与地区性特点。1665—1666年伦敦大瘟疫,其危害程度最为严重,之后鼠疫在英国及整个西北欧销声匿迹。在1500—1700年的两百年间,鼠疫造成英国五分之一左右的人死亡,国内外贸易、社会伦理等受到很大影响。在这一时期,虽然医学的理论与发现均有不凡的建树,但是对鼠疫的临床治疗却没有取得突破性进展,医生在面对鼠疫时呈现出一种尴尬的局面。当时亨利八世的宗教改革,沉重打击了教会势力,使得传统上由教会主导的疫病应对机制缺位,在鼠疫的危害面前,王国政府与各地政府主导了公共卫生的行动,隔离检疫、禁止集会、整顿丧葬、编制人口死亡统计表以及整饬环境卫生、食品卫生等,对于控制鼠疫的蔓延意义重大。

尽管在鼠疫的消失问题上,存在着各种争议,如气候变迁、人体免疫以及房屋构造的变化等都被当作原因,但是,由政府主导的公共卫生在其中起到了不容忽视的作用。

从隔离病人到治理环境——19世纪英国的霍乱防治探索
毛利霞(山东师范大学历史文化学院副教授)

霍乱(cholera)是一种水生疾病,被视为19世纪的"世纪病"和"世界病"。19世纪英国人对霍乱的认识经历了从单纯疾病到"社会病"、"环境病"的发展演变。

霍乱先后于1831—1832、1848—1849、1853、1865—1866年四次侵扰英国,造成数万人死亡。英国采取隔离病人、住所消毒等措施予以预防,但没有达到预期目标。

报刊杂志开始把霍乱与英国工业革命所带来的"社会病"联系起来,英国开展的公共卫生运动没有遏制霍乱。

关于霍乱传播之谜及其后的相关改革,约翰·斯诺医生发现霍乱经由饮用水传播,作为水源的泰晤士河等河流已经严重污染,促使英国治理城市排水和河流污染。

英国的霍乱防治在扩大中央和地方行政范围、催生环境保护意识等方面发挥了作用,是政府重视、地方合作、社会支持、观念更新、技术进步等多方协作与共同努力的结果,是英国延续传统与稳步前进的有机结合。这一历史考察促使人们反思经济发展的积极作用与负面效果,辩证分析、评价环境污染治理的复杂性和曲折性,进而构建和谐的人与自然关系。

"1918—1919年大流感"的几个基本问题及其启示
李秉忠(陕西师范大学历史文化学院教授)

第一次世界大战到1918年时已经进入第五个年头,不幸的是这一年暴发了高致病性的大流感,导致了人类反对人类的战争与大自然惩罚人类的传染性疾病的彼此交织。西班牙在一战中处于中立国地位,较早地报道了此次流感,由此产生的结果是该流感长期被误称为"西班牙流感",更为中性的说法应该是"1918—1919年大流感"。

1918—1919年大流感具有以下几个突出的特点,某种意义上挑战了人类的认知,颠覆了人类熟知的常识。第一,传播速度快,两年之内迅速传遍整个世界;第二,该流感前后共有三波,第一波相对温和,第二波致病率和致死率最高,第三波的破坏性介于二者之间;第三,具有易感染、致死率高等特点,造成了全球5000万至1亿人的死亡;第四,死亡模式呈现出W型,迥异于普通传染性疾病的U型。大流感不仅仅是医学和科学问题,而且是文化和社会问题。大流感挑战了医学专业、挑战了科学,也在挑战人性和国际秩序。不同的国家管理模式、文化模型和发展水平等决定了面对大流感时不同的应对方式,也产生了不同的后果。

读史使人明智。新冠疫情肆虐的当下,尤其是疫情导致的国际关系的毒化,使得对于大流感的全面研究显得前所未有之迫切。毕竟,历史学的重要任务之一就是为纷繁复杂、充满不确定性的世界指出确定性。

西方历史上的疫情与应对

李润虎(中国科学院自然科学史研究所助理研究员)

人类从狩猎时代走入农耕文明,组织和生活方式发生了质的转变。农业生活让人们彼此生活、居住都更为紧密,粮食种植和牲畜圈养的食物获取方式也促使人口急剧增长,人口密度增大又进一步加剧了人与人之间、人与动物之间传播致病微生物的可能。随着人类不断开荒进入到原始森林等地,人们开始接触更多新的未知病原体。直到19世纪末,由于各种原因引发的瘟疫仍是威胁人类健康的头号因素。

进入20世纪,人类的医疗水平有了质的突破,公共卫生体系的建立和完善更是让现代医疗体系逐渐走向完善。疫苗的研发和推广让传染病得到有效抑制,退行性疾病开始成为人类健康之路上的下一个关卡。

从天花病毒的消灭史来看,通过接种疫苗实现主动的群体免疫无疑是人类战胜传染病的最佳选择。然而,关于疫苗接种的种种乌龙甚至是恶意的流言等各种形式的阻碍,却正在成为人类抗疫路上最难克服的绊脚石。"疫苗"本身兼具药品和商品双重属性,这如同"医生"既是白衣天使也是一名普通的赚钱养家的工人一样,"利他和利己"的矛盾在这里尚未得到一个妥善的平衡,尤其是当人类面对大疫之时,这种问题常常会变得更加尖锐。因此,面对传染病从古至今的不断升级,不应仅仅是提升人类的医疗水平,如何看待医疗,可能才是摆在人类面前更为急迫的问题。

中国古代医院模式的浮沉——基于医患关系的考察
于赓哲(陕西师范大学历史文化学院教授)

中国古代的医院模式为何昙花一现?在类似医院的组织出现之后的2000多年时间里,中国古代的医院只能用不绝如缕来形容,始终无法形成成规模的医疗体系,这与中国传统医学的内在发展逻辑密切相关。传统医疗模式中患者主动、医者从动,医者没有全民医疗的负担,对于医疗效率也没有过高的要求,而且传统医者单打独斗、不善于协作、技术保密的风格,也导致医院这种模式无法在中国长久生存。今天,在我们批评现代化医疗体系过于体制化、过于工业化的时候,不能忘记传统医疗模式所建立的土壤是什么,它是不是能够直接被拿来补现代医疗体系之不足。

学术对话:疫情流行下的中国与世界
对话人:赵秀荣(中国人民大学历史学院教授)

英国政府对当下疫情的应对主要有四个方面值得肯定。第一,信息透明公开:疫情期间,英国政府及时汇报疫情最新动向和下一步举措。第二,英国政府出台了史无前例的干预计划:政府为暂时不能工作的雇工支付最高80%的工资,并投入大量资金用于社会慈善、疫苗研究以及疫情期间国民精神健康关照。第三,英国社会齐心协力抗击疫情:医疗前线、社会平民之间互助抗疫、志愿者筹款、送货等。第四,媒体和反对党充分发挥了监督作用。但是,英国也有应对不力的地方。第一,英国政府官员对疫病本身没有足够的重视,反应迟缓,疫情期间仍举行大规模集会活动。第二,保守党政府连年削减对NHS(英国国家医疗服务体系)的投入,造成今天英国检测能力不足,医疗物资储备不足。第三,政府只关注医院的承载能力,没有关注养老院,造成养老院死亡率达到10%。第四,过分相信数据、模型,没有重视历史的经验教训。我们应从英国的抗疫举措中吸取教训。

对话人：孔新峰（山东大学政治学与公共管理学院教授）

中世纪晚期至现代早期的欧洲，世俗战争旷日持久、杀人盈城；教义与利益驱动的"三十年战争"燃遍欧陆、血流漂杵；而瘟疫对人们生命的威胁与剥夺，烈度与"利维坦"国家的两大劲敌相比，有过之而无不及，呼唤与试炼着早期现代国家。学界多将西欧现代国家起源与战争联系在一起，但以更有效率的理性化集体行动对抗以瘟疫为突出代表的灾害，也构成现代国家兴起的重要肇因。"百年多病"与"万方多难"共同构成建国逻辑。随着国家职能逐渐扩展特别是福利国家崛起，捍卫以"健康权"为应然之义的生命权，成为现代国家正当性的重要理据和公民服从义务的重要来源。

当今新冠大流行之际，主权国家之内的疫情治理抑或跨越国界的全球疫情治理，深陷科技供给乏力、治理工具缺失甚至社会局势紊乱、政治偏见横行的危机与次生危机。作为"棘手问题"治理的中国战疫经验，契合了治理"文化理论"倡导的"聚合理性"。文化因素在疫情治理中的重要作用日益彰显。中国人应有更强的文明自信，为人类命运共同体的全球正义观贡献敬天爱民、正德厚生、中和位育、博施济众等智慧，超越基于原子式个人主义的世界主义论与基于社群主义的国族至上论。

对话人：向荣（复旦大学历史学系教授）

医学社会史的研究非常重要，历史学家应参与其中。首先，医学社会史兴起于上世纪七八十年代，当时西方流行社会史研究及跨学科研究，医疗社会史反映出一个新的研究趋势，并一直向前推进。学者们应关注社会与现实，关注新问题，与时俱进。其次，医学社会史的研究需要史学家和科学家展开跨学科合作，例如对黑死病是否是腺鼠疫的认识，科学家和编年史家可分别做出自己的研究。不同学科之间不能相互替代，这就需要历史学家要具有一定的医学知识，注重对史料的搜集与整理，科学家要尊重史料，用科学的原理对材料进行分析。最后，医学社会史研究亦能拓宽历史研究的视角，对老问题提出新认识。例如，在对文艺复兴之后意大利衰落的原因分析中，可以尝试突破传统政治思想史的阐释模式，而从17世纪对其具有重要影响的两次大瘟疫着手。

知识竞争与国家间政治:19世纪霍乱跨国治理的兴起及其难局
张勇安(上海大学文学院院长)

1817—1923年间,全球共发生过六次霍乱大流行,它们沿着亚欧已经建立起来的陆海通道一路向西,进入俄罗斯、波兰、奥地利及欧洲其他国家和地区,美洲和非洲也没能幸免。19世纪因此成为霍乱横行的世纪。作为国际社会的应对之策,1851年7月23日,奥地利、法国、英国、葡萄牙、俄罗斯、西班牙、撒丁王国、两西西里王国、教皇国、托斯卡纳、希腊、土耳其等12国政府的著名医生和外交家齐聚法国巴黎,召开世界公共卫生史上第一届国际卫生大会。这是国际社会通过国际合作和程序标准化来应对疫病传播问题的首次尝试。以此会议为肇端,晚至1892年第七届国际卫生大会最终通过第一部《国际卫生公约》,1893年和1894年又通过两部公约,前后九次会议,参会者虽提及多种疫病的治理问题,然而欧洲正在遭遇的霍乱大流行,使霍乱一开始就成为前九次大会唯一重点讨论和列管的疫病。导致国际社会历时40余年的磋商和谈判才最终颁行三部《国际卫生公约》的因素是多重的,既有国际社会医学认知的差异,又有欧洲国家利益诉求的不同,还有西方与东方以及殖民与被殖民之间治理模式的难以调和等因素的影响,结果就是国际社会边开会,霍乱边肆虐欧洲。

ABSTRACTS

Dual Attitude to Leprosy in Medieval Western Europe
Gu Cao, Min Fanxiang

Leprosy was a unique disease in the history of medieval Western Europe. The attitude towards leprosy at that time was extremely contradictory: some thought it was the punishment of God for sin, while others thought it was the special grace of God. Therefore, such peculiar scenes emerged in medieval Western Europe: on one hand, Baldwin who suffered from leprosy was crowned as king of the Kingdom of Jerusalem during the first Crusade, and the Holy Lazarus of Jerusalem attempted to obtain the legitimacy of their own by taking care of lepers; on the other hand, in 1321, French lepers were accused of collaborating with Jews and even Muslims to poison the Christian world, and a large number of lepers were sentenced to death by King Philip V. The attitude towards leprosy in medieval Western Europe was not a simple medical response, but a comprehensive embodiment of medical, religious, social, and even political means.

On the Transformation of British Medical Education in the 19th Century
Wang Guangkun

Great changes have taken place in British medical education in the 19th century. Compared with the past, the main idea, content and mechanism of medical education have changed greatly, and the traditional education mode of gentleman training has given way to medical technology teaching, apprenticeship and private education have also been replaced by university education. More strikingly, the traditional split medical education mechanism also began to move towards unity. These changes have promoted the development of medical education in Britain and achieved remarkable results.

On the Social Situation of British Homosexuals in 19th Century from Oscar Wilde's Event
Wang Haiyu

In modern western history, homosexuals were not accepted by the society because of their sexual orientation. A case in point was Oscar Wilde, a famous British playwright in late 19th century. He was jailed for his statements and actions with homosexual characteristics. As a typical case, Wilde's event reflected the social situation of homosexuals; homosexuality was not a kind of individual behavior, but a complex result of social ethics, medical understanding and religious beliefs. Meanwhile, due to the change of aestheticism to democracy in the late 19th century, the social identity of homosexuality came into public's sight. In order to cater to the accepted social ethics and to avoid the punishment of laws and regulations, homosexuals began to seek refuge by moving to other places or getting married. By the 20th century, people began to face up to phenomenon, the government also issued a series of laws to absolve the crime of homosexuality, so the corresponding social problems were gradually alleviated.

Racial Discrimination and the Formation of African-American Identity during Yellow Fever in Philadelphia in 1793
Zhang Qi

In 1793, during Yellow Fever in Philadelphia, as citizens fled in large numbers, the African American community assumed the burden of caring for the sick and burying the dead. However, after the epidemic subsided, due to inherent racial discrimination, the African American community was criticized by the white society represented by Matthew Carey. Absalom Jones and Richard Allen wrote "Narrative" to refute, in the course of this argument, contributing to the formation of the identity of the African American community.

Truth and Fiction: Differences between Chinese and English Press Reports during 1894 Hong Kong Plague
Zhang Xi

The 1894 Hong Kong plague caused a large number of deaths and serious economic loss. This paper selects *Shenbao* and *The Times* as the representatives of Chinese and British newspapers, and analyzes the differences of Chinese people's images through different reports around this event. In The *Times*, barbarism, incompetence, ignorance and superstition are key words to describe the image of Chinese people. Compared with the image of Chinese people reflected in *Shenbao*, there are some differences between them. The main reasons are the distinct concepts of disease prevention and control between China and the West, the differences between Chinese and western customs, and the ideology of western colonialism. The image of Chinese people in Chinese and British newspapers is both true and fictitious. The Chinese image in *The Times* is to some extent the result of the self-construction based on the imagination of "the other". The Chinese image in *Shenbao* is the product of the exchange and collision between Chinese and western cultures.

A Medical Anthropological Study on the Development of Tibetan Medicine
—— Based on the Fieldwork in Y Tibetan Hospital
Ma Dewen

The enlightenments of the medical anthropological field investigation in the Y Tibetan Hospital of Qinghai-Tibet Plateau is that the "three origins" and the "two equal emphasis" are the key points of the inheritance and development of Tibetan medicine at present. "Three Origins" refers to the original culture, original theory and raw materials, which are the basis for the inheritance and development of Tibetan medicine. "Two equal emphasis" means that the collecting and inheritance of folk lost medicine and the development model of modern hospitals are equally important. Both chronic disease treatment and first-aid and external treatment techniques with Tibetan medical characteristics are equally important. These are the era requirement for the inheritance and development of ethnic medicine. The "three origins" and "two equal emphasis" are of universal significance not only to Tibetan medicine, but also to the overall development of traditional Chinese medicine. Facing the current environment in which Western medicine dominates China's medical system, this study through medical anthropological investigation and research, scientific thinking and analysis of the development of ethnic medicine has a certain effect on promoting the development of Tibetan medicine, enhancing the cultural self-confidence of the Chinese nation and national medicine self-confidence.

征稿启事

《医学与文明》是由陕西师范大学医学与文明研究院主办的以医学相关事物为研究对象的专业性学术刊物。本刊秉承陕西师范大学医学与文明研究院"着眼社会发展,注重人文关怀,打通学科壁垒,加强医学社会史的研究,推动健康中国的建设"之宗旨,坚持"求真务实,创新发展,中国情怀,世界视野"的办刊方针,就历史长河中人类的生老病死进行深入探讨,促进医史研究与相关学科领域的学术对话,推动我国公共卫生事业的发展和进步。

本刊每年两辑。刊物常设有"主题笔谈""专题研究""理论与方法""文献选译"及"书评""书讯"等栏目。诚挚欢迎中外学界同仁惠赐稿件。为保证学术研究的严谨性,倡导优良的学术风气,来稿须注意以下事项:

1. 本刊所载文章不代表编辑部观点,务请作者严格遵守学术规范,文责自负。

2. 来稿请附 300 字左右的中英文摘要和 3—5 个中文关键词;文末附上作者信息及联系方式。

3. 本刊实行匿名评审制度。编辑部收到来稿,将在三十个工作日给出是否采用的答复。如遇修改往复,时间将适当延后。

4. 欢迎有关医学社会史的重要优质译文(具有学术指导意义),版权问题请译者自行联系解决。

5. 编辑部有权对来稿进行技术性修改。作者如不同意,请在来稿中特别说明。

通讯地址:陕西省西安市长安区西长安街 620 号 陕西师范大学医学与

文明研究院
  邮政编码:710119
  电子邮箱:rcshm@snnu.edu.cn

            《医学与文明》编辑部

关于引文注释的规定

本刊注释采用页下注(脚注)形式。注释序号用①②……标识,每页单独排序。正文中的注释序号标注于所引句子的标点符号之后。具体注释体例详见如下:

1. 著作类

(1) 专著

标注顺序:责任者与责任方式/文献题名(英文文献名为斜体)/出版地点/出版者/出版时间/页码。示例:

庄孔韶:《人类学概论》,北京:中国人民大学出版社,2006年,第74页。

Andrew Wear, *Knowledge and Practice in English Medicine*, 1550—1680, Cambridge: Cambridge University Press, 2000, p. 156.

Judith L. Goldstin, et al., *Legalization and World Politics*, the MIT Press, 2001, p. 156.

(2) 编著

余新忠、杜丽红主编:《医疗、社会与文化读本》,北京:北京大学出版社,2013年,第123页。

Emilie Amt, ed., *Medieval England* 100—1500: *A Reader*, Ontario: Broadview Press, 2001. pp. 340—341.

B. W. Stewart and P. Klehues, eds., *World Cancer Report*, Lyon: IARC Press, 2003.

Rosemary Horrox, trans and ed., *The Black Death*, Manchester: Manchester University Press, 1994, pp. 100—109.

(3) 译著

标注顺序:责任者/文献题名/译者/出版地点/出版者/出版时间/页码。示例:

威廉·麦克尼尔:《瘟疫与人》,余新忠译,北京:中国环境科学出版社,2010年,第53页。

Homer, *The Odyssey*, trans. Robert Fagles, New York: Viking, 1996, p. 22.

2. 期刊

标注顺序:责任者/文献题名(英文加双引号)/期刊名(英文为斜体)/年期(或卷期,出版年月)。

李化成:《14世纪西欧黑死病疫情防控中的知识、机制与社会》,《历史研究》2020年第2期。

George Rosen, "Toward A Historical Sociology of Medicine: The Endeavor of Henry Sigerist," *Bulletin of the History of Medicine*, vol. 32, no. 6(1958), pp. 500—516.

3. 析出文献

标注顺序:责任者/析出文献题名/文集责任者与责任方式/文集题名/出版地点/出版者/出版时间/页码。

勒高夫:《新史学》,蔡少卿主编:《再现过去:社会史的理论视野》,杭州:浙江人民出版社,1988年,第114页。

Alan Everitt, "The Marketing of Agricultural Produce," in Joan Thrisk, *The Agrarian History of England and Wales*, 1500—1640, Cambridge: Cambridge University, 1967, pp. 468—475.

4. 报纸

标注顺序:责任者/篇名/报纸名称(英文报纸名称为斜体)/出版年月日/版次。示例:

《香港疫耗》,《申报》1894年6月5日,第1版。

李化成:《医学社会史研究中的医学因素》,《光明日报》2017年7月31日,第14版。

The Times (London, England), June 18, 1894, Issue 34293, p. 5.

5. 未刊文献

(1) 学位论文、会议论文等

标注顺序:责任者/文献标题/论文性质/地点或学校/文献形成时间/页码。示例:

高阳:《文艺复兴时期西欧星占医学研究》,博士学位论文,陕西师范大学历史文化学院,2020年,第67页。

张茜:《19世纪中叶爱尔兰大饥荒研究——基于环境史视角的考察》,"一带一路"重大疫情防控史及现实启示国际学术研讨会(线上会议)论文,2020年。

Gerald Wayne Olsen, "Pub and Parish: The Beginnings of Temperance Reform in the Church of England, 1835—1875," Ph. D. thesis, Department of History, the University of Western Ontario, 1971.

(2) 手稿、档案文献

标注顺序:文献标题/文献形成时间/卷宗号或其他编号/收藏机构或单位。示例:

《党外人士座谈会记录》,1950年7月,李劼人档案,中共四川省委统战部档案室藏。

Nixon to Kissinger, February 1, 1969, Box 1032, NSC Files, Nixon Presidential Material Project (NPMP), National Archives II, College Park, MD.

6. 转引文献

无法直接引用的文献,转引自他人著作时,须标明。标注顺序:责任者/原文献题名/原文献版本信息/原页码(或卷期)/转引文献责任者/转引文献题名/版本信息/页码。示例:

章太炎:《在长沙晨光学校演说》,1925年10月,转引自汤志钧:《章太炎年谱长编》下册,北京:中华书局,1979年,第823页。

Henry E. Sigerist, "The History of Medicine and The History of Science," *Bulletin of the History of Medicine*, no. 4 (1936), pp. 1—13. 转引自 Frank Huisman and John Harley Warner, *Locating Medical History*, p. 153.

7. 网络文献

标注项目与顺序:责任者/电子文献题名/更新或修改日期/获取和访问路径/引用日期。

王明亮:《关于中国学术期刊标准化数据库系统工程的进展》,1998年8月16日,http://www.cajcd.cn/pub/wml.txt/980810-2.html,1998年10

月4日。

Lord Alfred Douglas,"Two Loves,"https://en.wikisource.org/wiki/Two_Loves_(1894_poem),2016年11月29日。

8. 其他

(1) 再次引证时的项目简化

同一文献再次引证时只需标注责任者、题名、页码,出版信息可以省略。示例:

亨利·皮朗:《中世纪欧洲经济社会史》,第121页。

Joseph P. Byrne, *The Black Death*, p. 80.

(2) 间接引文的标注

间接引文通常以"参见"或"详见"等引领词引导,反映出与正文行文的呼应,标注时应注出具体参考引证的起止页码或章节。标注项目、顺序与格式同直接引文。示例:

参见亨利·皮朗:《中世纪欧洲经济社会史》,乐文译,上海:上海人民出版社,2014年,第134—144页。

参见赵立行:《西方学者视野中的黑死病》,《历史研究》2005年第6期。

参见 Joseph P. Byrne, *The Black Death*, Westport: Greenwood Press, 2004, pp. 199—215.

图书在版编目(CIP)数据

医学与文明.第一辑／李化成,王晨辉主编.--上海:
华东师范大学出版社,2021
ISBN 978-7-5760-1512-6

Ⅰ.①医… Ⅱ.①李…②王… Ⅲ.①史学—文集
Ⅳ.①K0-53

中国版本图书馆 CIP 数据核字(2021)第 056373 号

医学与文明(第一辑)

编　　者	李化成　王晨辉
责任编辑	高建红
责任校对	彭文曼
封面设计	夏艺堂
出版发行	华东师范大学出版社
社　　址	上海市中山北路 3663 号　邮编　200062
网　　址	www.ecnupress.com.cn
电　　话	021-60821666　行政传真　021-62572105
客服电话	021-62865537
门市(邮购)电话	021-62869887
地　　址	上海市中山北路 3663 号华东师范大学校内先锋路口
网　　店	http://hdsdcbs.tmall.com
印　刷　者	上海景条印务有限公司
开　　本	787×1092　1/16
印　　张	17.25
字　　数	220 千字
版　　次	2021 年 8 月第 1 版
印　　次	2021 年 8 月第 1 次
书　　号	ISBN 978-7-5760-1512-6
定　　价	78.00 元
出版人	王　焰

(如发现本版图书有印订质量问题,请寄回本社客服中心调换或电话 021-62865537 联系)